Cahier du jour
Cahier du soir

NOUVEAUX PROGRAMMES 2016

Brevet 3e

Tout pour réussir l'examen !

Français
Florence Randanne

Mathématiques
Bruno Bénitah

Histoire-Géographie, EMC
Nadine Daboval

Anglais
Louise Eisenstein

Physique-Chimie
Patrick Rasset

Sciences de la vie et de la Terre
Catherine Mazaud-Aujard

Technologie
Évelyne Breuiller
Philippe Galinier

MAGNARD

Sommaire

Contrôle continu

Français

Mathématiques

Histoire

Géographie

Enseignement moral et civique

Anglais

Physique-Chimie

SVT

Technologie

Épreuve écrite : Brevets blancs

Épreuve orale

Description de l'épreuve

À partir de l'année scolaire 2016-2017, le Brevet change !

Le principe, la notation et les modalités d'attribution du nouveau Brevet

- **Le contrôle continu représente 400 points.**

  Chacun des 8 champs d'apprentissage du socle commun vous apporte un nombre de points, arrêté lors du conseil de classe du 3e trimestre de la classe de 3e :
  - maîtrise insuffisante (10 points) ;
  - maîtrise fragile (20 points) ;
  - maîtrise satisfaisante (35 points) ;
  - très bonne maîtrise (50 points).

- **Le contrôle final représente 300 points et comporte trois épreuves obligatoires :**
  - une **épreuve écrite** de **mathématiques** (2 h) et de **SVT**, **physique-chimie et technologie** (1 h) évaluée sur 100 points ;
  - une **épreuve écrite** de **français** (3 h) et d'**histoire-géographie-enseignement moral et civique** (2 h), évaluée sur 100 points ;
  - une **épreuve orale** (15 min) qui porte sur un des projets menés dans le cadre des EPI, du Parcours avenir, du Parcours citoyen ou du Parcours d'éducation artistique et culturelle, évaluée sur 100 points.

- **Vous êtes reçu au Brevet si vous cumulez 350 points sur les 700.**

  Vous obtenez la mention :
  - assez bien si vous cumulez plus de 420 points ;
  - bien si vous cumulez plus de 490 points ;
  - très bien si vous cumulez plus de 560 points.

Les épreuves

- **Première épreuve écrite : mathématiques, physique-chimie, SVT et technologie**

  Durée de l'épreuve : 3 heures

  Structure de l'épreuve : L'épreuve se compose de deux parties, séparées par une pause de 15 minutes.

  La première partie (2 heures) porte sur le programme de mathématiques.

La seconde partie (1 heure) porte sur les programmes de sciences (physique-chimie, SVT ou technologie). Le sujet se compose, pour chaque discipline, d'un ou plusieurs exercices de 30 minutes.

Le sujet de cette première épreuve écrite comporte obligatoirement au moins un exercice d'algorithmique ou de programmation.

Évaluation de l'épreuve : L'ensemble de l'épreuve est noté sur 100 points.

Voici leur répartition :

- mathématiques : 45 points distribués entre les différents exercices ;
- sciences et technologie : 45 points distribués entre les exercices des différentes disciplines ;
- pour chaque discipline, 5 points sont réservés à la présentation de la copie et à l'utilisation de la langue française en cultivant précision, richesse de vocabulaire et syntaxe pour rendre compte des observations, expériences, hypothèses, conclusions.

• Seconde épreuve écrite : français, histoire-géographie-enseignement moral et civique

Durée de l'épreuve : 5 heures

Structure de l'épreuve : L'épreuve se compose de deux parties. Elle s'appuie sur un double corpus de documents, les uns relevant du programme de français, les autres du programme d'HGEMC, avec au moins un document iconographique ou audiovisuel. Tout ou partie des questions peut porter sur une thématique commune.

La première partie (3 heures) se divise en deux périodes, séparées par une pause de 15 minutes.

La première période (2 heures) porte sur l'histoire-géographie-EMC. La seconde période (1 heure) porte sur le français. Cette première partie évalue principalement la capacité des candidats à comprendre, analyser et interpréter des documents et des œuvres à l'aide de questions.

La seconde partie (2 heures), qui porte uniquement sur le français, évalue principalement la capacité des candidats à rédiger un texte long. Outre cet exercice de rédaction, elle comporte également une dictée et un exercice de réécriture.

Évaluation de l'épreuve : L'ensemble de l'épreuve est noté sur 100 points.

Voici leur répartition :

- première partie : la première période (HGEMC) est notée sur 50 points avec 3 exercices ; la seconde période (français) est notée sur 20 points ;
- seconde partie : la dictée est notée sur 5 points, la réécriture sur 5 points également, et le travail d'écriture sur 20 points.

• Épreuve orale : soutenance d'un projet

Durée de l'épreuve : 15 minutes

Structure de l'épreuve : L'oral se déroule en deux temps, avec un exposé, suivi d'un entretien avec le jury.

Évaluation de l'épreuve : L'épreuve est notée sur 100 points. Voici leur répartition :

- maîtrise de l'expression orale : 50 points ;
- maîtrise du sujet présenté : 50 points.

Savoir répondre aux questions autour du mot

1

À retenir

La composition d'un mot

L'**étymologie** d'un mot est l'indication de son origine, de sa **racine**. Pour trouver d'autres mots de la **même famille**, donc formés sur le **même radical**, on peut jouer sur les **préfixes** et/ou les **suffixes** :

Préfixe	Radical	Suffixe
de-	*-terr-*	*-er*
at-	*-terr-*	*-ir*
	-terr-	*-estre*

N.B. : La plupart des préfixes, d'origine latine ou grecque, subissent des modifications orthographiques au contact du radical (*__im__possible, __il__logique, __ir__récupérable*).

Les sens d'un mot

- Un mot peut avoir plusieurs sens : on dit qu'il est **polysémique**. Le **champ sémantique** d'un mot regroupe tous les sens possibles. On distingue **sens propre** (premier sens d'un mot) et **sens figuré** (sens imagé).

  Ex. : *battre un tapis / battre la campagne*
- Ne confondez pas **dénotation** (sens premier et objectif d'un mot) et **connotation** (les sens qu'il peut prendre en fonction du contexte).

  Ex. : *Le blanc, qui désigne une couleur (dénotation), a des connotations différentes : pureté, mariage, deuil...*

Les réseaux de mots

- Un **champ lexical** est l'ensemble des mots se rapportant à un même domaine dans un texte (l'univers marin, les vacances…).
- Des **antonymes** sont des mots de sens opposés (*gentil / méchant*) ; des **synonymes** sont des mots de même sens ou de sens proche (*gentil / agréable*). Ce sont toujours des mots de **même nature** !

Rappel : la **nature** d'un mot est sa classe grammaticale (adverbe, nom…) ; elle ne change jamais. La **fonction** correspond au rôle du mot dans la phrase ; elle varie (sujet, COD, complément circonstanciel…).
- Des **homonymes** sont des mots ayant la même prononciation ou la même orthographe (*chat / chas*). Des **paronymes** sont des mots de prononciation proche (*précepteur / percepteur*).

S'entraîner

→ Corrigés p. 137

1 **Précisez si les mots en gras sont employés au sens propre ou au sens figuré.**

1. Agir à **tête** reposée – En avoir par-dessus la **tête** – Faire la **tête** – Passer la **tête** par la fenêtre.

2. Casser les **oreilles** – Avoir l'**oreille** du directeur – Se faire percer les **oreilles** – Rebattre les **oreilles** à quelqu'un.

3. Avoir le **bras** long – Baisser les **bras** – Prendre dans ses **bras**.

2 **Exercice du Brevet** 10 min *(8 points)*

« Poil de Carotte préfère la pêche aux goujons.
Il se déchausse, entre dans la rivière et avec ses pieds agite le fond sablonneux pour faire de l'eau trouble. »

Extrait de *Poil de Carotte*, Jules Renard

1. Expliquez la formation des mots « déchausse » et « sablonneux » puis proposez pour chacun trois mots de la même famille.

2. Quel est l'homonyme de « pêche » ? Employez-le dans une phrase au sens figuré.

2 Analyser une phrase

À retenir

Repérer la construction des phrases

- La **phrase simple** comporte **une seule proposition**.
  Ex. : *Je choisis un roman.*
- La **phrase complexe** comporte **plusieurs propositions**.

Propositions indépendantes	
Propositions juxtaposées	**Propositions coordonnées**
*Il ne dit rien**,** il a peur.*	*Il ne dit rien **car** il a peur.*
Signe de ponctuation faible	Conjonction de coordination

Propositions subordonnées		
Avec mot subordonnant		
Subordonnées relatives	**Subordonnées conjonctives**	**Subordonnées interrogatives indirectes**
*J'ai un chien **qui** mord.*	*Je dis **que** tu as raison !* *Viens **quand** tu veux.*	*Il demande **qui** est là.* *Il demande **si** tu viens.*
Pronom relatif	Conjonctions de subordination	Pronoms et déterminants interrogatifs, adverbes interrogatifs
Sans mot subordonnant		
Subordonnées infinitives		**Subordonnées participiales**
J'entends le chien aboyer. N.B. : le sujet du verbe infinitif est COD du verbe principal.		*Le chien aboyant, le voleur s'enfuit.*

Combiner types et formes de phrase

- Les **types** de phrase : déclarative, exclamative, interrogative, injonctive.
- Les **formes** de phrase : affirmative, négative.

Les types et les formes se combinent.
Ex. : *N'est-il pas mignon ?* (Phrase interro-négative.)

Mettre en relief

- Une **phrase emphatique** met en relief un élément.
  Ex. : *Il est génial, **ce roman** !*
  ***Mes chansons préférées**, je les écoute tous les jours.*
  ***C'est Marie** qui nous accompagne.*
  ***En t'entraînant**, tu réussiras !*
  ***Il** se vend **beaucoup de romans d'aventures**. Ont du succès en ce moment **les romans d'aventure**.*

S'entraîner

➜ Corrigés p. 137

1 **Combien de propositions y a-t-il dans ces phrases ? Sont-elles indépendantes, principales ou subordonnées ? Dans le cas de subordonnées, précisez.**

1. Je sais faire cet exercice ; il est simple !

....

2. Vient qui veut.

....

3. Elle demande si nous partons maintenant.

....

4. Il parle tellement, qu'à force, on ne l'écoute plus !

....

5. J'entends la cloche de l'église sonner.

....

6. Prends tout ce qui te plaît.

....

7. Il faut que tu sois à l'heure.

....

2 **Soulignez les propositions subordonnées participiales et transformez-les en subordonnées conjonctives.**

1. Ses arguments étant irréfutables, le juge l'acquittera.

....

2. Le soleil s'étant levé, le coq chanta.

....

3. Ayant besoin de comprendre leur vie, certains écrivains écrivent leur autobiographie.

....

4. Travaillant, il chantait.

....

3 **Dans les phrases suivantes, indiquez si « que » est pronom relatif ou conjonction de subordination.**

1. Je veux que tu viennes ici. ....

2. Fais ce que tu veux ! ....

3. Il a dit qu'il serait en retard. ....

4. La balle que Jacques avait reçue lui blessa le genou. ....

4 **Exercice du Brevet** — 4 min *(2 points)*

Mettez la phrase ci-dessous à la forme emphatique. Les mots en gras doivent être mis en valeur.

Les lettres de poilus apportent les témoignages les plus saisissants de l'horreur de la Première Guerre mondiale.

....

....

Français

Contrôle continu

3 Conjuguer et employer le subjonctif dans les subordonnées

À retenir

Ne pas confondre les modes

- Les verbes en *-er* (premier groupe) ont la même forme au subjonctif et à l'indicatif présent, à toutes les personnes (sauf *nous* et *vous*). Quand vous doutez, conjuguez avec *nous* ou *vous*.
  Ex. : *Je chante – nous chantons* **(indicatif présent)** / *nous chantions* **(subjonctif présent).**

Conjuguer au subjonctif

- **Subjonctif présent** : **radical du présent** + ***-e/-es/-e/-ions/-iez/-ent***.
Pour les verbes en *-ir* (*-issant*), on a toujours **iss-** devant ces terminaisons. Certains verbes ont un **radical irrégulier** (*que tu fasses, qu'elle prenne…*).

- **Subjonctif passé** : auxiliaire ***avoir*** ou ***être*** au **subjonctif présent** + **participe passé** du verbe.
  Ex. : *Que nous ayons parlé.*

- **Subjonctif imparfait** :
Verbes en *-er* : radical présent + ***-asse/-asses/-ât/-assions/-assiez/-assent***.
  Ex. : *Je chante – que je chantasse*
Verbes en *-ir* (*-issant*) : radical présent + ***-isse/-isses/-ît/-issions/-issiez/-issent***.
  Ex. : *Il finit – qu'il finît*
Autres verbes : terminaisons en ***-insse***…, ***-isse***…, ***-usse***… Aidez-vous de la forme du passé simple indicatif.
  Ex. : *je vins – que je vinsse ; tu crus – que tu crusses ; il prit – qu'il prît…*
Attention : ne pas oublier l'accent circonflexe à la 3e personne du singulier !

- **Subjonctif plus-que-parfait** : auxiliaire ***avoir*** ou ***être*** au **subjonctif imparfait** + **participe passé du verbe**.
  Ex. : *Que nous eussions parlé.*

Employer le mode subjonctif dans les subordonnées

- Dans les propositions **subordonnées conjonctives compléments d'objet du verbe principal**, le subjonctif présente, en général, l'**action** comme **incertaine** ou **éventuelle**.
– Après un verbe exprimant un souhait, une volonté, un ordre, un doute, un sentiment…
  Ex. : *J'aimerais qu'elle revienne.*
– Après un verbe de pensée à la forme interrogative ou négative.
  Ex. : *Penses-tu qu'elle revienne ?*
– Après certains verbes impersonnels.
  Ex. : *Il se peut qu'elle revienne.*

- Dans les propositions **subordonnées conjonctives circonstancielles**, le subjonctif est imposé par certaines conjonctions exprimant le temps (quand l'action n'est pas encore réalisée : avant que, jusqu'à ce que…), le but (afin que, pour que, de sorte que…), la concession (bien que, quoique, quoi… que, quelque… que…), la condition (à condition que, pourvu que, à moins que…) ou la conséquence (trop… pour que, assez… pour que…).

- Dans les propositions **subordonnées relatives**, il est utilisé :
– Pour marquer l'incertitude, l'éventualité.
  Ex. : *Auriez-vous un roman qui décrive la vie des mineurs ?*
– Pour exprimer le but ou la conséquence.
  Ex. : *Je cherche un ami qui me comprenne. (Pour qu'il me comprenne.)*
– Après un antécédent avec superlatif ou les adjectifs premier, dernier, seul, unique…
  Ex. : *Cet élève est le seul qui réussisse.*

S'entraîner

→ Corrigés p. 137

1 **Mettez ces formes verbales au subjonctif présent puis à l'imparfait :**

1. Je tiens : ....

2. Nous savons : ....

3. Il doit : ....

4. Nous devons : ....

5. Vous tenez : ....

6. Je peux : ....

7. Vous offrez : ....

8. Ils éteignent : ....

2 **Justifiez l'emploi du mode subjonctif dans chaque phrase (doute, volonté, but…).**

1. J'ai tellement peur qu'elle ne me croie pas !

....

2. Reste là jusqu'à ce que je revienne !

....

3. Pour peu qu'il soit là, la soirée sera gâchée !

....

4. J'exige que l'on me réserve une chambre dans cet hôtel !

....

3 **Mettez les verbes entre parenthèses au mode et au temps qui conviennent.**

1. Il est important que vous (venir) avec nous. ....

2. Personne n'aime qu'on lui (mentir). ....

3. Bien qu'elle (être) malade, elle fut présente toute la journée. ....

4. Et tu voudrais qu'on te (plaindre) ? ....

5. Qu'il ne vous (pas dire) la vérité à cette époque-là n'est pas impossible… ....

6. Après que tu (passer) cet examen, tu pourras t'inscrire dans cette filière. ....

4 **Exercice du Brevet** — 6 min *(3 points)*

Reformulez la phrase suivante en commençant par « Il paraît ».

« Il paraissait impossible que Jean Calas, vieillard de soixante-huit ans, qui avait depuis longtemps les jambes enflées et faibles, eût seul étranglé et pendu un fils âgé de vingt-huit ans […]. »

Extrait du *Traité sur la Tolérance*, Voltaire, 1763

....

....

4 Identifier et employer le conditionnel

À retenir

Conjuguer au conditionnel

- Conditionnel présent : forme verbale du **futur simple** + **-ais**/**-ais**/**-ait**/**-ions**/**-iez**/**-aient**.
  Ex. : *Je chanterais, tu courrais.*
- Conditionnel passé : auxiliaire ***avoir*** ou ***être*** au **conditionnel présent** + **participe passé** du verbe.
  Ex. : *J'aurais chanté.*

Distinguer les emplois du conditionnel

- Dans un système hypothétique pour exprimer :

– Un fait possible mais incertain (**potentiel**).
  Ex. : *Si tu venais, nous irions faire du bateau.*
– Un fait non réalisé dans le présent (**irréel présent**).
  Ex. : *Si j'étais milliardaire, j'achèterais ce château.*
– Un fait non réalisé dans le passé (**irréel passé**).
  Ex. : *Si vous étiez venus hier, vous l'auriez vue !*

- Pour marquer la **mise à distance** en soulignant l'incertitude, le souci d'atténuation, de précaution.
  Ex. : *On aurait aperçu un requin blanc près de cette plage.*
  Vous pourriez frapper avant d'entrer !
- Pour exprimer un futur dans une **concordance au passé**.

– Le futur dans le passé.
  Ex. : *Il a dit qu'il rentrerait à deux heures.*
– Le futur antérieur dans le passé.
  Ex. : *Il a dit qu'il serait rentré pour notre retour.*

S'entraîner

→ *Corrigés p. 137*

1 **Conjuguez les verbes entre parenthèses au conditionnel présent ou composé.**

1. J'étais certaine que tu (réussir) ton examen ! ....

2. S'ils ne s'étaient pas disputés, ils (partir) en vacances ensemble l'été dernier. ....

3. Si tu lisais ce roman, je suis certaine que tu l'(apprécier). ....

4. Si je travaillais cet été, je (pouvoir) acheter un scooter. ....

5. Si nous avions pu, nous vous (aider). ....

6. Il écrivit qu'il (prendre) la défense du vieillard au prochain procès. ....

2 **Précisez quelle nuance apporte le conditionnel (potentiel, incertitude, etc.)** ....

1. Un accord aurait été passé avec les ravisseurs. ....

2. En partant avec nous, tu serais certaine d'arriver à l'heure… ....

3. Me prêteriez-vous ce roman ? ....

4. Comment s'organiserait-il s'il avait ce roman ? ....

3 **Exercice du Brevet** — 5 min *(2 points)*

Reformulez la phrase suivante au passé, en commençant par « Emma a cru ».

Emma croit qu'elle partira en Italie avec Rodolphe quand celui-ci aura réglé toutes ses affaires.

Identifier les déterminants 5

À retenir

Comprendre la fonction du déterminant

Rappel : le **déterminant** fait partie du groupe nominal ; il **s'accorde en genre et en nombre** avec le nom qu'il précède.

- Les déterminants **définis**

– Par le contexte

Ex. : *Le pirate entra dans l'auberge.* ***Cet*** *homme avait un rictus cruel.*

– Par la situation d'énonciation (ou de communication)

Ex. : *Regarde* ***ce*** *chien qui arrive ! / Où as-tu mis* ***mes*** *clefs ?*

- Les déterminants **indéfinis**

Ex. : ***Plusieurs*** *personnes sont venues.* ***Un*** *homme a posé une question.*

Distinguer les catégories

Les articles		
Indéfinis	**Définis**	**Partitifs**
un, une, des	*le, la, les*	*du pain, de la crème…*
	Contractés	
	du (de le), au (à le), aux (à les), des (de les)	

Les déterminants					
Possessifs	**Démonstratifs**	**Indéfinis**	**Interrogatifs**	**Exclamatifs**	**Numéraux cardinaux**
mon, leurs, votre, nos…	*ce, ces…*	*tout, chaque, quelques, certains, divers, aucun, nul…*	*quel, quelle, quels, quelles*	*quel, quelle, quels, quelles*	*un, deux, cent, trois-mille…*
	Démonstratifs composés				**Ordinaux**
	cette…ci, ce… là…				*premier, second, centième…*

S'entraîner

→ Corrigés p. 137

1 **Entourez uniquement les articles définis contractés.**

1. Il faut du courage pour revenir du bois par ce chemin solitaire ! **2.** L'an prochain, nous irons au lycée. **3.** Elle me parle sans cesse des voisins. **4.** Cette route mène aux monts Dore. **5.** La montagne est couverte de neige.

2 **Exercice du Brevet** — 6 min *(3 points)*

Lisez le texte et répondez aux questions.

Antigone a désobéi à Créon, roi de Thèbes, pour respecter les rites religieux et enterrer le corps de son frère Polynice. Elle se justifie ainsi :

« Et je n'ai pas cru que tes édits pussent l'emporter sur les lois non écrites et immuables des dieux, puisque tu n'es qu'un mortel. »

Extrait d'*Antigone*, Sophocle

1. Relevez un déterminant renvoyant à la situation d'énonciation.

2. « Les lois » et « un mortel » : précisez et justifiez le choix des articles.

6 Accorder les participes passés

À retenir

Les verbes non pronominaux

Pour savoir si l'on accorde ou pas le participe passé, on repère l'auxiliaire.

- Avec l'auxiliaire **être** (ou un **verbe d'état**), le participe **passé s'accorde en genre et en nombre** avec le **sujet**.
 Ex. : ***Les invités*** *sont partis.*

- Avec l'auxiliaire ***avoir***, le participe passé **ne s'accorde pas** avec le **sujet** : il faut repérer, s'il y en a, les **COD**.
– Si le COD est placé **après le participe**, celui-ci ne s'accorde pas.
 Ex. : *J'ai lu ces livres.*
– Si le COD est placé **avant le participe**, celui-ci s'accorde en genre et en nombre avec le COD.
 Ex. : *Ces livres, je* ***les*** *ai lus.*

- Si le participe passé est suivi d'un verbe à l'infinitif, on accorde le participe passé avec le COD uniquement si ce **COD** est **sujet de l'infinitif**.
 Ex. : *Je* ***les*** *ai vus s'enfuir* (« *les* » est sujet de « *s'enfuir* »). / *Je les ai vu tirer par les chasseurs* (« *les* » est COD de « *tirer* »).

Les verbes pronominaux

- Avec un verbe **essentiellement pronominal**, le participe passé s'accorde toujours avec le sujet.
 Ex. : ***Elles*** *se sont enfuies.*

- Avec un verbe pronominal de sens passif, le participe passé s'accorde toujours avec le sujet.
 Ex. : ***Ces livres*** *se sont bien vendus.*

- Avec les autres verbes pronominaux
– Quand le pronom réfléchi **se** est **COD**, le participe passé s'accorde avec le sujet.
 Ex. : ***Ils se*** *sont regardés.*
– Quand le **COD** est **différent** du pronom réfléchi **se**, le participe passé s'accorde avec le COD seulement si le COD est placé avant le participe passé.
 Ex. : *Voici* ***les chaussures*** *qu'elle s'est achetées.*

- Avec un verbe pronominal suivi d'un **infinitif**, le participe passé s'accorde avec le sujet s'il est aussi sujet de l'infinitif.
 Ex. : ***Elle*** *s'est laissée aller* (« *elle* » est sujet de « *aller* »). / *Elle s'est laissé critiquer sans rien dire* (« *elle* » est COD de « *critiquer* »).

Le participe passé employé sans auxiliaire

Il s'accorde comme un adjectif, avec le nom qu'il qualifie.
 Ex. : *Disposés sur l'étagère,* ***les livres*** *se couvrent de poussière !*

- Le participe passé d'un verbe à la forme impersonnelle reste invariable.
 Ex. : *Il s'est vendu beaucoup de livres.*

S'entraîner

→ Corrigés p. 137

1 **Écrivez correctement au participe passé les verbes non pronominaux entre parenthèses.**

1. Les joueurs sont (entrer) sur le terrain avec du retard.

....

2. Elles ont (classer) les magazines par thème.

....

3. Elles veulent passer par le jardin des voisins, mais les ont-elles (prévenir) ?

....

4. Je ne vois pas les pinceaux : où les as-tu (mettre) ?

....

5. Ses reportages ont été (regarder) par des milliers de téléspectateurs.

....

6. Ils sont (venir) en force.

....

7. Ils ont (perdre) tout leur argent !

....

8. Quand les voisins ont (monter) ce mur, ils les ont (laisser) faire.

....

2 **Écrivez correctement au participe passé les verbes à la forme pronominale entre parenthèses.**

1. Ma montre s'est (arrêter). ....

2. Ils se sont (empresser) autour d'elle. ....

3. Les cambrioleurs s'étaient (imaginer) partir avant l'arrivée de la police. ....

4. Nous avions rendez-vous à cette station de métro, mais elles se sont (tromper) de sortie. ....

5. Les promeneurs se sont (égarer) dans les bois. ....

6. La directrice s'est (laisser) tromper par ses promesses. ....

3 **Exercice du Brevet** — 10 min *(5 points)*

Récrivez ce texte en remplaçant la première personne du singulier par la première personne du pluriel (« nous »), qui désignera le narrateur et un autre homme.

« Le concierge a traversé la cour et m'a dit que le directeur me demandait. Je suis allé dans son bureau. Il m'a fait signer un certain nombre de pièces. J'ai vu qu'il était habillé de noir avec un pantalon rayé. Il a pris le téléphone en main et il m'a interpellé [...]. »

Extrait de *L'Étranger*, Albert Camus

....

....

....

....

7 Accorder le verbe avec le sujet

À retenir

Respecter la règle générale

- Le **verbe** s'accorde avec son **sujet** en **nombre** et en **personne**. À un temps composé et avec l'auxiliaire ***être***, le participe passé s'accorde **en genre et en nombre**.
- Quand il y a **deux sujets au singulier**, le verbe s'accorde au **pluriel**.
- Quand ***qui*** est le sujet du verbe, celui-ci s'accorde avec **l'antécédent** du pronom relatif.
- Quand le pronom ***moi*** ou ***nous*** est **associé à un nom**, le verbe se conjugue à la **1re personne du pluriel**.
- Quand le pronom ***toi*** ou ***vous*** est **associé à un nom**, le verbe se conjugue à la **2e personne du pluriel**.

Connaître les cas particuliers

- Quand le sujet est **un nom collectif seul** (*la foule, tout le monde, un grand nombre…*), on accorde au **singulier**.
- Quand le sujet est un **nom collectif suivi d'un complément**, on peut accorder le verbe avec ce **complément**.
  Ex. : *Un grand nombre d'éléphants sont chassés pour leur ivoire.*
- Quand le sujet est un **pronom indéfini** (aucun, personne, chacun…), on accorde au **singulier**. **Exceptions :** le verbe s'accorde au pluriel avec *tous* et *la plupart* (on sous-entend le complément).
  Ex. : *La plupart (des éléphants) sont chassés.*
- Quand le verbe est **impersonnel, il s'accorde avec le sujet logique** et non le sujet réel.
  Ex. : *Il pleut des cordes.*
- Avec le présentatif ***c'est***, on peut accorder au **singulier** ou avec le **nom qui suit**.
  Ex. : *C'est des roulements à billes. / Ce sont des roulements à billes.*

S'entraîner

→ *Corrigés p. 137*

1 **Conjuguez les verbes entre parenthèses au futur de l'indicatif.**

1. Demain, (venir) Jean, Pierre et Henri.

2. C'est moi qui (parler) d'abord.

3. Bérénice et toi (lire) une nouvelle de Maupassant.

4. Il (se lire) de nombreux romans cet été.

5. Chacun d'entre nous (savoir) quoi faire le moment venu.

2 **Exercice du Brevet** — 10 min *(4 points)*

Récrivez ce texte en remplaçant « Denis » par « Denis et Pierre ».

Quand Denis entra dans la classe, le professeur s'adressa à lui d'un air narquois : « Denis, c'est toi qui expliqueras à tes camarades comment tu as fait cet exercice, puisque tu es le seul qui saches ta leçon ! » Évidemment, Denis, qui n'avait rien appris, ne sut pas résoudre une équation dont il avait laissé à son cousin le soin d'éclaircir le mystère !

....

....

....

....

Écrire correctement les homophones (1) 8

À retenir

Tout/tous/toute(s)

- **Déterminant** devant un nom, *tout* **s'accorde** en genre et en nombre avec le nom.
  Ex. : *Il a mangé tous les gâteaux !*
- **Pronom indéfini** devant un verbe, *tout* **s'accorde** en genre et en nombre avec le nom qu'il remplace.
  Ex. : *Parmi mes amies, toutes sont venues.*
- **Adverbe** devant un adjectif ou un autre adverbe (= tout à fait, entièrement), *tout* est **invariable**.
  Ex. : *Ils sont tout mouillés !*

Exception : devant un **adjectif** au **féminin** commençant par une **consonne** ou un ***h* aspiré**, tout **s'accorde** pour des raisons d'euphonie. **Ex. :** Elle est toute mouillée !

Leur/leurs

- **Déterminant possessif** devant un nom, *leur* s'accorde en nombre.
  Ex. : *Leurs filles.*
- **Pronom personnel** devant un verbe, *leur* ne s'accorde jamais.
  Ex. : *Je leur ai parlé.*

N.B. : pronom invariable, ***leur*** peut être remplacé par ***lui***.
Déterminant possessif au pluriel, ***leurs*** peut être remplacé par ***les***.

Même/mêmes

- **Déterminant**, *même* **s'accorde** avec le nom
  Ex. : *Chaque été, ils retrouvent les mêmes amis.*
- **Adverbe**, *même* est **invariable**.
  Ex. : *Même tes amis te désapprouvent !*

S'entraîner

→ Corrigés p. 137

1 **Complétez ces phrases avec *tout*, *tous*, *toute* ou *toutes*.**

1. Les tulipes sont .... fanées.

2. Les jonquilles sont .... épanouies.

3. .... les ans, je fais réviser ma voiture.

4. Les voisines étaient invitées et elles sont .... venues.

2 **Complétez ces phrases avec *même* ou *mêmes*.**

1. Les .... causes ont les .... effets.

2. Elles porteront leurs valises elles-.................. .

3. .... en courant, ils ne la rattraperont pas.

4. Ces philosophes avaient les .... idéaux.

3 **Exercice du Brevet** — 5 min *(2 points)*

Reformulez la phrase suivante en remplaçant « Mâtho » par « Mâtho et Spendius ».

« Mâtho leva la tête […]. Le bruissement du voile frôlant contre les pierres lui rappela son pouvoir nouveau ; mais, dans l'excès de son espérance, il ne savait plus maintenant ce qu'il devait faire. »

Extrait de *Salammbô*, Flaubert

9 Écrire correctement les homophones (2)

À retenir

C'est

- *C'est* = *ce* + *est* (*cela est*) : contraction du **pronom démonstratif** et du verbe ***être***.
  Ex. : *C'est facile !*

S'est

- *S'est* = *se* + *est* : contraction du **pronom réfléchi** et du verbe ***être***.

« S'est » s'emploie au passé composé de la forme pronominale (3e personne du singulier).
Ex. : *Il s'est dépêché.*

Ces : déterminant démonstratif pluriel

Ex. : *Pour qui sont* ***ces*** *serpents qui sifflent sur vos têtes ?* (acte V, scène 5, *Andromaque*, Racine)

Ses : déterminant possessif pluriel

Astuce : ***ses*** peut être remplacé au singulier par ***son*** ou ***sa***.
Ex. : *Il a oublié ses clefs* (au singulier : *sa clef).*

Sais/sait

Il s'agit du verbe *savoir* au présent de l'indicatif, 1re, 2e et 3e pers. du singulier.
Ex. : *Je sais, tu sais, il sait sa leçon.*

S'entraîner

→ Corrigés p. 137

1 **Complétez les phrases suivantes avec *c'est, s'est, ses* ou *sait*.**

1. Le cambrioleur est passé par la fenêtre, ... évident !

2. Quand il .... fait arrêter, il n'avait pas .... papiers.

3. .... tellement bon que je vais en reprendre.

4. Je n'aime pas discuter avec lui, il .... toujours tout sur tout !

5. Le romancier .... volontiers prêté au jeu des dédicaces.

6. Voltaire .... engagé contre l'obscurantisme, et .... écrits sont encore des témoignages de bon sens et d'humanisme.

2 **Exercice du Brevet** — 10 min *(5 points)*

Complétez le texte suivant avec le bon homophone.

« Mais à l'autre bout de la ville, l'été nous tend déjà en contraste .... autres richesses : je veux dire .... silences et son ennui. .... silences n'ont pas tous la même qualité, selon qu'ils naissent de l'ombre ou du soleil. Il y a le silence de midi sur la place du Gouvernement. […]

Mais il y a surtout le silence des soirs d'été.

.... courts instants où la journée bascule dans la nuit, faut-il qu'ils soient peuplés de signes et d'appels secrets pour qu'Alger en moi leur soit à ce point liée ? Quand je suis quelque temps loin de ce pays, j'imagine .... crépuscules comme des promesses de bonheur. »

Extraits de *Noces*, « L'été à Alger », Albert Camus

Écrire correctement les homophones (3) 10

À retenir

Cru/crû

Ex. : *Il a* ***cru*** *ton histoire* (verbe *croire* au participe passé). / *L'arbre a beaucoup* ***crû*** *en deux ans* (verbe *croître* au participe passé). / *Un bifteck cru/de la viande* ***crue*** (adjectif qualificatif *cru*). / *La* ***crue*** *du fleuve a provoqué des inondations* (nom commun féminin). / *Ce* ***cru*** *de Bordeaux est excellent* (nom commun masculin).

Vint/vînt

Ce point est valable pour tous les verbes de la famille de *venir*.

Ex. : *Il* ***revint*** *le lendemain (*indicatif passé simple*). / Il eût fallu qu'il* ***revînt*** (subjonctif imparfait).

Put/pût/pu

Il s'agit du verbe ***pouvoir***.

Ex. : *Il* ***put*** *partir à temps (*indicatif passé simple*). / Il eût fallu qu'il* ***pût*** *partir à temps* (subjonctif imparfait). / *Il a pu partir à temps* (participe passé).

Sur/sûr

Ex. : *Les clefs sont* ***sur*** *la table* (préposition). / *Il est un peu trop* ***sûr*** *de lui* (adjectif qualificatif, ici accordé au masculin sing.).

Mur/mûr(e)/mûre

Ex. : *Cette maison a des* ***murs*** *en pierres* (nom commun masculin, ici au pluriel). / *Les abricots sont* ***mûrs*** (adjectif qualificatif). / *J'adore la confiture de* ***mûres*** (nom commun féminin).

La/là, ça/çà, des/dès, a/à, ou/où

Ex. : *Je vais à* ***la*** *piscine.* (déterminant) / *Ils sont* ***là*** *!* (adverbe de lieu)
Ça *va* (pronom démonstratif abrégé de *cela*) ? / *Il se promène* ***çà*** *et là* (adverbe).
Prends ***des*** *cerises* (déterminant). / *Je partirai demain,* ***dès*** *l'aube* (préposition).
Il ***a*** *peur* (verbe *avoir*, Indicatif présent). / *Il vit* ***à*** *Athènes* (préposition).
Tu viens ***ou*** *pas* (conjonction de coordination) ? / ***Où*** *vas-tu* (adverbe interrogatif) ? / *La ville* ***où*** *j'habite* (pronom relatif).

S'entraîner

→ Corrigés p. 137

1 Complétez ce texte avec *put, pût* ou *pu*.

1. Il m'avait semblé impossible qu'il .... y croire ! **2.** Parce qu'il était bon stratège, Alexandre .... conquérir des territoires immenses. **3.** Nous avons fait ce que nous avons .... ! **4.** Qu'il .... agir dans le plus grand secret à cette époque ne fait aucun doute.

2 Exercice du Brevet — 10 min *(4 points)*

Complétez le texte suivant avec les homophones étudiés ci-dessus.

1. Avez-vous .... ce qu'elle .... raconté ? Elle prétend tout savoir .... tout, mais elle est un peu trop .... d'elle. .... qu'elle rencontre quelqu'un, elle invente .... histoires.

2. .... faut-il tourner ? .... droite .... gauche ? Arrêtons-nous .... pour regarder .... carte.

11 Éviter les répétitions

À retenir

Alléger les phrases grâce aux pronoms

- Les pronoms personnels.
  Ex. : *As-tu vu* ***Liam*** *? Je* ***l'****attends depuis une heure !*
- Les pronoms adverbiaux.
  Ex. : *J'adore* ***la Grèce****,* ***j'y*** *vais tous les ans.*
- Les pronoms démonstratifs.
  Ex. : *J'hésite entre* ***les deux livres****, mais je prendrai* ***celui-ci****.*
- Les pronoms possessifs.
  Ex. : *J'admets ta* ***décision****, mais* ***la mienne*** *est plus juste !*
- Les pronoms indéfinis.
  Ex. : *Si* ***les lecteurs*** *apprécient en général cet auteur,* ***certains*** *ne parviennent pas à lire ses romans.*
- Les pronoms interrogatifs.
  Ex. : ***Tous deux*** *ont raison :* ***qui*** */* ***lequel*** *allons-nous suivre ?*

Enrichir son texte grâce aux reprises nominales

- Les synonymes : mots de même nature ayant un sens proche (*amabilité / gentillesse*).
- Les reprises expansées (*le chien / cet énorme chien*).
- Les mots de la même famille (*jouer / jeu*).
- Les mots génériques (*roman / livre ; serpent / reptile*).
- Les périphrases (*le soleil / l'astre du jour*).

S'entraîner

→ Corrigés p. 137

1 **Pour éviter la répétition des éléments soulignés, proposez un substitut.**

1. Nous passons tous les étés en <u>Provence</u> ; .... a un climat chaud et agréable.

2. Les Tahitiens <u>accueillent les visiteurs avec des colliers de fleurs</u> : .... témoigne de leur sens de l'hospitalité.

3. Il subsiste très peu de <u>tigres</u> ; .... sont la proie des chasseurs.

4. J'ai planté des <u>tulipes</u> car j'adore faire des bouquets de ....

2 **Allégez ce texte en remplaçant les mots *forêt* et *histoire* par des reprises pronominales.**

1. La forêt est pour moi un endroit magique, j'adore me promener dans la forêt. C'est précisément dans la forêt que l'on peut trouver l'inspiration, que l'on veuille écrire ou peindre.

2. Bien qu'il ne crût pas à cette histoire, il répéta cette histoire à qui voulait entendre cette histoire. Il ajouta même un épisode à l'histoire pour apporter un peu de piment !

3 **Exercice du Brevet** — 10 min *(5 points)*

Lisez le texte et répondez aux questions.

« En approchant de la ville, ils rencontrèrent un nègre étendu par terre, n'ayant plus que la moitié de son habit, c'est-à-dire d'un caleçon de toile bleue ; il manquait à ce pauvre homme la jambe gauche et la main droite. »

Extrait de *Candide*, Voltaire

1. Quel(s) mot(s) évite(nt) la répétition de « nègre » ? Justifiez le choix du narrateur.

2. Proposez deux autres reprises nominales qui viseront à produire le même effet.

Insérer et organiser une description 12

À retenir

Insérer une description

- Dans un texte au **passé**, utilisez l'**imparfait** pour les passages descriptifs.
- Insérez une description pour créer une atmosphère, ménager des effets (faire peur, émouvoir, faire rire…).

Organiser une description

Déterminer qui voit et d'où.

- En choisissant un **point de vue** :

– celui, limité, d'un personnage (interne) ;
– celui, omniscient, d'un narrateur qui sait tout et voit tout.

- En choisissant l'**angle de vue**.

Éléments ou personnages vus de loin, de près, d'en haut (plongée – sentiment de domination), d'en dessous (contre-plongée – sentiment d'infériorité de celui qui voit).

Donner de l'expressivité

Éviter les répétitions (*être, il y a…*) et **enrichir** le texte.

- En renforçant une impression avec un champ lexical.
- En nuançant les couleurs.
- En donnant du mouvement et du relief avec les verbes de mouvement.
- En suggérant les sentiments, les impressions d'un narrateur ou d'un narrateur et/ou personnage avec les verbes relatifs aux cinq sens.
- En recourant à des comparaisons et à des métaphores.

S'entraîner

→ *Corrigés p. 137*

1 **Récrivez cette phrase en imaginant des perceptions olfactives au lieu des perceptions auditives.**

« Le bruit sourd des obus à gaz se mêle au craquement des projectiles explosifs. »

Extrait d'*À l'ouest rien de nouveau*, Erich-Maria Remarque

2 **Exercice du Brevet** — 10 min *(4 points)*

Lisez le texte et répondez aux questions.

« Parmi les prairies qu'il y avait derrière notre ville s'élevait, le long d'un ruisseau, une rangée de vieux peupliers. Ils étaient visibles de très loin et, bien que ne formant qu'une seule file, on les appelait l'allée des peupliers. […] Les pures émanations de l'eau et la mélodie du vent dans les peupliers dominaient notre imagination. »

Extrait d'*À l'Ouest rien de nouveau*, de Erich-Maria Remarque

………

1. Quels sens sont sollicités dans cette description ?

2. Montrez que le paysage est décrit en deux dimensions.

13 Choisir une progression thématique

À retenir

Comprendre la composition d'une phrase

Chaque phrase apporte une information nouvelle. On repère le thème (sujet abordé) et le propos (ce que l'on en dit, l'information apportée).

Ex. : *Cette voiture* (thème) *est neuve* (propos).

Identifier et choisir l'enchaînement des phrases

Dans un paragraphe, l'information peut progresser de trois façons différentes.

- La progression **à thème constant** reprend toujours le même thème. On utilise des reprises nominales et pronominales pour éviter les répétitions.

Thème 1 → propos 1 – **Thème 1** → propos 2 – **Thème 1** → propos 3

- La progression **linéaire** fait progresser le récit en passant d'un élément à l'autre : le propos d'une phrase devient le thème de la suivante.

Thème 1 → **propos 1**
→ **Thème 2** → propos 2
→ Thème 3 → propos 3…

- Dans la progression **à thème éclaté ou dérivé** (très utilisée dans les descriptions), un thème central est énoncé, puis décomposé (ou dérivé) en éléments qui sont chacun le thème d'une nouvelle phrase.

Thème central
↗ Thème 1 → propos 1
→ Thème 2 → propos 2
↘ Thème 3 → propos 3

S'entraîner

→ Corrigés p. 137

1 **Poursuivez ce début de texte en trois phrases : elles devront s'enchaîner selon une progression linéaire.**

Un peu plus loin, au bout de la rue, se dresse un immeuble…

……………………………………………………………………………………………

……………………………………………………………………………………………

……………………………………………………………………………………………

2 **Exercice du Brevet** — 10 min *(3 points)*

Lisez le texte suivant et expliquez comment s'enchaînent les phrases dans ce paragraphe. Justifiez.

« Je me souviens du moins d'une grande fille magnifique qui avait dansé tout l'après-midi. Elle portait un collier de jasmin sur sa robe bleue collante, que la sueur mouillait jusqu'aux jambes. Elle riait en dansant et renversait la tête. Quand elle passait près des tables, elle laissait après elle une odeur mêlée de fleurs et de chair. »

Extrait de *Noces*, Albert Camus

Exprimer le temps 14

À retenir

Indiquer la date, la durée, la fréquence

- Avec les compléments circonstanciels de temps : noms ou groupes nominaux, groupes prépositionnels, adverbes, participes ou gérondifs, propositions subordonnées conjonctives, propositions subordonnées participiales.

Exprimer la simultanéité, la postériorité, l'antériorité

- Actions simultanées : ***pendant que***, ***alors que***, ***tandis que***…

– Dans un texte au présent : indicatif présent.
– Dans un texte au passé : indicatif imparfait.

- Action postérieure : ***avant que***…

– Dans un texte au présent : subjonctif présent.
– Dans un texte au passé : subjonctif passé.

- Action antérieure : ***après que***, ***dès que***…

– Dans un texte au présent : indicatif futur antérieur.
– Dans un texte au passé : indicatif passé antérieur, plus-que-parfait.

Respecter ou non l'ordre chronologique

On peut rapporter les faits en respectant leur succession chronologique, mais il est possible aussi, pour apporter des informations ou éveiller l'intérêt du lecteur, de faire :

- **des retours en arrière**

– Dans un texte au présent : passé composé.
– Dans un texte au passé : passé antérieur ou plus-que-parfait.
– Avec des indices temporels : ***auparavant***, ***dix ans plus tôt***…

- **des anticipations**

– Dans un texte au présent : futur.
– Dans un texte au passé : conditionnel (futur du passé).
– Avec des indices temporels : ***plus tard***, ***dix ans après***…

S'entraîner

→ Corrigés p. 138

1 **Soulignez les compléments circonstanciels de temps. Précisez leur nature et la nuance exprimée (antériorité, fréquence, etc.).**

1. Alors qu'ils dormaient, quelqu'un s'introduisit dans la maison. ……………………

2. En dormant, il bouge beaucoup ! ……………………

3. Quand tu auras lu ce roman, donne-moi ton avis. ……………………

4. Il faut avoir terminé avant ce soir. ……………………

5. Il vient lundi. ……………………

6. Il vient le lundi. ……………………

2 **Exercice du Brevet** — 15 min *(6 points)*

Lisez la phrase suivante, puis, en cinq lignes environ, écrivez une suite, dans laquelle, en prolongeant le retour en arrière, vous raconterez votre installation. Vous aurez recours à des indices temporels et aux temps du retour en arrière dans un récit au passé.

« J'avais profité de l'absence de cet homme pour m'installer dans sa maison. »

Extrait de *La Ronde de nuit*, Patrick Modiano, 1969

15 Exprimer son avis dans une argumentation

À retenir

Structurer sa pensée

- Exprimer des **liens logiques** pour souligner les articulations (cause, conséquence, opposition, addition) ; on utilise les connecteurs logiques ou la ponctuation (le point-virgule).
- Utiliser des **connecteurs temporels** pour organiser le raisonnement (*d'abord, ensuite, enfin*…).
- À l'écrit, rédiger des **paragraphes** distincts pour chaque nouvel argument.
- Illustrer les arguments par des **exemples**.

Convaincre ou persuader ?

- Pour convaincre, on utilise des éléments faisant appel à la **raison** (importance des enchaînements logiques).
- Pour persuader, on fait appel aux **sentiments** (émouvoir, faire rire, faire peur…).

Modaliser l'énoncé

La modalisation est l'**attitude** qu'adopte le **locuteur** par rapport au contenu de son énoncé. Pour marquer son adhésion, son implication ou au contraire une prise de distance, on peut utiliser :

- les marques de la première personne ;
- les verbes exprimant un jugement, une impression, un sentiment (*estimer, considérer, penser, sembler, reconnaître, admettre, croire, douter, prétendre*…) ;
- des adverbes (*assurément, évidemment, sans doute, peut-être, apparemment, heureusement, hélas*…) ;
- des expressions (*il est un fait établi que, on ne peut nier que*…) ;
- des temps et des modes (le conditionnel présente les faits comme incertains) ;
- les guillemets, qui peuvent marquer une prise de distance par rapport aux éléments rapportés ;
- des phrases interrogatives, exclamatives, injonctives.

Créer des réseaux de mots

- Jouer sur les connotations des mots.
- Utiliser un vocabulaire mélioratif ou péjoratif.
- Recourir à des procédés stylistiques (comparaisons, antiphrase ou ironie, périphrases…).

S'entraîner

→ Corrigés p. 138

1 **Dans ces phrases, les faits sont présentés comme établis. Récrivez-les en utilisant le type de modalisateur indiqué entre parenthèses pour exprimer le doute et marquer une certaine distance par rapport au fait énoncé.**

Ex. : *Je viendrai demain.* (adverbe) → *Peut-être viendrai-je demain.*

1. Il dit qu'il est le meilleur cuisinier. (verbe)

2. Ce chanteur qu'on dit ténor n'a même pas su tenir la note. (guillemets)

3. Il y a d'autres êtres vivants que nous dans l'univers. (temps)

4. Il va s'acheter une nouvelle voiture. (adverbe)

5. Toi, tu es le meilleur. (type de phrase)

2 **Proposez, pour chaque mot, deux périphrases : l'une qui donne une représentation favorable et l'autre, défavorable.**

1. banquier : ....

2. orateur : ....

3. artiste : ....

4. médecin : ....

5. lion : ....

6. soleil : ....

7. mer : ....

8. héros de guerre : ....

3 **Précisez si chaque phrase correspond à un argument ou à un exemple pour soutenir cette thèse : « Internet est un formidable outil de communication. »**

1. On a besoin de communiquer rapidement.

2. Quand on prend une photo, on peut immédiatement la montrer à n'importe qui à l'autre bout du monde.

3. On a accès à de multiples documents sans se déplacer.

4. On peut consulter un livre conservé dans une bibliothèque au Canada.

4 **Exercice du Brevet** — 15 min *(5 points)*

Lisez le texte et répondez aux questions.

« Le choix qui s'offre à vos consciences est donc clair : ou notre société refuse une justice qui tue et accepte d'assumer, au nom de ses valeurs fondamentales – celles qui l'ont faite grande et respectée entre toutes –, la vie de ceux qui font horreur, déments ou criminels ou les deux à la fois, et c'est le choix de l'abolition ; ou cette société croit, en dépit de l'expérience des siècles, faire disparaître le crime avec le criminel, et c'est l'élimination. »

Extrait du discours sur l'abolition de la peine de mort à l'Assemblée nationale par Robert Badinter (1981)

1. Quelle est la fonction de « celles qui l'ont faite grande et respectée entre toutes » ? Quelle est l'intention de l'orateur ?

2. Sur quels verbes sont formés « abolition » et « élimination » ? Quel mot donne une image favorable de l'acte de justice ? Une image défavorable ?

16 Insérer des paroles rapportées

À retenir

Choisir un type de discours

- Le **discours direct** reproduit les paroles telles qu'elles ont été prononcées (propositions indépendantes / mots ancrés dans la situation d'énonciation : *je, te, ici, demain…* / présent, imparfait, passé composé, futur simple, futur antérieur / marques de l'oral).
- Le **discours indirect** rapporte les paroles en les modifiant, afin de les intégrer dans le système du récit (propositions subordonnées introduites par des verbes de parole / mots coupés de la situation d'énonciation : *il, sa, à cet endroit, le lendemain…* / imparfait, plus-que-parfait / plus-que-parfait, conditionnel simple-futur du passé, conditionnel composé…).
- Le **discours indirect libre** rapporte les paroles en les modifiant afin de les intégrer dans le système du récit sans les subordonner à un verbe de parole (*cf.* discours indirect sans verbe introducteur et avec des marques de l'oral : phrases exclamatives et interrogatives…).
- Le **discours narrativisé** résume les propos.

Varier les verbes introducteurs pour informer le lecteur sur…

- L'**intention du personnage** (promettre, demander, ordonner, menacer…).
- Son **ton** (hurler, crier, murmurer…).
- Ses **sentiments** (chantonner, bredouiller, reprocher, gémir…).

S'entraîner

→ *Corrigés p. 138*

1 **Transposez les phrases suivantes au discours indirect.**

1. Il lui annonça brutalement : « Je te quitte ! »

……………………………………………………………………………………………

2. Elle lui promet : « Tu pourras toujours me faire confiance. »

……………………………………………………………………………………………

3. Il ajouta : « J'ai dû prendre une route plus longue. »

……………………………………………………………………………………………

4. Elle précisa : « je rentrerai à vingt-trois heures ! »

……………………………………………………………………………………………

5. Nous répondîmes : « Nous sommes venues en avion. »

……………………………………………………………………………………………

2 **Exercice du Brevet** — 15 min *(6 points)*

Lisez le texte et répondez aux questions.

Antoinette est en colère contre ses parents qui lui ont interdit d'assister à un bal :

« Antoinette grimaça : « […] Ah ! comme elle avait ri d'eux toute la soirée, et ils n'avaient rien vu, naturellement… elle pouvait pleurer ou rire sous leurs yeux, ils ne daignaient rien voir… une enfant de quatorze ans, une gamine, c'est quelque chose de méprisable et de bas comme un chien… de quel droit ils l'envoyaient se coucher, la punissaient, l'injuriaient ? »

Extrait de *Le Bal*, Irène Némirovsky.

1. Quel type de discours rapporté identifiez-vous ?

2. Reformulez ces reproches d'Antoinette à ses parents en utilisant le discours direct.

Algorithmique et programmation 1

À retenir

Définition

Un **algorithme** est une liste d'instructions permettant d'obtenir, de façon automatisée, un résultat en un nombre fini d'étapes. Écrire un algorithme revient à donner un processus détaillé qui pourra décrire les différentes étapes qui conduiront à l'accomplissement d'une tâche bien définie.

Exemple d'algorithme

- Un algorithme, c'est une sorte de recette de cuisine. Il y a trois étapes à respecter scrupuleusement !

1. Se procurer tous les ingrédients nécessaires (c'est ce que l'on appelle **définir les entrées**) ;
2. l'élaboration de la recette (c'est le **traitement des données**) ;
3. la dégustation (c'est le résultat que l'on appelle la **sortie**).

- Écrire un programme informatique (programmer) consiste à élaborer d'abord un algorithme, puis à traduire cet algorithme dans un langage que comprend la machine que l'on va utiliser. Nous utiliserons, le logiciel Scratch 1.4 pour exécuter nos programmes.
- Pour écrire un programme, nous devons empiler des blocs préétablis dans la partie Script. Ces blocs sont à choisir parmi huit familles différentes (mouvement, apparence, sons, stylos…).

S'entraîner

→ Corrigés p. 138

1 **Écrivez, sous forme d'organigramme, un programme permettant de calculer la moyenne de trois nombres donnés.**

2 **À partir du programme écrit en langage naturel (donc en français) ci-dessous, définissez qui permet de réaliser cet algorithme. Complétez ensuite les deux phrases manquantes.**

Variables :
    a est un nombre
    b est un nombre
    c est un nombre
Début
    Écrire : « Quelle est la mesure du plus grand côté du triangle ? »
    Lire *a*
    Écrire : « Donnez la mesure des deux autres côtés du triangle » .
    Lire *b*
    Lire *c*
    Si ($a^2 = b^2 + c^2$)
        Alors
            Écrire : « Phrase 1 »
        Sinon
            Écrire : « Phrase 2 »
    FinSi
Fin

3 **Exercice du Brevet** — 10 min *(2 points)*

Écrivez le programme précédent en langage Scratch et testez votre programme.

2 Diviseurs d'un nombre entier naturel

À retenir

Définition

On dit qu'un entier naturel b non nul est un diviseur d'un entier naturel a si le reste dans la division euclidienne de a par b vaut 0.

Conséquences

- En pratique, dire que b est un diviseur de a signifie qu'il existe un entier naturel n tel que $a = b \times n$.
- 0 admet une infinité de diviseurs : **tout nombre non nul est un diviseur de 0**.
- 0 est un multiple de tout nombre entier.

Exemple et vocabulaire

- Effectuons la division euclidienne de 12 684 par 28.

1	2	6	8	4	2	8		
	1	4	8		4	5	3	
		0	8	4				
				0				

Donc : $12\,684 = 28 \times 453 + 0$

- Nous pouvons alors écrire que $12\,684 = 28 \times 453$ ou que $12\,684 : 28 = 453$.
- Ces égalités signifient que 28 est un **diviseur** de 12 684 ou que 12 684 est **divisible** par 28 ou encore que 12 684 est un **multiple** de 28.

S'entraîner

→ Corrigés p. 138

1 Précisez si les affirmations suivantes sont vraies ou fausses. Justifiez votre choix.

1. Si un nombre est pair, alors il n'est pas divisible par 3.

2. Si un nombre est divisible par 3, alors il est divisible par 9.

3. La somme de deux multiples de 5 est encore un multiple de 5.

2 Répondez aux questions.

1. Soit n un entier naturel non nul. Donnez une écriture littérale de l'entier qui le précède et de l'entier qui lui succède.

2. Démontrez que la somme de trois entiers consécutifs est un multiple de 3.

3 Exercice du Brevet (Centres étrangers juin 2008) — 10 min *(3 points)*

Dans cet exercice, toute trace de recherche, même incomplète, ou d'initiative non fructueuse, sera prise en compte dans l'évaluation.

« Le nombre caché :
– Je suis un nombre entier compris entre 100 et 400 ;
– je suis pair ;
– je suis divisible par 11 ;
– j'ai aussi 3 et 5 comme diviseur.
Qui suis-je ? »

Expliquez une démarche permettant de trouver le nombre caché et donnez sa valeur.

Les nombres premiers

À retenir

Définition

On dit qu'un nombre entier est **premier** lorsqu'il admet exactement deux diviseurs : 1 et lui-même.

Conséquence et exemples

- Le plus petit nombre premier est également le seul nombre premier pair : il s'agit de 2.
- 19 est un nombre premier car 19 ne possède que deux diviseurs : 1 et 19 ($19 = 19 \times 1$).
- 51 n'est pas un nombre premier car $51 = 17 \times 3$ donc 17 et 3 sont des diviseurs de 51.

Théorème fondamental

- Tout nombre entier naturel non premier s'écrit de manière **unique** comme étant le produit de plusieurs facteurs premiers.
- Ce théorème permet, par exemple, de déterminer tous les diviseurs d'un nombre entier.

1. Décomposons le nombre 60.

60	2
30	2
15	3
5	5
1	

Donc $60 = 2^2 \times 3 \times 5$

Donc les diviseurs de 60 sont de la forme $2^n \times 3^p \times 5^q$, avec $0 \leq n \leq 2$, $0 \leq p \leq 1$ et $0 \leq q \leq 1$.

2. Il y a trois choix possibles pour n (0, 1 ou 2), deux choix possibles pour p (0 ou 1) et deux choix possible pour q (0 ou 1). 60 a donc $3 \times 2 \times 2 = 12$ diviseurs distincts que l'on place dans le tableau suivant :

Diviseurs de 60		Produit
1	60	60
2	30	60
3	20	60
4	15	60
5	12	60
6	10	60

S'entraîner

→ Corrigés p. 138

1 **En utilisant le théorème fondamental, déterminez tous les diviseurs de 90.**

2 **On appelle PGCD de deux nombres entiers, le Plus Grand Diviseur Commun des deux nombres.**
En utilisant la décomposition en produits de facteurs premiers des nombres 32 et 48, déterminez le PGCD de ces deux nombres que l'on notera plus simplement PGCD (32 ; 48).

3 **Exercice du Brevet** — 5 min *(2 points)*

On dit que deux nombres entiers sont premiers entre eux lorsqu'ils admettent pour unique diviseur commun le nombre 1. Dans ces conditions, que pensez-vous de l'affirmation suivante :
« Si l'on considère deux nombres, l'un pair, l'autre impair, ils sont premiers entre eux ».
Justifiez vos propos.

4 Reconnaître si une fraction est irréductible

À retenir

Définition

- On dit que deux nombres entiers naturels sont premiers entre eux lorsque leur seul diviseur commun est 1.
- On dit qu'une fraction est irréductible si et seulement si son numérateur et son dénominateur sont premiers entre eux.
- Si le numérateur et le dénominateur d'une fraction ne sont pas premiers entre eux, alors ils admettent des diviseurs et donc un plus grand diviseur commun.
- Il suffit de diviser le numérateur et le dénominateur d'une fraction par leur plus grand diviseur commun pour obtenir une fraction égale et irréductible.

Méthode pour simplifier une fraction

On veut réduire la fraction $\frac{a}{b}$

↓

On cherche le plus grand diviseur commun *c* de *a* et *b* ?

Si $c < 1$ → **Alors $\frac{a}{b} = \frac{c \times n}{c \times m} = \frac{n}{m}$ avec $\frac{n < a}{m < b}$**
***n* et *m* étant premiers entre eux.**

Si $c = 1$ → **La fraction est irréductible**

S'entraîner

→ Corrigés p. 139

1 **Dites si les fractions suivantes sont irréductibles.**

1. $A = \frac{15}{21}$ **2.** $B = \frac{17}{35}$ **3.** $C = \frac{121}{33}$ **4.** $D = \frac{26}{39}$

2 **Simplifiez les fractions suivantes.**

1. $A = \frac{36}{480}$ **2.** $B = \frac{17}{51}$ **3.** $C = \frac{242}{55}$ **4.** $D = \frac{52}{39}$

3 **Exercice du Brevet** — 10 min *(3 points)*

1. Calculez l'expression $A = \frac{13}{2} - \frac{4}{3} \times \frac{5}{2}$ (donnez le résultat sous forme de fraction irréductible).

2. Donnez l'écriture scientifique de $B = \frac{7 \times 10^{15} \times 8 \times 10^{-8}}{2 \times 10^{-4}}$.

Calculer les puissances entières d'un nombre relatif 5

À retenir

Définitions et propriétés

- Soit a un nombre différent de zéro et n un nombre entier naturel.

On **définit** les nombres suivants :

$a^n = a \times a \times ..... \times a$ qui se lit « **a puissance n** » ;

$a^{-n} = \dfrac{1}{a^n}$ qui est l'inverse de a^n ;

$a^1 = a$ et $a^{-1} = \dfrac{1}{a}$ sont deux nombres inverses l'un de l'autre ;

$a^0 = 1$ pour tout nombre relatif non nul a.

Ex. : $3^2 = 3 \times 3 = 9$; $(-4)^3 = (-4) \times (-4) \times (-4) = -64$;
$10^6 = 10 \times 10 \times 10 \times 10 \times 10 \times 10 = 1\,000\,000$ et $(-10)^4 = (-10) \times (-10) \times (-10) \times (-10) = 10\,000$

- Soient a et b deux nombres différents de zéro et p et q deux nombres entiers relatifs.

On utilise les propriétés suivantes pour calculer plus facilement les puissances.

$a^p \times a^q = a^{p+q}$ $\qquad (a \times b)^p = a^p \times b^p$

$\dfrac{a^p}{a^q} = a^{p-q}$ $\qquad \left(\dfrac{a}{b}\right)^p = \dfrac{a^p}{b^p}$ $\qquad (a^p)^q = a^{p \times q}$

Ex. : $2^4 \times 2^6 = 2^{4+6} = 2^{10}$ $\qquad (2^{-3})^2 = 2^{-3\times 2} = 2^{-6}$

$5^6 \times 5^{-5} = 5^{6-5} = 5^1 = 5$ $\qquad \left(\dfrac{1}{2}\right)^{-2} = \dfrac{1^{-2}}{2^{-2}} = \dfrac{2^2}{1^2} = 2^2$

$10^6 \times 10^{-3} \times 10^{-3} = 10^{6-3-3} = 10^0 = 1$ $\qquad \dfrac{6^4}{6^1} = 6^{4-1} = 6^3$

Déterminer la notation scientifique d'un nombre

- Un nombre positif est écrit en notation scientifique lorsqu'il est écrit sous la forme $a \times 10^n$

où : a est un nombre décimal tel que $1 \leq a < 10$.

Donc a est un nombre décimal qui s'écrit avec un seul chiffre non nul avant la virgule.

n désigne un nombre entier relatif.

S'entraîner

→ Corrigés p. 139

1 **Écrivez sous la forme d'une seule puissance les nombres suivants.**

1. $3^5 \times 3^4 =$ ....

2. $(-3)^4 \times (-3)^5 =$ ....

3. $16 \times 2^4 =$ ....

4. $27 \times 3^6 = 3$ ....

5. $\dfrac{125}{3\,125} = 5^{......}$

6. $\dfrac{10^{-3} \times 10^5}{10^{-2}} =$ ....

2 **Écrivez, en supprimant les parenthèses, les expressions suivantes où x désigne un nombre non nul.**

1. $(3x)^2 =$ ....

2. $(5x^2) =$ ....

3. $\dfrac{(2x)^3}{8} =$ ....

3 **Exercice du Brevet** — 10 min *(2 points)*

Écrivez sous sa forme scientifique le nombre suivant : $A = \dfrac{49 \times 10^3 \times 6 \times 10^{-10}}{14 \times 10^{-2}}$

6 Développer une expression

À retenir

Définitions et propriétés

- Développer un produit de plusieurs facteurs consiste à **transformer** le produit en une somme algébrique de plusieurs termes. Pour effectuer cette **transformation**, il est nécessaire d'utiliser les propriétés suivantes.
- La multiplication est distributive par rapport à l'addition et à la soustraction.
- Soient a, b, c, d et k des nombres quelconques, on a les égalités suivantes :
  $k \times (a + b) = ka + kb$
  $k \times (a - b) = ka - kb$
  $(a + b)(c + d) = ac + ad + bc + bd$

Les trois identités remarquables

- Soient a et b deux nombres quelconques, on a les égalités suivantes :
  $(a + b)^2 = a^2 + 2ab + b^2$
  $(a - b)^2 = a^2 - 2ab + b^2$
  $(a + b)(a - b) = a^2 - b^2$

S'entraîner

→ Corrigés p. 139

1 Développez, puis ordonnez, selon les puissances décroissantes de x, les expressions suivantes.

1. $F(x) = 3x(1 + x) + 5x$ ....

....

2. $G(x) = (2x - 3)(7 - x)$ ....

....

3. $H(x) = (2x + 3)(x - 2) + 2(x + 3)(2 + 5x)$ ....

....

2 Complétez le tableau suivant en utilisant l'identité remarquable qui convient.

a	b	a^2	$2ab$	b^2	$(a + b)^2$
$2x$	5				
$3x$			$30x$		
					$16x^2 + 56x + 49$

3 Exercice du Brevet — 10 min *(8 points)*

On propose deux programmes de calcul.

Programme A
Choisir un nombre ;
Lui ajouter 8 ;
Calculer le carré du résultat obtenu.

Programme B
Choisir un nombre ;
Lui soustraire 7 ;
Calculer le carré du résultat obtenu.

1. Quels sont les résultats obtenus avec les programmes si l'on prend comme nombre de départ 0 ?

2. Quels sont les résultats obtenus avec les programmes si l'on prend comme nombre de départ 5 ?

Factoriser une expression 7

À retenir

Définition

• Factoriser une somme algébrique de plusieurs termes consiste à **transformer** la somme en produit de plusieurs facteurs. C'est le processus inverse de celui du développement. On rencontre principalement les deux situations.

Expressions avec ou sans facteur commun

• L'expression à factoriser présente un facteur commun « évident ».
Soient a, b, c, d et k des nombres quelconques, on a les égalités suivantes :
$ka + kb = k \times (a + b)$; k est le **facteur commun « évident »**.
$ka - kb = k \times (a - b)$; k est le **facteur commun « évident »**.

Ex. : $A(x) = 3xy^2 + 6xz - 9xy = (3x) \times y^2 + (3x) \times 2z + (3x) \times (-3y)$.
donc $A(x) = 3x \times (y^2 + 2z - 3y)$

• Si l'expression à factoriser ne présente pas de facteur commun, alors on peut avoir recours à une identité remarquable. En général, il s'agit souvent de la 3e identité. Soient a et b deux nombres quelconques, on a les égalités suivantes :
$a^2 + 2ab + b^2 = (a + b)^2$; $a^2 - 2ab + b^2 = (a - b)^2$; $a^2 - b^2 = (a + b)(a - b)$

Ex. : $C(x) = 9 + 24x + 16x^2 = 3^2 + 2 \times 3 \times 4x + (4x)^2 = (3 + 4x)^2$
$D(x) = 4x^2 - 12x + 9 = (2x)^2 - 2 \times 2x \times 3 + 3^2 = (2x - 3)^2$
$E(x) = 25x^2 - 81 = (5x)^2 - 9^2 = (5x - 9)(5x + 9)$

S'entraîner

→ Corrigés p. 139

1 Trouvez un facteur commun, puis factorisez les expressions suivantes.

1. $F(x) = 5xy^2 + 4xz + 3x$ ....

....

2. $G(x) = 2x(2x - 3) - (2x - 3)$ ....

....

3. $H(x) = (2x + 3)(x - 2) - 2(x - 2)(2 + 5x)$ ....

....

2 Repérez une identité et factorisez les expressions suivantes.

1. $4x^2 + 20x + 25$ ....
2. $49 - 42x + 9x^2$ ....
3. $49x^2 - 81$ ....

3 Exercice du Brevet — 5 min *(3 points)*

On considère l'expression suivante : $J(x) = (7x - 3)^2 - (3x + 5)^2$.

1. Démontrez que, pour tous nombres a et b, on a $(a + b)(a - b) = a^2 - b^2$.
2. Déduisez-en une factorisation de $J(x)$.

8 Résoudre une équation

À retenir

Définition

- Une équation est une égalité entre deux membres, dans lequel ou dans lesquels figure une **inconnue** généralement appelée « x ».

Les deux principaux types d'équation

- Les équations de la forme $ax + b = c$ où a est un nombre non nul.

Ce type d'équation admet une unique solution : $x = \frac{c-b}{a}$.

Ex. : $2x + 3 = 5$
donc $2x = 5 - 3$
donc $x = \frac{5-3}{2} = 1$
L'unique solution de l'équation est 1.

Ex. : $5x - 3 = 3x + 9$
donc $5x - 3x = 9 + 3$
donc $2x = 12$
donc $x = \frac{12}{2} = 6$
L'unique solution de l'équation est 6.

- Les équations-produits de la forme $(ax + b)(cx + d)$ où a et c sont des nombres non nuls.

Pour résoudre ces équations, on utilisera la propriété suivante :
Un produit de plusieurs facteurs est nul si, et seulement si, l'un des facteurs, au moins, est nul.
Ce type d'équation admet deux solutions : $-\frac{b}{a}$ et $-\frac{d}{c}$.

Ex. : $(2x + 6)(3x - 12) = 0$
Il s'agit d'une équation-produit. Un produit de plusieurs facteurs est nul si, et seulement si, l'un des facteurs, au moins, est nul.
Soit $2x + 6 = 0$ ou $3x - 12 = 0$
Soit $x = -\frac{6}{2} = -3$ ou $x = \frac{12}{3} = 4$
L'équation admet deux solutions distinctes : -3 et 4.

S'entraîner

→ Corrigés p. 139

1 **Résolvez les équations suivantes.**

1. $7x - 5 = 9$
2. $3x + 4 = 7 - 8x$
3. $\frac{2x+3}{4} = \frac{3x-5}{3}$

2 **Résolvez les équations-produits suivantes.**

1. $(3x - 5)(5 - 2x) = 0$
2. $3(4 - 5x)\left(2 + \frac{x}{2}\right) = 0$
3. $(3x + 7)^2 = 0$

3 **Exercice du Brevet** — 10 min *(4 points)*

Résolvez l'équation suivante : $(4x - 3)^2 - 9 = 0$.

1. Le nombre $\frac{3}{4}$ est-il solution de cette équation ? et le nombre 0 ?
2. Prouvez que, pour tout nombre x, $(4x - 3)^2 - 9 = 4x(4x - 6)$.
3. Déterminez les solutions de l'équation $(4x - 3)^2 - 9 = 0$.

Résoudre une inéquation 9

À retenir

Définition

- Une inéquation est une **inégalité** entre deux membres, dans lequel ou dans lesquels figure une inconnue généralement appelée « x ». Résoudre une inéquation revient à déterminer **toutes** les valeurs de l'inconnue pour lesquelles l'inégalité est vérifiée.

Propriétés

Pour résoudre une inéquation, on utilise les propriétés suivantes :

- On ne modifie pas une inégalité lorsque l'on **ajoute** ou lorsque l'on **retranche** aux deux membres de l'inégalité un même nombre.
- On ne modifie pas une inégalité lorsque l'on **multiplie** ou lorsque l'on **divise** les deux membres de l'inégalité par un même nombre **strictement positif**.
- On **renverse** le sens d'une inégalité lorsque l'on **multiplie** ou lorsque l'on **divise** les deux membres de l'inégalité par un même nombre **strictement négatif**.

Résoudre une inéquation et représenter graphiquement l'ensemble de ses solutions

- $7x - 3 \leq 11x + 8$

donc $7x - \mathbf{11x} \leq 8 + 3$	On transpose les inconnues à gauche et les nombres à droite du symbole ≤.
donc $-4x \leq 11$	On simplifie les deux membres de l'inéquation.
donc $x \geq -\frac{11}{4}$	On n'oublie pas de renverser le sens de l'inégalité (car $-4 < 0$).

Les solutions de l'inéquation sont tous les nombres supérieurs ou égaux à $-\frac{11}{4}$.

- On se donne un axe orienté, gradué avec une origine 0 et une unité. Sur cet axe, on va représenter en rouge l'ensemble des solutions de l'inéquation :

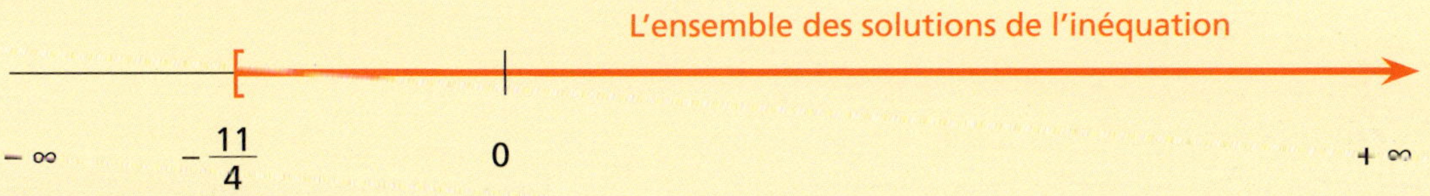

S'entraîner

→ Corrigés p. 139

1 **Traduisez graphiquement les inégalités suivantes.**

1. $x \leq \frac{3}{4}$ **2.** $x > -\frac{7}{2}$ **3.** $-x \geq -\frac{3}{5}$

2 **Résolvez les inéquations suivantes.**

1. $6x - 5 > 9$ **2.** $3x + 5 \leq 7 - 4x$ **3.** $\frac{2x+5}{4} \geq \frac{4x-5}{3}$

3 **Exercice du Brevet** — 10 min *(4 points)*

1. 60 est-il la solution de l'inéquation $2{,}5x - 75 > 76$?

2. Résolvez cette inéquation et représentez les solutions sur un axe.

3. Pendant la période estivale, un marchand de glaces a remarqué qu'il dépensait 75 € par semaine pour faire, en moyenne, 150 glaces. Sachant qu'une glace est vendue 2,50 €, combien doit-il vendre de glaces, au minimum, dans la semaine pour avoir un bénéfice supérieur à 76 € ?

10 Statistiques

À retenir

Définition

- Toute étude statistique porte sur des **individus**.
- L'ensemble constitué par tous ces individus formera une **population**.
- Une fois déterminée, les individus, et donc la population à étudier, on peut s'intéresser à un **caractère** particulier qui s'exprimera sous la forme de plusieurs **éventualités**.

Les différents caractères

On distingue deux types de caractère :

- les **caractères qualitatifs** sont des caractères que l'on ne peut pas quantifier (la couleur des yeux, le groupe sanguin, le sexe…). Dans ce cas, les éventualités s'appellent des **modalités**.
- les **caractères quantitatifs** sont des caractères que l'on peut quantifier (l'âge, le poids, la taille…). Dans ce cas, les éventualités s'appellent des **valeurs**.

- On appelle **effectif** d'une valeur ou d'une modalité, le nombre d'individus ayant cette même valeur ou modalité.
- On appelle **fréquence** d'une valeur ou d'une modalité, le rapport entre l'effectif de la valeur ou modalité et le nombre total d'individus.
- On appelle **moyenne** d'un caractère quantitatif le rapport entre la somme de toutes les valeurs prises par le caractère et l'effectif total de la série.
- On appelle **médiane** d'une série statistique ordonnée toute valeur du caractère quantitatif qui sépare la série en deux parties de même effectif.

S'entraîner

→ Corrigés p. 139

1 **Voici les notes obtenues par Kim en mathématiques ce trimestre : 10 – 15 – 17 – 19 – 13 – 20. Calculez la moyenne de Kim et arrondissez le résultat au dixième de point près.**

2 **Exercice du Brevet** — 15 min *(5 points)*

La course automobile des 24 heures du Mans consiste à effectuer en 24 heures le plus grand nombre de tours d'un circuit.
Le diagramme en bâtons ci-contre donne la répartition du nombre de tours effectués par les 25 premiers coureurs automobiles du rallye.

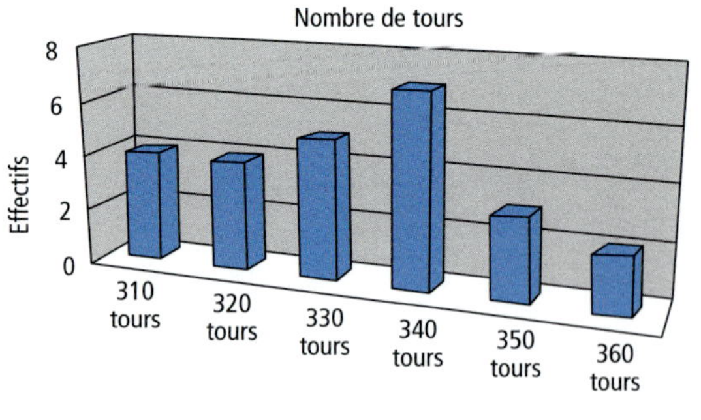

1. Complétez le tableau ci-après des effectifs et des effectifs cumulés croissants de cette série statistique.

Nombre de tours effectués	310	320	330	340	350	360
Effectifs	4					
Effectifs cumulés croissants						

2. Déterminez la médiane et l'étendue de cette série.

3. Calculez la moyenne de cette série (on donnera une valeur arrondie à l'unité).

Diagrammes statistiques

À retenir

Définition

- Lorsque le caractère étudié est continu ou lorsqu'il prend de nombreuses valeurs, **la distribution est répartie en classes** dont les amplitudes ne sont pas systématiquement égales.
- Un **histogramme** est une représentation graphique d'une série statistique de variable quantitative. Il est constitué de rectangles accolés dont **les aires sont proportionnelles aux effectifs** de chaque classe.
- Les bornes des classes de la série sont reportées sur l'axe des abscisses.

Deux cas différents

Selon les situations, on distingue les deux cas.

- **Les classes ont des amplitudes égales :** dans ce cas, la représentation de l'histogramme est semblable à celle d'un diagramme en barres ou en bâtons. La hauteur d'un rectangle est proportionnelle à l'effectif de la classe qu'il représente.
- **Les classes ont des amplitudes différentes :** dans ce cas, il faut que l'aire des rectangles soit proportionnelle à l'effectif, et non leur hauteur.

Méthode

- On commence par choisir une unité pour l'axe des abscisses (valeurs du caractère) et une unité d'aire (pour les effectifs).
- On détermine la hauteur de chaque rectangle connaissant son aire et la longueur de sa base.

S'entraîner

→ Corrigés p. 140

1 **Voici les notes obtenues lors du dernier devoir commun d'une classe de 3e. Construisez l'histogramme correspondant à cette série statistique.**

Notes	[0 ; 8[	[8 ; 12[	[12 ; 16[	[16 ; 20]	Total
Effectifs	6	10	7	4	27

2 **Exercice du Brevet** — 15 min *(5 points)*

On a interrogé les élèves de 3e sur leur type de films préférés. Les résultats sont les suivants :
– 20 % des élèves préfèrent les films d'animations (dessins animés, mangas...) ;
– 30 % des élèves préfèrent les comédies romantiques ;
– 10 % des élèves préfèrent les films de science-fiction ;
– le reste des élèves préfèrent les films d'action.

1. Faites un tableau récapitulatif des données ci-dessus.

2. Faites un diagramme circulaire (7 cm de rayon) représentant cette enquête.

12 Comprendre les probabilités simples

À retenir

Définition

- Une **expérience est dite aléatoire** si elle vérifie les trois conditions suivantes :

– Elle conduit à des résultats possibles que l'on est parfaitement capable de nommer.
– On ne peut pas prévoir avec certitude le résultat qui va se réaliser.
– L'expérience doit être reproductible dans les mêmes conditions.

- Les résultats possibles d'une expérience aléatoire sont des issues ou des **évènements élémentaires**.
- Un évènement est constitué par un ou plusieurs évènements élémentaires.
- Lors d'une expérience aléatoire, lorsque chaque évènement élémentaire a la même chance d'être réalisé, on dira qu'il s'agit d'une situation d'**équiprobabilité**.
- Dans une situation d'équiprobabilité, on définit la **probabilité** d'un évènement A comme étant le rapport entre le nombre de cas favorables à la réalisation de l'évènement A par le nombre total de cas.
- Une probabilité est un nombre toujours compris entre 0 et 1.

– Un **évènement impossible**, qui ne contient aucune issue, est un évènement dont la probabilité est nulle.
– Un **évènement certain**, qui contient toutes les issues, est un évènement dont la probabilité vaut 1.
– La probabilité d'un évènement est la somme des probabilités des évènements élémentaires qui le composent.

- L'**évènement contraire** de l'évènement A, noté $\bar{A}$, désigne l'ensemble de toutes les issues n'appartenant pas à A. On a : $P(A) + P(\bar{A}) = 1$.

S'entraîner

→ Corrigés p. 140

1 **Dans un sac parfaitement opaque, on place 4 pommes, 3 bananes, 5 noix et 7 cerises. L'expérience consiste à tirer un fruit du sac. S'agit-il d'une expérience aléatoire ? Justifiez votre réponse.**

2 **L'expérience consiste à lancer un dé parfaitement équilibré et à noter le chiffre inscrit sur la face supérieure.**

1. Citez un évènement certain. ....

....

2. Citez un évènement impossible. ....

....

3 **Exercice du Brevet** — 10 min *(4 points)*

Un sac contient 10 boules rouges, 6 boules noires et 4 boules jaunes. Chacune de ces boules a la même probabilité d'être tirée. On tire une boule au hasard.

1. Calculez la probabilité pour que cette boule soit rouge.

2. Calculez la probabilité pour que cette boule soit noire ou jaune.

3. Calculez la somme des deux probabilités trouvées aux deux questions précédentes. Le résultat est-il prévisible ? Pourquoi ?

Apprendre à utiliser un arbre de probabilité 13

À retenir

Les expériences aléatoires à deux épreuves

Pour mieux visualiser ce type d'expériences, il est utile d'utiliser un **arbre de probabilité**.

- L'arbre de probabilité d'une expérience aléatoire indique chacune de ses issues.
- Sur un tel arbre, les **embranchements** correspondent à des évènements et chaque **branche** correspond à une **probabilité pondérée**.
- On parcourt toujours ce type d'arbre de la **racine** vers l'**extrémité des branches**.

Propriétés

- Dans un arbre de probabilité, la somme des probabilités des branches partant d'une même racine est toujours égale à 1.
- Dans un arbre de probabilité, la probabilité d'un résultat auquel conduit un chemin est égal au produit des probabilités rencontrées le long de ce chemin.
- Dans un arbre de probabilité, la probabilité d'un évènement est la somme des probabilités des chemins correspondant à cet évènement.

Ex. : *On considère une expérience aléatoire à deux épreuves successives. On dispose pour cela de deux urnes A et B.*

- L'urne A contient des boules indiscernables au toucher : 2 boules bleues et 3 boules rouges.
- L'urne B contient des piécettes identiques : 3 noires, 2 vertes et 4 oranges.

L'expérience aléatoire se déroule en deux parties :

Expérience 1 : on tire une boule de l'urne A et l'on note sa couleur.

Expérience 2 : on tire une piécette de l'urne B et l'on note sa couleur.

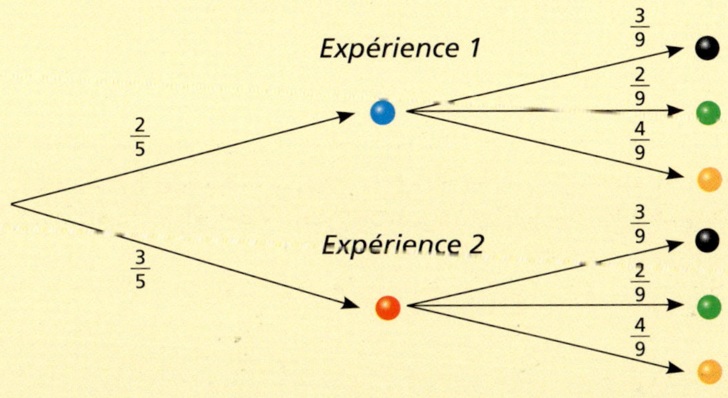

- Ainsi, pour calculer la probabilité d'obtenir une boule bleue, suivie d'une piécette verte, on trace en rouge le parcours sur l'arbre pondéré des probabilités, puis on applique les propriétés énoncées.
- On obtient finalement : P ({Bleue, Verte}) = $\frac{2}{5} \times \frac{2}{9} = \frac{4}{45}$.

S'entraîner

→ Corrigés p. 140

1 **En utilisant l'arbre précédent, calculez la probabilité P ({Rouge, Orange}).**

2 **En utilisant toujours le même arbre, déterminez l'évènement qui a pour probabilité $\frac{8}{45}$.**

3 **Exercice du Brevet** — 10 min *(4 points)*

Un menu est composé d'une entrée et d'un plat principal. En entrée, on a le choix entre : un bouquet de crevette, du saumon fumé et une assiette de charcuterie. En plat, on a le choix entre : une dorade, un turbot et une entrecôte de bœuf. Si je choisis au hasard mon menu, quelle est la probabilité de ne manger que du poisson ?

14 La proportionnalité

À retenir

Définition

- On dit que deux grandeurs sont proportionnelles lorsque les valeurs de l'une des grandeurs s'obtiennent en multipliant les valeurs de l'autre des grandeurs par un même nombre non nul.
- Un tableau sera de proportionnalité si les valeurs de la deuxième s'obtiennent en multipliant les valeurs de la première ligne par un même nombre non nul appelé le **coefficient de proportionnalité**.

Tableau de proportionnalité

- Dans un tableau de proportionnalité, une colonne peut être la somme ou la différence de deux (ou de plusieurs colonnes).
- Une colonne peut également être le produit ou le quotient d'une colonne par un même nombre non nul. Si les deux premières colonnes du tableau sont proportionnelles, alors le tableau sera de proportionnalité.
- Une colonne peut également être le produit ou le quotient d'une colonne par un même nombre non nul. Si les deux premières colonnes du tableau sont proportionnelles, alors le tableau sera de proportionnalité.

x	y	$x + y$	$x - y$	kx	$x \div y$
x'	y'	$x' + y'$	$x' - y'$	kx'	$x' \div y$

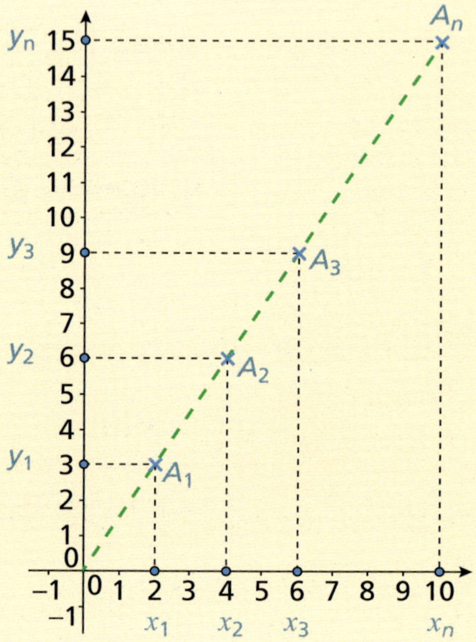

- On peut représenter graphiquement une situation de proportionnalité. On dispose du tableau de proportionnalité ci-dessous :

x_1	x_2	x_3	....	x_n
y_1	y_2	y_3	....	y_n

- On peut placer chaque couple de valeurs pour obtenir des points : $A_1(x_1 ; y_2)$; $A_2(x_2 ; y_2)$… $A_n(x_n ; y_n)$.
- Si l'on place tous ces points dans un repère et que l'on relie tous ces points, on obtiendra une droite qui passera par l'origine du repère.

S'entraîner

→ Corrigés p. 140

1 **La masse volumique de l'or est de 19,3 g/cm³. Calculez la masse contenue dans un cube rempli d'or de 2 dm de côté.**

2 **On considère un triangle ABC rectangle en A. On augmente la longueur du côté [AB] de 20 % et l'on diminue la longueur du côté [AC] de 20 %. Cali affirme que l'aire du nouveau triangle a diminué de 4 % par rapport à l'aire du triangle de départ. Êtes-vous d'accord avec elle ? Justifiez votre réponse.**

3 **Exercice du Brevet** — 10 min *(4 points)*

Un téléviseur 4k de 1 575 € est payé de la façon suivante :
- 1/3 du prix est versé à la commande ;
- 25 % de ce qui reste à payer sera versé à la livraison ;
- le solde sera payé à crédit.

1. Quel est le montant versé à la commande ?

2. Quel est le montant versé à la livraison ?

3. Le solde, majoré de 12 %, est payé en quatre mensualités équivalentes. Calculez le montant d'une mensualité.

À retenir

Définition

- Une fonction est un processus qui, à un nombre donné, fait correspondre un unique autre nombre.

Nombre donné → Fonction → Nombre correspondant

- On appelle x **un antécédent** du nombre $f(x)$ par la fonction f.
- On appelle $f(x)$ **l'unique image** de x par la fonction f.
- On note $f : x \mapsto f(x)$ pour signifier que la fonction f associe au nombre x l'unique nombre noté $f(x)$.
- Dans un repère cartésien, la représentation graphique de la fonction f est l'ensemble de tous les points M de coordonnées $(x ; f(x))$ où x décrit tous les nombres de l'ensemble de départ.

Représentation graphique

On considère la fonction $f : x \mapsto x^3 - 3x^2 + 5$.
Sa courbe représentative est représentée en rouge.
On peut y voir, par exemple, que le point M de coordonnées (2 ; 1) appartient à cette courbe, ce qui signifie que $f(2) = 1$.
En effet, $f(2) = 2^3 - 3 \times 2^2 + 5 = 1$.

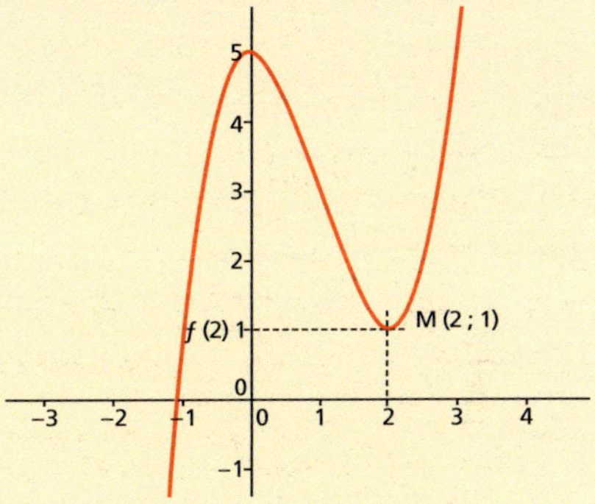

Déterminer l'image d'un nombre par une fonction donnée

- On considère la fonction $f : x \mapsto -3x^2 + 8$.

x	– 2	0	2	4
$f(x)$	– 4	8	– 4	– 40

À l'aide de ce tableau, on peut affirmer que :
- L'unique image de – 2 par f est – 4.
- – 4 admet au moins deux antécédents par f, qui sont – 2 et + 2.

S'entraîner

→ Corrigés p. 141

1 **Écrivez une notation des fonctions suivantes.**

1. f est la fonction qui, à un nombre x, associe la somme de son carré et de son triple.

2. g est la fonction qui, à un nombre x, associe la différence de son cube et de son carré.

2 **On considère la fonction $f : x \mapsto 2x^2 - 8$. Complétez le tableau suivant.**

x	– 1	0	1	
$f(x)$				0

3 **Exercice du Brevet** — 10 min *(2 points)*

On considère la fonction $f : x \mapsto -3x + 8$.

1. Déterminez un antécédent par f du nombre 6.

2. Peut-il y en avoir un second ?

16 Apprendre à utiliser les fonctions linéaires

À retenir

Définition

On appelle **fonction linéaire de coefficient** *a*, la fonction qui, à un nombre x donné, associe le produit de ce nombre par *a*. On note cette fonction $f : x \mapsto ax$ où *a* désigne un nombre quelconque.

Propriétés

- L'image de 0 par la fonction f est $f(0) = a \times 0 = 0$.
- L'image de 1 par la fonction f est $f(1) = a \times 1 = a$.
- Par la fonction f, tout nombre admet un unique antécédent.
- La fonction f est la modélisation mathématique d'une situation de proportionnalité de coefficient *a*.
- La représentation graphique de la fonction f est une droite passant par l'origine du repère.

Déterminer l'expression algébrique d'une fonction linéaire

On détermine la fonction linéaire f, sachant que l'image de 4 par f est 6.
On remarque que f est une fonction linéaire. La déterminer revient donc à trouver la valeur de son coefficient *a*.
On sait que l'image de 4 par f est 6, ce qui se traduit par l'égalité $f(4) = 6$. Donc *a* sera la solution de l'équation $6 = 4 \times a$.

Donc $a = \frac{6}{4} = \frac{3}{2} = 1{,}5$.

Il en résulte que la fonction linéaire cherchée est $f : x \mapsto 1{,}5x$.

S'entraîner

→ Corrigés p. 141

1 Déterminez, dans chacun des cas suivants, la fonction linéaire.

1. f est la fonction linéaire pour laquelle l'image de 5 est 8.

2. g est la fonction linéaire pour laquelle l'antécédent de 3 est 4.

2 Représentez graphiquement les fonctions suivantes.

1. $f : x \mapsto 2x$

2. $g : x \mapsto -3x$

3 Exercice du Brevet — 10 min *(3 points)*

On considère la figure ci-contre :

ABC est un triangle rectangle en A tel que :

AC = 9 cm

AB = 6 cm

CD = x cm où x désigne un nombre tel que :

$0 < x < 9$

D et E sont deux points appartenant respectivement aux côtés [AC] et [BC].

$\widehat{CDE} = 90°$

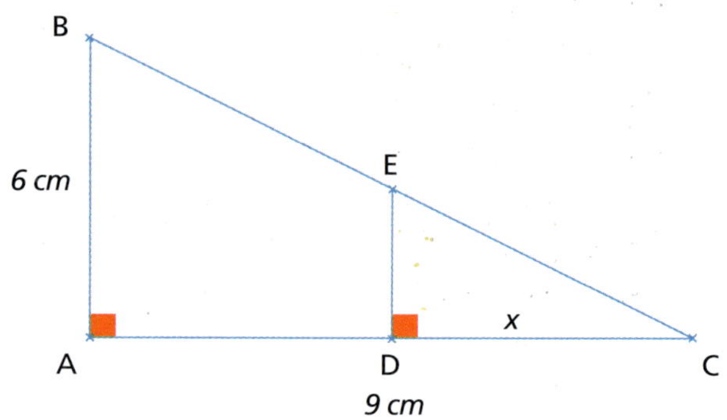

1. Déterminez la fonction f qui permet de calculer la longueur du segment [DE] en fonction de x.

2. La fonction f est-elle une fonction linéaire? Justifiez votre affirmation.

Apprendre à utiliser les fonctions affines 17

À retenir

Définition

On appelle **fonction affine** la fonction qui, à un nombre x donné, associe le nombre $ax + b$.
On note cette fonction $f : x \mapsto ax + b$ où a et b désignent des nombres quelconques.

- Si $a = 0$, alors la fonction f sera appelée **fonction constante** et on notera $f : x \mapsto b$.
- Si $b = 0$, alors la fonction f sera la **fonction linéaire** de coefficient a.

Propriétés

- Si la fonction f est une **fonction affine non constante**, alors tout nombre admet un unique antécédent.
- La représentation graphique de la fonction f est une droite (d) qui coupera l'axe des ordonnées au point de coordonnées $(0 ; b)$.
- b sera appelé l'ordonnée à l'origine de la droite (d).
- a sera appelé le coefficient directeur de la droite (d).
- Pour deux nombres distincts x_1 et x_2, on a l'égalité $a = \dfrac{f(x_1) - f(x_2)}{x_1 - x_2}$.
- On dira ainsi que les accroissements des images $f(x)$ sont proportionnels aux accroissements des nombres x associés.

Déterminer l'expression algébrique d'une fonction affine

- On détermine la fonction linéaire f, sachant que l'image de 4 par f est 6 et que $f(3) = -5$.

On remarque que f est une fonction linéaire. L'image de x s'écrit donc $f(x) = ax + b$ où a et b sont les deux nombres à déterminer.
On sait que $f(4) = 6$ et $f(3) = -5$.
D'après la troisième propriété (énoncée ci-dessus), on obtient $a = \dfrac{f(4) - f(3)}{4 - 3} = \dfrac{6 - (-5)}{1} = 11$.
Il en résulte que l'image de x par f est $f(x) = 11x + b$.
On utilise, par exemple, le fait que $f(4) = 6$ pour déterminer la valeur de b : $6 = 11 \times 4 + b$.
Donc $b = 6 - 44 = -38$.
Finalement, on obtient $f(x) = 11x + 38$.

S'entraîner

→ Corrigés p. 141

1 **Déterminez la fonction affine $g : x \mapsto ax + b$ sachant que $g(1) = 5$ et $g(-3) = 2$.**

2 **Représentez graphiquement les fonctions suivantes.**

1. $f(x) \mapsto \dfrac{2}{3}x + 4$
2. $g(x) \mapsto -x$
3. $h(x) \mapsto 1$

3 **Exercice du Brevet** — 15 min *(4 points)*

f et g sont deux applications affines définies par $f(x) = 2x + 3$ et $g(x) = -3x - 2$.

1. Tracez les représentations graphiques de (d_1) et (d_2) de f et g.

2. a. Résolvez l'équation $2x + 3 = -3x - 2$.
b. Que représente la solution de cette équation pour les droites (d_1) et (d_2) ?

18 Calculer des longueurs avec le théorème de Thalès

À retenir

Théorème de Thalès

Soient (*d*) et (*d'*) deux droites sécantes en A.
Soient B et M deux points de (*d*) distincts de A.
Soient C et N deux points de (*d'*) distincts de A.
Si les droites (BC) et (MN) sont **parallèles**, alors $\frac{AM}{AB} = \frac{AN}{AC} = \frac{MN}{BC}$.

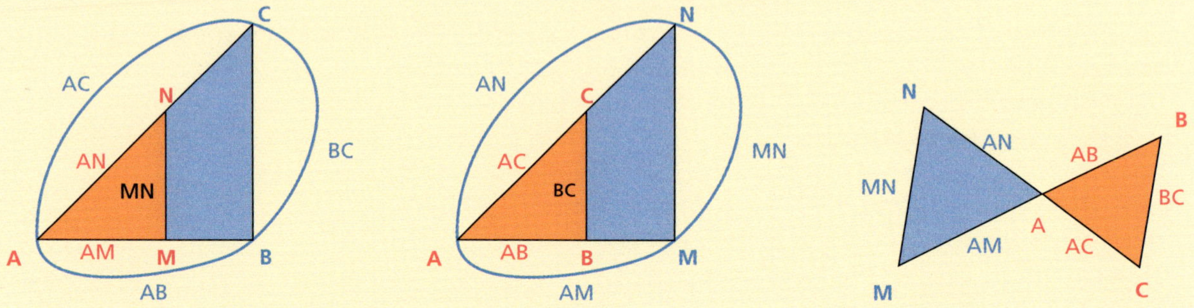

Cas 1 : M ∈ [AB] et N ∈ [AC].	**Cas 2 :** M ∈ [AB) et M ∈ [AB], N ∈ [AC) et N ∈ [AC]	**Cas 3 :** M ∈ [BA) et M ∈ [AB], N ∈ [CA) et N ∈ [AC] Cette configuration porte aussi le nom de « papillon de Thalès ».

- La propriété directe permet de calculer une longueur.
- La propriété, sous sa forme contraposée, permet de démontrer que deux droites ne sont pas parallèles.

Ex. : *Dans la configuration ci-contre, les droites (MN) et (BC) sont parallèles. On veut déterminer la longueur AN.*

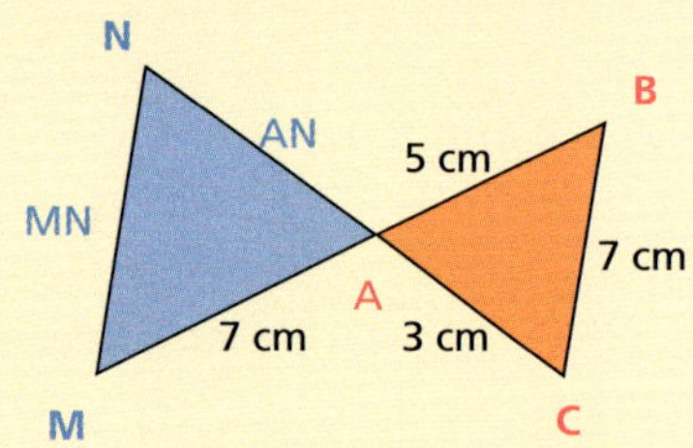

Les triangles ABC et AMN de sommet commun A sont tels que :
- M ∈ (AB), N ∈ (AC)
- Les droites (MN) et (BC) sont parallèles.
- Dans ces conditions, le théorème de Thalès permet d'écrire $\frac{AM}{AB} = \frac{AN}{AC} = \frac{MN}{BC}$.

On en déduit que AN = 4,2 cm.

S'entraîner

→ Corrigés p. 142

1 **Dans la configuration précédente, déterminez la longueur MN.**

2 **Soit ABC un triangle tel que AB = 21 cm, AC = 16 cm et BC = 8 cm. Les points M et N appartiennent respectivement aux segments [AB] et [AC] tels que AM = 9 cm et AN = 11 cm. Les droites (MN) et (BC) sont-elles parallèles ?**

3 **Exercice du Brevet** — 15 min *(4 points)*

Dans la configuration ci-contre, les droites (MN) et (BC) sont parallèles.

Démontrez que $\frac{AN}{AC} = \frac{AM}{MB} = \frac{MN}{BC}$.

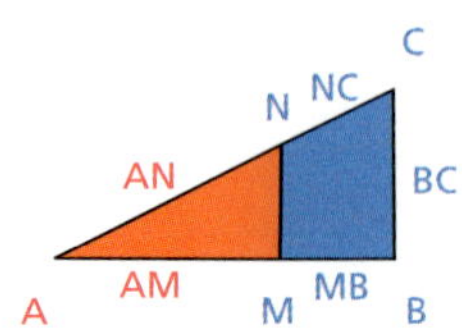

Démontrer que des droites sont parallèles 19

À retenir

La réciproque du théorème de Thalès

Soient (d) et (d') deux droites sécantes en A.
Soient B et M deux points de (d) distincts de A.
Soient C et N deux points de (d') distincts de A.

Si $\frac{AM}{AB} = \frac{AN}{AC}$ et si les points A, B, M et les points A, C, N sont alignés dans le même ordre, alors les droites (BC) et (MN) sont **parallèles**.

- La réciproque du théorème de Thalès permet uniquement de démontrer que deux droites sont parallèles. Pour l'appliquer, il convient d'être très vigilant et de vérifier toutes les hypothèses qui s'y réfèrent.

***Ex. :** On considère la figure codée ci-contre. On va démontrer que les droites (MN) et (BC) sont parallèles.*

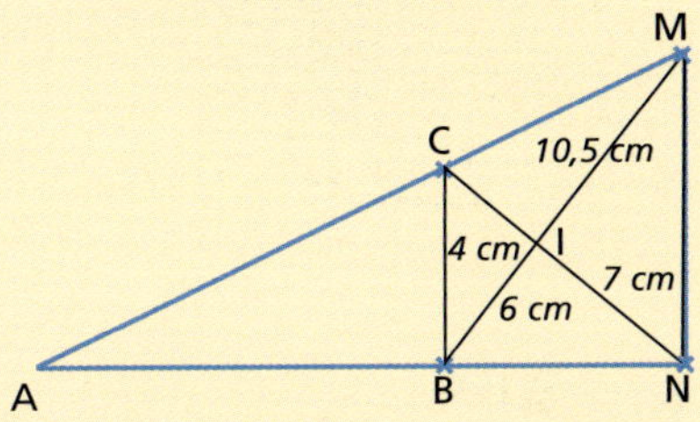

Les triangles IMN et BCI de sommet commun I sont tels que :

- $B \in (IM)$ et $C \in (IN)$
- Les points B, I, M et C, I, N sont alignés dans le même ordre.
- De plus, on a $\left.\begin{array}{l}\frac{IN}{IC} = \frac{7}{4} = 1{,}75 \\ \frac{IM}{IB} = \frac{10{,}5}{6} = 1{,}75\end{array}\right\}$ donc $\frac{IN}{IC} = \frac{IM}{IB}$.
- Dans ces conditions, la réciproque du théorème de Thalès permet d'affirmer que les droites (MN) et (BC) sont effectivement parallèles.

S'entraîner

→ Corrigés p. 142

1 **Les droites (BM) et (CN) sont sécantes en C. Démontrez que les droites (BC) et (MN) sont parallèles.**

2 **Dans la configuration ci-contre, quelle est la nature du triangle AMN ? Justifiez votre affirmation.**

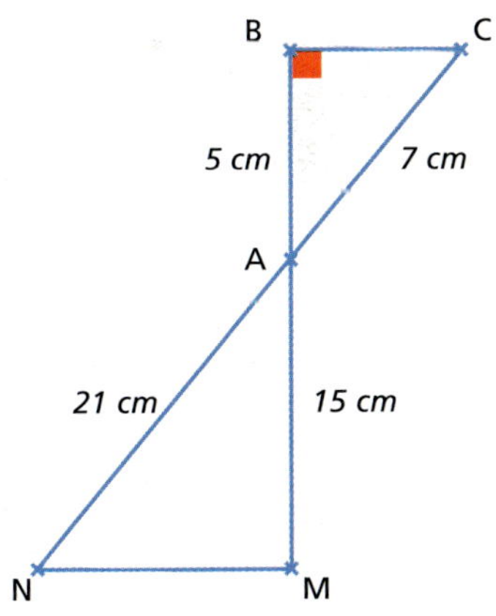

3 **Exercice du Brevet** — 10 min *(3 points)*

Sur la demi-droite [AB] ci-contre, placez sans mesurer, le point M tel que $AM = \frac{3}{5}AB$.
Justifiez votre construction.

20 Utiliser la trigonométrie dans le triangle rectangle

À retenir

Propriétés s'appliquant uniquement au triangle rectangle ABC rectangle en C

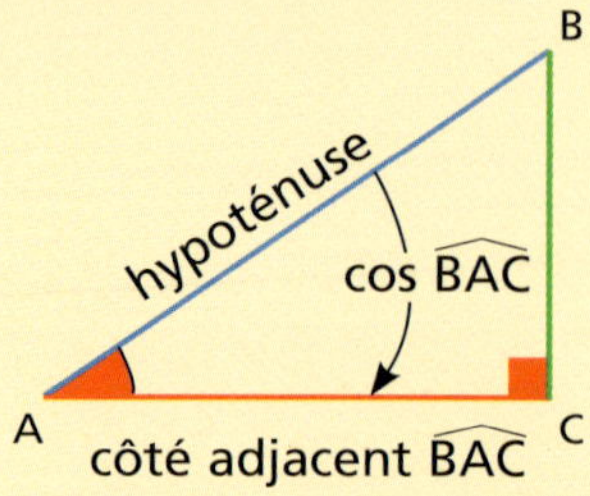

$\cos \widehat{BAC} = \dfrac{\text{côté adjacent à } \widehat{BAC}}{\text{hypoténuse}}$

AC = AB cos ($\widehat{BAC}$)

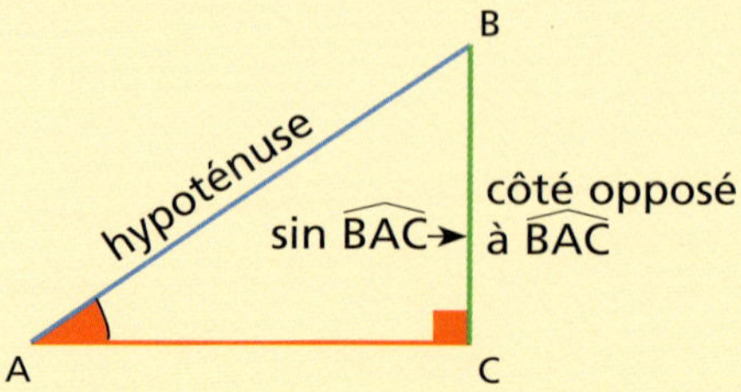

$\sin \widehat{BAC} = \dfrac{\text{côté opposé à } \widehat{BAC}}{\text{hypoténuse}}$

BC = AB sin ($\widehat{BAC}$)

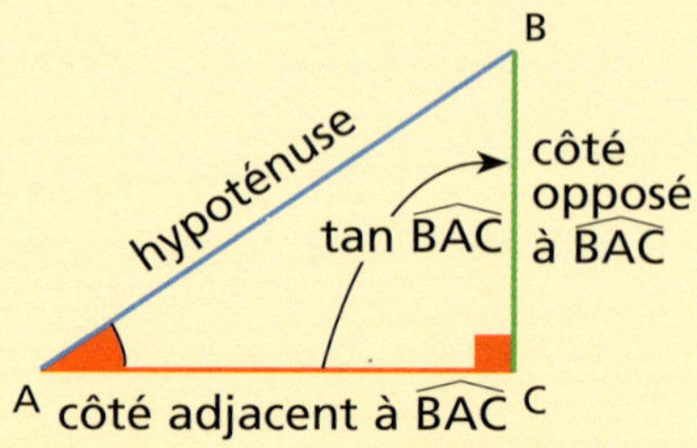

$\tan \widehat{BAC} = \dfrac{\text{côté opposé à } \widehat{BAC}}{\text{côté adjacent à } \widehat{BAC}}$

BC = AC tan ($\widehat{BAC}$)

- $\tan(\widehat{BAC}) = \dfrac{\sin(\widehat{BAC})}{\cos(\widehat{BAC})}$ $\qquad \tan(\widehat{BAC}) \times \tan(\widehat{CBA}) = 1$
- $\sin^2(\widehat{BAC}) + \cos^2(\widehat{BAC}) = 1$ $\qquad \sin^2(\widehat{CAB}) + \cos^2(\widehat{CAB}) = 1$

Utiliser les propriétés de trigonométrie dans un triangle rectangle

x désigne la mesure, en degrés, de l'un des angles aigus d'un triangle rectangle.

Sachant que $\sin(x) = \dfrac{4}{5}$, déterminez la valeur exacte de $\cos(x)$.

1. On sait que $\sin^2(x) + \cos^2(x) = 1$

2. Donc $\cos^2(x) = 1 - \sin^2(x)$

3. Or $\sin(x) = \dfrac{4}{5}$

4. Donc $\cos^2(x) = 1 - \left(\dfrac{4}{5}\right)^2 = \dfrac{9}{25}$

5. Donc $\cos(x) = \dfrac{3}{5}$

S'entraîner

→ Corrigés p. 142

1 **x désigne la mesure, en degrés, de l'un des angles aigus d'un triangle rectangle.**

Sachant que $\sin(x) = \dfrac{4}{5}$, déterminez la valeur exacte de $\tan(x)$.

2 **Soit ABC un triangle rectangle en A tel que AB = 4 cm et BC = 6 cm. Déterminez la mesure exacte de l'angle $\widehat{ABC}$, puis donnez-en une valeur arrondie au degré près.**

3 **Exercice du Brevet** — 10 min *(10 points)*

Sur la figure ci-contre, les droites (AB) et (DE) sont parallèles.

Déterminez la longueur exacte du segment [DC].

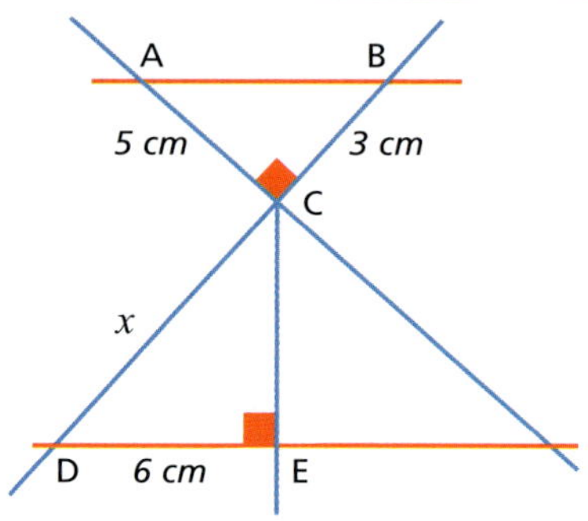

À retenir

Définitions

- La **sphère** de centre O et de rayon R est l'ensemble de tous les points de l'espace situés à une distance R du point O.
- La **boule** de centre O et de rayon R est l'ensemble de tous les points de l'espace situés à une distance inférieure ou égale à R du point O.
- L'aire d'une sphère de rayon R est égale à $4\pi R^2$.
- Le volume d'une boule de rayon R est égal à $\frac{4}{3}\pi R^3$.
- La section d'une sphère de centre O et de rayon R par un plan $\wp$ perpendiculaire à (OB) est un cercle de centre H et de rayon $r = \sqrt{R^2 - OH^2}$.

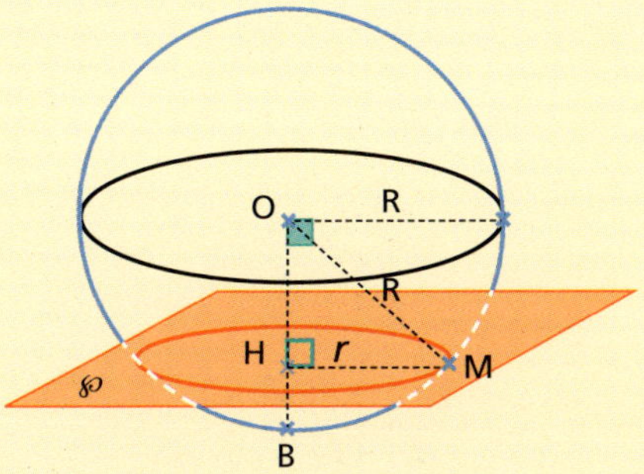

Déterminer la section d'une sphère par un plan perpendiculaire à un rayon

- On considère la sphère de centre O et de rayon 7 cm que l'on coupe par un plan P perpendiculaire à (OB).

Sachant que OH = 4 cm, calculez le rayon de cette section.

- Le triangle OMH est rectangle en H, donc on peut y appliquer le théorème de Pythagore.

On a $OM^2 = OH^2 + HM^2$

donc $HM^2 = OM^2 - OH^2$

donc $HM^2 = 49 - 16 = 33$.

- Le rayon de la section est donc de $\sqrt{33}$ cm.

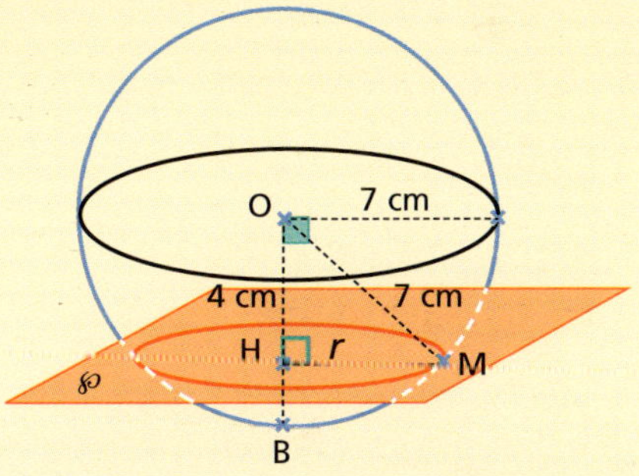

S'entraîner

→ Corrigés p. 143

1 **Reprenez l'exemple précédent et calculez le rayon de la section de la sphère (rayon de la sphère = 5 cm et OH = 3 cm).**

2 **Déterminez le volume en litres (L) d'une boule de 15 cm de rayon.**

3 **Exercice du Brevet** — 20 min *(4 points)*

La Terre est assimilée à une sphère de rayon 6 370 km.

1. On considère le plan perpendiculaire à la ligne des pôles (NS) et équidistant de ces deux pôles. L'intersection de ce plan avec la Terre s'appelle l'Équateur. Calculez la longueur de l'Équateur.

2. On note O le centre de la Terre et G un point de l'Équateur. On considère deux points A et B situés en Afrique sur l'Équateur.

Ces points sont disposés comme l'indique le schéma ci-contre.
On sait que $\widehat{GOA} = 42°$ et $\widehat{GOB} = 9°$. Calculez la longueur de l'arc , $\overset{\frown}{AB}$ portion de l'Équateur située en Afrique.

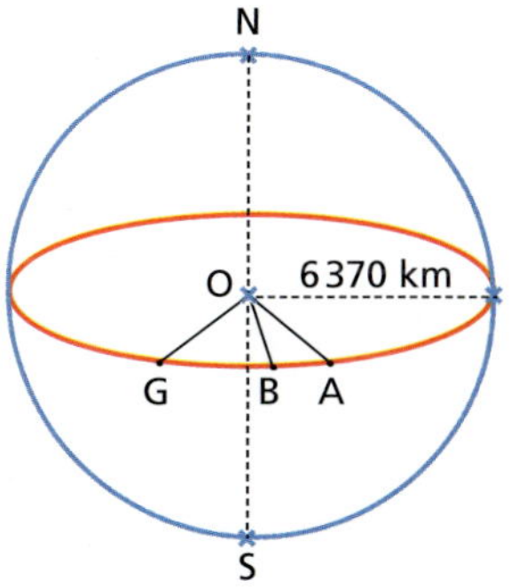

22 Les effets d'une translation

À retenir

Définition

- On considère la translation qui transforme A en A'. On la note $t_{AA'}$.
- L'image d'un point M quelconque du plan par cette translation sera le point M' tel que le quadrilatère AA'M'M soit un parallélogramme.

Notation

On écrira $t_{AA'}$(M) = M' si, et seulement si, le quadrilatère AA'M'M est un parallélogramme.

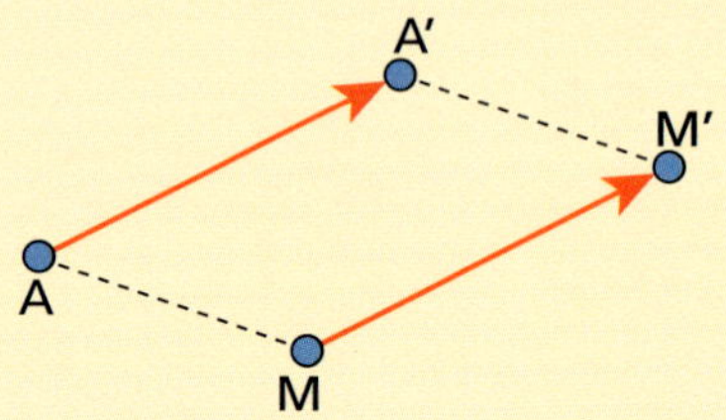

1er cas : M $\notin$ [AA']
Dans ce cas, le quadrilatère AA'M'M est un parallélogramme.

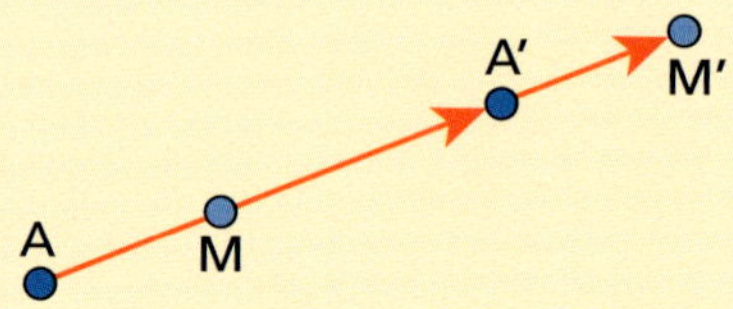

2e cas : M $\in$ [AA']
Dans ce cas le quadrilatère AA'M'M est un parallélogramme aplati.

Propriétés

- Dans une translation, les longueurs, le parallélisme, la perpendicularité et les angles sont conservés.
- Une translation transforme une droite en une droite parallèle.

S'entraîner

→ Corrigés p. 143

1 **Soit un triangle ABC rectangle en C. Quelle est l'image de ce triangle par la translation qui transforme A en B ? Justifiez votre affirmation.**

2 **Soit ABCD un carré de 5 cm de côté. Quelle est l'aire de l'image A'B'C'D' du carré ABCD par la translation qui transforme A en C ? Justifiez.**

3 **Exercice du Brevet** — 10 min *(3 points)*

Neuf carrés sont juxtaposés comme l'indique la figure ci-contre.

1. Quelle est l'image de L par la translation qui à R associe N ?

2. Quelle est l'image de J par la translation qui transforme C en O ?

3. Quelle est l'image du carré BCHI par la translation qui à A associe M ?

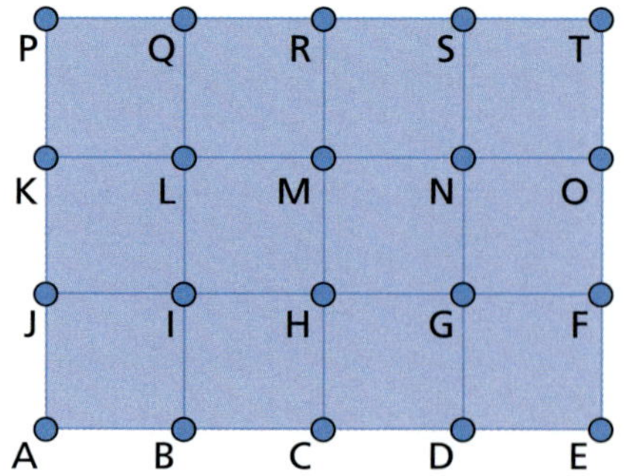

Les effets d'une rotation 23

À retenir

Définition

- La rotation est une transformation entièrement déterminée par les trois éléments suivants :
  – son centre, appelé simplement le **centre de la rotation** ;
  – son sens (direct si l'on tourne dans le sens inverse des aiguilles d'une montre ou indirect) ;
  – son angle.
- On dit que le point M' est l'image du point M par la rotation de centre O, d'angle α dans le sens direct si, et seulement si, il vérifie les deux conditions suivantes : OM' = OM et $\widehat{MOM'} = \alpha$.

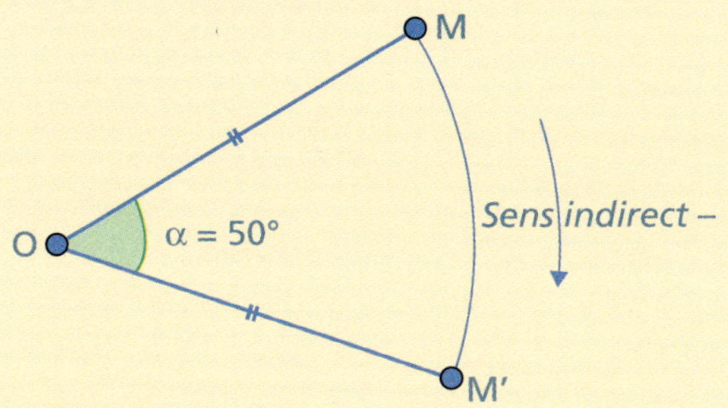

Cas 1 : M' est l'image de M par la rotation de centre O et d'angle 50° dans le sens indirect.

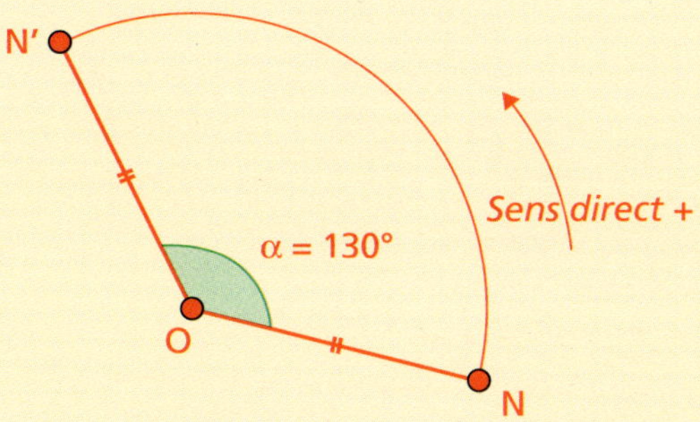

Cas 2 : N' est l'image de N par la rotation de centre O et d'angle 130° dans le sens direct.

Propriétés

Dans une rotation, les longueurs, le parallélisme, la perpendicularité et les angles sont conservés.

S'entraîner

→ Corrigés p. 143

1 **On considère la rotation qui transforme un point A en un point A'. Où se situe le centre de cette rotation ? Justifiez votre affirmation.**

2 **Soit un rectangle ABCD de centre O tel que AB = 6 cm et BC = 4 cm. Construisez l'image A'B'C'D' du rectangle ABCD dans la rotation de centre O, d'angle 45° dans le sens direct. Quelle est l'aire de A'B'C'D' ?**

3 **Exercice du Brevet** — 10 min *(4 points)*

Soit ABCD le carré de centre O. Soit F un point appartenant au segment [AB].

On considère la rotation de centre O et d'angle 90° qui transforme B en A. On désigne par G l'image de F.

1. Construisez le point G.

2. Quelle est l'image du point A dans cette rotation ?

3. Quelle est l'image du segment [AB] dans cette rotation ? Démontrez que G est un point du segment [AD] et que BF = AG.

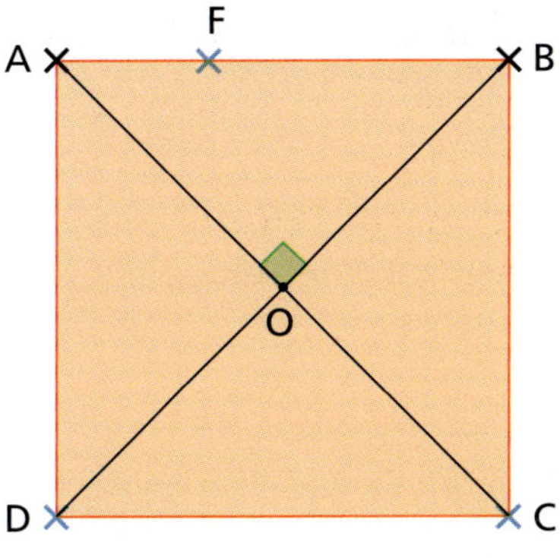

24 Les effets d'une homothétie

À retenir

Définition

- Une homothétie est une transformation entièrement déterminée par :
  – son centre appelé simplement le **centre de l'homothétie** ;
  – son rapport $\pm k$ où k désigne un nombre positif.
- On dit que le point M' est l'image du point M par l'homothétie de centre O, de rapport $\pm k$ (k est un réel positif ; k est signé positivement si O n'appartient pas au segment [MM'] et négativement dans le cas contraire) si $\begin{cases} M' \in (OM) \\ OM' = k \times OM \end{cases}$ et $M \neq 0$ et $M' = 0$ pour $M = 0$.
- Si $0 < k < 1$, alors l'homothétie sera une **réduction** de rapport k.
- Si $k = 1$, alors l'homothétie laissera tous les points du plan invariants.
- Si $k > 1$, alors l'homothétie est un **agrandissement** de rapport k.

Cas 1 : A'B'C' est l'image de ABC par l'homothétie de centre O et de rapport $\frac{3}{2}$.

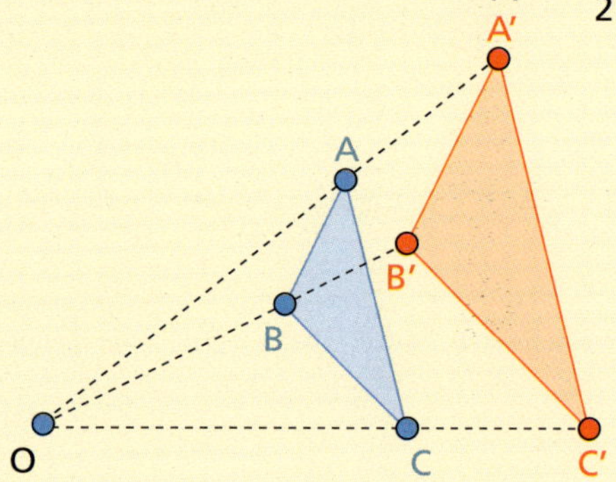

Homothétie de centre O et de rapport $k = \frac{3}{2}$

Cas 2 : A'B'C' est l'image de ABC par l'homothétie de centre O et de rapport $-\frac{1}{2}$.

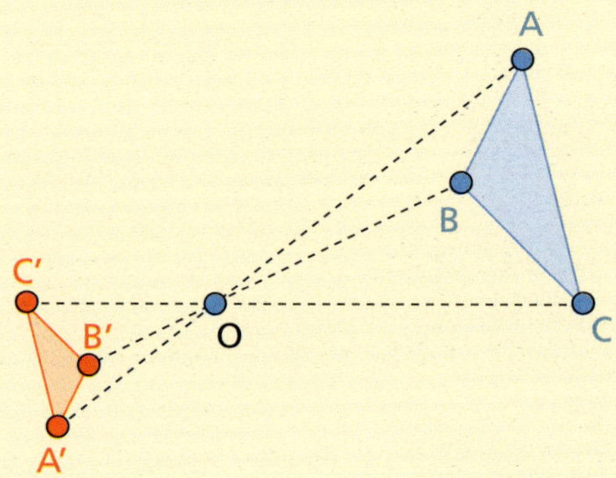

Homothétie de centre O et de rapport $k = -\frac{1}{2}$

- On dira que deux triangles sont semblables si leurs angles sont égaux ou si leurs côtés sont proportionnels. Ainsi, si deux triangles sont semblables, alors ils auront trois côtés deux à deux proportionnels <u>ou</u> deux angles respectivement égaux <u>ou</u> un même angle compris entre deux côtés respectivement proportionnels.

S'entraîner

→ Corrigés p. 143

1 **Construisez un carré ABCD de centre O. Construisez l'image A'B'C'D' de ce carré par l'homothétie de centre O et de rapport $\frac{2}{3}$. S'agit-il d'un agrandissement ou d'une réduction ?**

2 **On considère un triangle ABC dont les mesures, en cm, sont AB = 3, AC = 4 et BC = 5.**
Soit A'B'C' son image par une homothétie de rapport $\frac{5}{2}$. Déterminez la surface du triangle A'B'C'.

3 **Exercice du Brevet** — 10 min *(4 points)*

Démontrez que les triangles ABC et ABD rectangles en A et en D sont semblables.

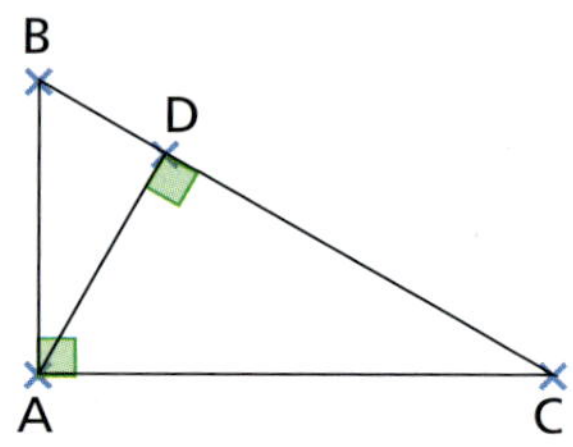

Expliquer une forme de violence subie par les civils

1

À retenir

1914-1918, quatre années de guerre

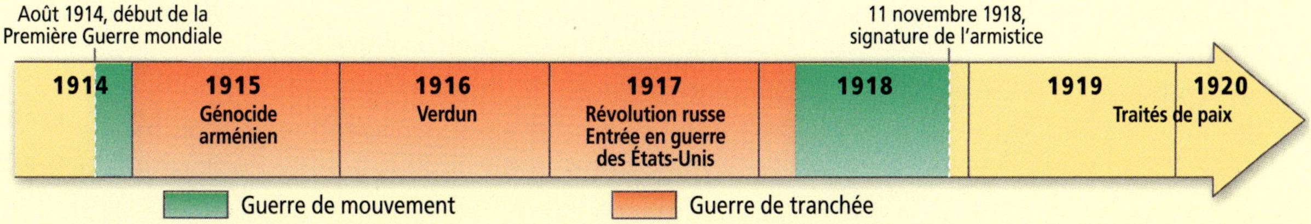

La Grande Guerre est marquée par la **violence** pour les poilus des **tranchées** et les civils des régions occupées et de l'Empire ottoman (**génocide turc contre les Arméniens**). La **guerre** est **totale**, car les forces militaires, humaines et économiques des États sont mobilisées. Après l'**armistice**, les traités de paix bouleversent l'Europe en créant onze États. Le problème des minorités allemandes n'est pas réglé et la vague révolutionnaire secouant l'Europe échoue.

Pour lire une carte historique, il faut :

- identifier le titre, l'espace cartographié, la date ou période ;
- repérer les informations cartographiées avec la légende ;
- expliquer son intérêt.

S'entraîner

→ Corrigés p. 143

1 **Analysez la carte historique en répondant aux questions.**

Le génocide arménien

1. Nommez l'État et situez la région où vivent les Arméniens. À quelle alliance ce pays appartient-il ?

2. Les Arméniens sont accusés de soutenir la Russie : à quelle alliance appartient-elle ? Quelle en est la conséquence pour ce peuple ?

3. Les Arméniens sont soumis à deux types de violence : lesquels ?

4. Expliquez le mot « génocide » et dites pourquoi il est une manifestation de la violence de masse.

2 **Décrivez la guerre des tranchées et expliquez pourquoi elle est une manifestation de la violence de masse.**

3 **Exercice du Brevet** — 35 min *(20 points)*

Rédigez un développement construit expliquant comment la Première Guerre mondiale a mis à l'épreuve la cohésion des sociétés et fragilisé les régimes en place.

2 Comprendre les expériences totalitaires

À retenir

L'idéologie et les pratiques des États totalitaires

- Lénine, au pouvoir depuis la révolution de 1917, installe une dictature communiste et fonde l'URSS en 1922. **De 1924 à 1953, Staline** instaure une économie socialiste s'appuyant sur la collectivisation des terres (1929), la dékoulakisation et **la « grande terreur » (1937-1938)**.
- **De 1933 à 1945**, **Hitler**, chef du NSDAP, installe une dictature et un régime antisémite (**les lois de Nuremberg en 1935**). Rêvant d'un « grand espace vital », il mène l'Europe à la guerre.

Le régime totalitaire

C'est un régime politique dans lequel l'État contrôle tout et obtient la soumission et l'obéissance de la société par la propagande et la répression.

Pour passer d'un texte à un schéma, vous devez :

– repérer les expressions-clés du texte : « l'État contrôle tout », « soumission de la société » ;
– expliquer les moyens de l'État pour contrôler (parti unique, police politique) et soumettre la société (embrigadement, terreur) ;
– évoquer l'idéologie du régime : raciste et guerrière en Allemagne, un projet internationaliste et une société sans classe en URSS.

S'entraîner

→ Corrigés p. 144

1 **Complétez le schéma en utilisant les termes suivants :** Hitler ; Staline ; NSDAP ; Goulag ; embrigadement de la jeunesse ; Gestapo ; politique antisémite ; parti communiste ; agrandissement de l'espace vital ; NKVD ; camps de concentration ; exporter la révolution dans le monde ; police politique.

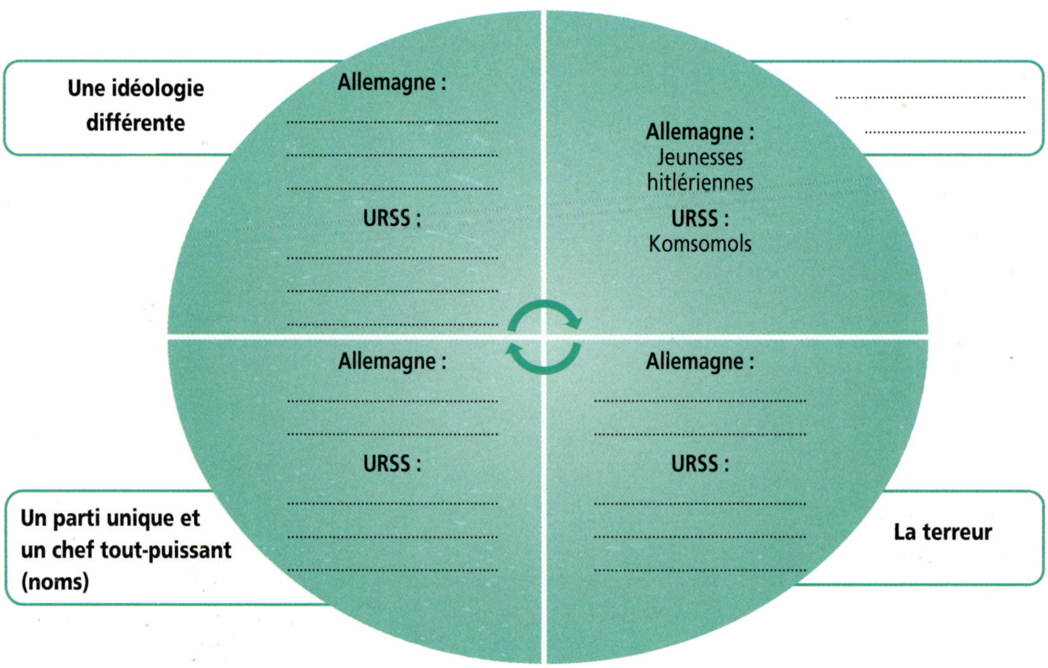

2 **Exercice du Brevet** — 30 min *(20 points)*

Rédigez un texte bref expliquant la mise en place du régime totalitaire soviétique en URSS.

Comprendre le sens de l'expérience du Front populaire 3

À retenir

La crise des années 1930

La **crise économique** touche la France en 1931 et **fragilise le régime parlementaire**.
Les politiques anti-crise sont inefficaces et les ligues d'extrême-droite, antiparlementaires, tentent de renverser le régime en février 1934. **La SFIO, le parti radical et le parti communiste** élaborent un programme commun « Pour le pain, pour la paix, pour la liberté ». Aux élections législatives de 1936, le Front populaire l'emporte et Léon Blum (SFIO) devient le président du Conseil.
Après les grèves de1936, **des réformes sociales** sont mises en place : accords Matignon, congés payés, semaine de 40 heures. Mais les difficultés politiques et économiques provoquent la démission de Léon Blum en 1937 et la dislocation du Front populaire en 1938. En 1939, la France est affaiblie quand commence la Deuxième Guerre mondiale.

Pour analyser une affiche de propagande, il faut :

– repérer le pays, l'auteur, la date, le public visé ;
– décrire les éléments la composant et lire les textes ;
– expliquer le message.

S'entraîner

→ Corrigés p. 144

1 **Analysez l'affiche en complétant le tableau ci-dessous.**

Le Front populaire vu par la CGT, 1936

L'auteur de l'affiche et sa date :	
La mesure sociale présentée et le procédé graphique utilisé :	
La catégorie sociale concernée et le procédé graphique utilisé :	
L'impression générale suggérée :	
Le nom du gouvernement évoqué :	
L'opinion de l'affiche pour ce gouvernement :	

2 **Pour quelle raison le Front populaire a-t-il adopté cette mesure ?**

3 **Exercice du Brevet** — 30 min *(20 points)*

Présentez, dans un développement construit, les conditions de l'arrivée au pouvoir du Front populaire et la manière dont ce gouvernement fait progresser la démocratie.

Histoire

Contrôle continu

À retenir

Un affrontement planétaire et une guerre d'anéantissement

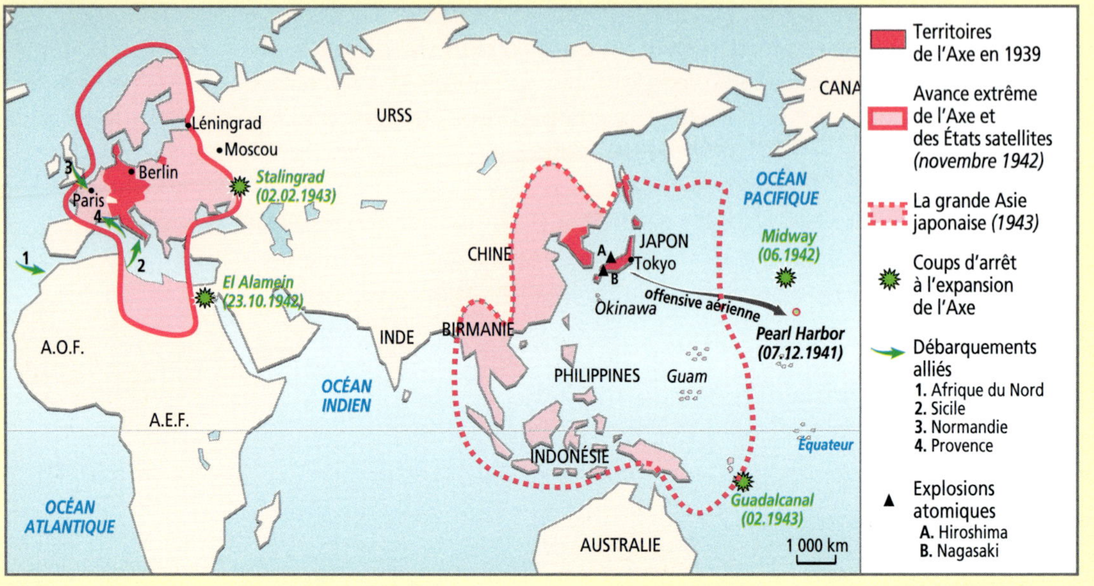

Pour analyser un texte historique, vous devez :

- indiquer la nature, l'auteur, la date ;
- saisir le sens à partir du vocabulaire utilisé ;
- expliquer la portée du texte.

S'entraîner

→ Corrigés p. 145

1 **Lisez le texte ci-dessous et répondez aux questions.**

Un serment de combattant japonais

1- Nous protégerons l'île jusqu'au bout, de toutes nos forces.
2- Chargés d'explosifs, nous nous lancerons sur les chars ennemis et les anéantirons.
3- Avec nos sabres, nous nous jetterons dans les rangs ennemis et les exterminerons.
4- Nous tirerons sans hésitation et nous abattrons l'ennemi du premier coup.
5- Nous ne mourrons pas avant d'avoir tué dix ennemis.
6- Nous poursuivrons la guérilla, jusqu'au dernier d'entre nous, et nous harcèlerons l'ennemi.

Serment du combattant à la bataille d'Iwo Jima (février-mars 1945), distribué par le général japonais Kuribayashi à ses soldats. Cité dans *Lettres d'Iwo Jima*, Kumiko Kakehashi, Les Arènes, 2011

1. Définissez le terme « serment » et dites qui le prête.
2. Quels sont les mots du champ lexical de l'anéantissement ?
3. Décrivez et expliquez l'engagement de celui qui prête le serment.
4. Expliquez que la volonté d'anéantissement de l'ennemi n'est pas seulement japonaise.

2 **Exercice du Brevet** — 30 min *(20 points)*

Dans un texte construit et ponctué, expliquez que la politique de persécution et d'extermination des nazis illustre la violence de masse pendant la Deuxième Guerre mondiale.

Expliquer pourquoi la France est défaite et occupée 5

À retenir

Résistance et collaboration

- Avec la **défaite de 1940**, la IIIe République s'effondre. Pétain dirige **l'État français de Vichy**, un régime autoritaire et antisémite, dont la devise est « Travail, Famille, Patrie ». Dès octobre 1940, Pétain engage la France dans une collaboration politique, économique et idéologique avec l'Allemagne.
- Depuis **le 18 juin 1940**, la Résistance s'organise autour du général de Gaulle, à Londres et en France, où les réseaux, les mouvements et les maquis luttent contre l'occupant, au nom des valeurs républicaines.

Philippe Pétain

Charles de Gaulle

Jean Moulin

Pour analyser un tract politique, il faut :

– connaître ses auteurs, ses destinataires et sa date de publication ;
– lire les textes ou slogans pour déchiffrer l'illustration ;
– expliquer l'objectif du tract.

S'entraîner

→ Corrigés p. 145

1 Observez le tract de Comités féminins de juin 1942 puis répondez aux questions.

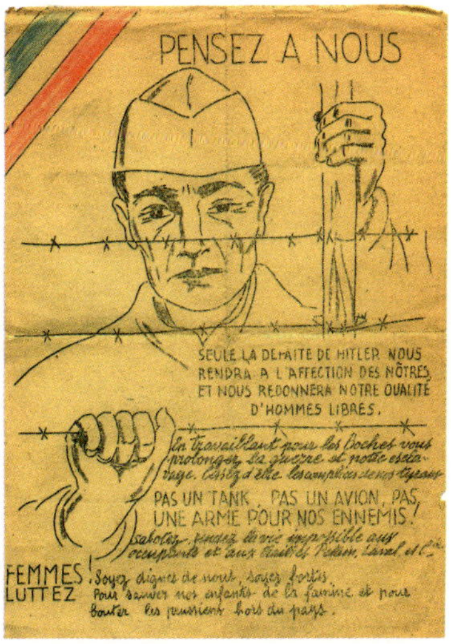

1. Qui sont les auteurs et les destinataires du tract ?
2. À sa date de parution, comment et par qui la France est-elle gouvernée ?
3. Décrivez la scène et expliquez la présence des couleurs en haut à gauche.
4. Expliquez les appels « Pensez à nous », « Sabotez » et « Femmes, luttez ».

2 Exercice du Brevet — 30 min *(20 points)*

Rédigez un texte bref décrivant les actions d'un résistant et les valeurs auxquelles il se réfère.

6 Étudier les modalités d'accès à l'indépendance

À retenir

La décolonisation, fait majeur de la seconde moitié du XXe siècle

- L'année 1945 donne le signal de la décolonisation : d'une part, **la charte de San Francisco** de 1945 affirme le principe du droit des peuples à disposer d'eux-mêmes et d'autre part, l'URSS et les États-Unis condamnent le colonialisme.
- La phase principale de la décolonisation se déroule **entre 1947 et 1962**. Elle commence en Asie puis gagne l'Afrique. L'indépendance est **négociée** en Inde en 1947 et en Afrique noire subsaharienne dans les années 1960, mais elle est obtenue à la suite d'une **guerre** en Algérie qui commence en 1954 et se termine en 1962 avec la signature des accords d'Évian.
- En 1955, les nouveaux États d'Afrique et d'Asie, voulant se faire entendre sur la scène internationale, se réunissent à la conférence de Bandung et forment **le tiers-monde**.

Pour étudier une évolution à travers la presse, il faut :

- présenter les journaux et leur orientation politique ;
- relever les dates de publication ;
- expliquer les changements intervenus.

S'entraîner

→ Corrigés p. 146

1 Expliquez la guerre d'Algérie en répondant aux questions.

Page 5 : « CHINE A HUIS CLOS » : HUIT MOIS A PÉKIN

LE FIGARO

ÉDITION DE PARIS — JEUDI 17 SEPTEMBRE 1959 — DIRECTEUR : Pierre BRISSON

DE GAULLE : « Les Algériens décideront de leur destin »

RÉFÉRENDUM : Quatre années au plus tard après le retour effectif de la paix

Trois solutions concevables :

- SÉCESSION : " Un tel aboutissement serait invraisemblable et désastreux "
- FRANCISATION : " Égalité totale des droits de Dunkerque à Tamanrasset "
- GOUVERNEMENT DES ALGÉRIENS : " Par les Algériens, en union étroite avec la France " (Réforme intérieure de type fédéral)

" LA ROUTE EST TRACÉE. LA DÉCISION EST PRISE. LA PARTIE EST DIGNE DE LA FRANCE "

UNE DATE

WASHINGTON : Nicolas CHATELAIN — Khrouchtchev : « LE BAROMÈTRE EST AU BEAU »

Un immeuble de quatre étages s'effondre brusquement

ARBRES ET VOITURES par Thierry MAULNIER

LA NOUVELLE-DELHI : Max CLOS — L'Inde s'accroche désespérément à l'idée que la crise avec Pékin n'est qu'un malentendu

COMME CHEZ SOI

Pages 6 et 7 : DEUX ANS DE NÉGOCIATIONS AVEC LE F.L.N., par Serge BROMBERGER

LE FIGARO

ÉDITION DE 5 HEURES — LUNDI 19 MARS 1962 — DIRECTEUR : Pierre BRISSON

MIDI : CESSEZ-LE-FEU EN ALGÉRIE

DEMAIN LE GÉNÉRAL DE GAULLE : " Qui sait si la lutte et le sacrifice des morts n'auront pas aidé les deux peuples à mieux comprendre qu'ils sont faits pour marcher fraternellement ? "

- CET APRÈS-MIDI : Conseil des ministres à l'Élysée
- DEMAIN MATIN : Session extraordinaire du Parlement

DIMANCHE 8 AVRIL : RÉFÉRENDUM (date probable)

Accord conclu hier à 17 h. 40 à Évian

- DÉCLARATION GÉNÉRALE : " La coopération de la France et de l'Algérie répond aux intérêts des deux pays "
- BEN KHEDDA A TUNIS : " J'ordonne à toutes les troupes de l'A. L. N. d'arrêter les combats "

BEN BELLA ET SES COMPAGNONS REGAGNENT RABAT VIA GENÈVE

PREMIÈRES RÉACTIONS : ALGER : Atmosphère brusquement alourdie hier soir

EN SONGEANT AU PRINTEMPS

1. Présentez les journaux et indiquez la partie du journal dont il s'agit.
2. Indiquez les dates de publication et précisez la période du conflit à laquelle elles se réfèrent.
3. Quelle est l'attitude du gouvernement face à l'Algérie et quelle est la situation militaire ?
4. Quelles sont les étapes de la politique algérienne de la France de 1954 à 1962 ?

2 Expliquez le changement provoqué par la guerre d'Algérie sur la vie politique française.

3 Exercice du Brevet — 30 min *(20 points)*

En vous appuyant sur l'exemple de l'Algérie, racontez comment la colonie est devenue un État indépendant.

7 Expliquer les enjeux de la guerre froide

À retenir

La confrontation Est/Ouest

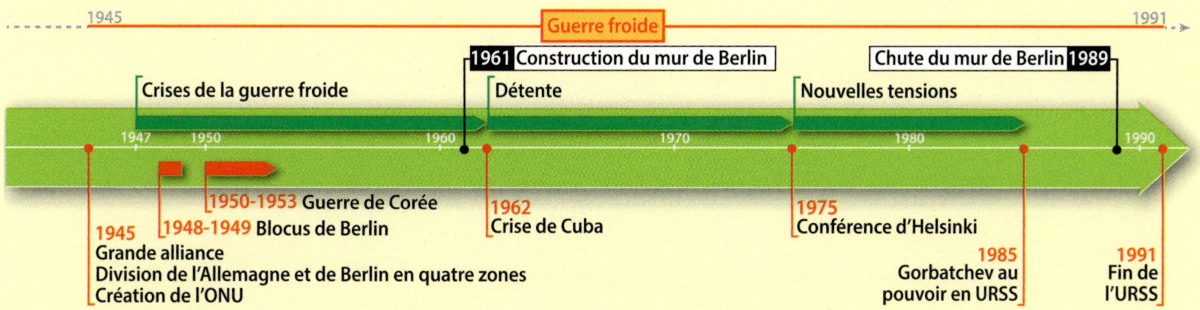

Pour analyser un discours politique, il faut :

– indiquer son auteur, sa date, le lieu où il est prononcé et le public auquel il est destiné ;
– replacer le discours dans son contexte historique ;
– relever des informations pour en expliquer l'enjeu.

S'entraîner

→ Corrigés p. 146

1 **Définissez l'expression « guerre froide ». Indiquez l'évènement à l'origine de son déclenchement et l'évènement marquant sa fin.**

2 **Nommez les deux blocs et indiquez le pays à la tête de chacun d'eux.**

3 **Lisez le texte ci-dessous puis répondez aux questions.**

Il est beaucoup de personnes dans le monde qui ne comprennent vraiment pas, ou disent qu'elles ne comprennent pas, où se situe le problème entre le monde libre et le monde communiste. Qu'elles viennent à Berlin. […] Notre liberté éprouve certes beaucoup de difficultés et notre démocratie n'est pas parfaite. Cependant, nous n'avons jamais eu besoin, nous, d'ériger un mur pour empêcher notre peuple de s'enfuir. […] Le mur fournit la démonstration éclatante de la faillite du système communiste. […]
[…] Tous les hommes libres, où qu'ils vivent, sont citoyens de cette ville de Berlin-Ouest, et pour cette raison, en ma qualité d'homme libre, je dis : *Ich bin ein Berliner* [Je suis un Berlinois].

Le discours de J.F. Kennedy, président des États-Unis, à Berlin-Ouest, le 23 juin 1963.

1. Qui est l'auteur du discours ? Où et quand le prononce-t-il ?
2. Situez le discours dans son contexte international (la situation politique du monde à cette date).
3. Quel est le thème du discours ?
4. Expliquez la portée du discours et examinez ses conséquences à plus ou moins long terme.

4 **Exercice du Brevet** — 30 min *(20 points)*

Rédigez un texte court expliquant que la guerre froide, inscrite dans une confrontation Est-Ouest, engendre des crises aux enjeux locaux et mondiaux.

8 Comprendre le sens du programme de réformes du CNR

À retenir

Refonder la République

À la **Libération**, en 1944, le gouvernement provisoire de la République française, présidé par **le général de Gaulle**, s'inspire du programme du **Conseil national de la Résistance** et procède à des réformes politiques (vote et éligibilité des femmes en 1944), des réformes économiques (nationalisations des charbonnages, EDF, GDF, Renault) et des réformes sociales (Sécurité sociale en 1945). Mais, le général de Gaulle démissionne en 1946 à cause de divergences sur la future constitution. Le peuple français adopte par référendum la **Constitution de 1946** instituant la IVe République.

Pour analyser un programme politique, il faut :

- connaître les auteurs et la date ;
- présenter les objectifs et les mesures proposés.

S'entraîner

→ Corrigés p. 147

1 Lisez le texte ci-dessous, puis répondez aux questions.

« Née de la volonté ardente des Français de refuser la défaite, la Résistance n'a pas d'autre raison d'être que la lutte quotidienne sans cesse intensifiée.
1. Afin d'établir le gouvernement provisoire de la République française formé par le général de Gaulle.
2. Afin de veiller au châtiment des traîtres […]
3. Afin d'assurer l'établissement de la démocratie la plus large en rendant la parole au peuple français par le rétablissement du suffrage universel ; la liberté de presse ; la liberté d'association, de réunion et de manifestation ; […]
4. Afin de pouvoir prendre les réformes indispensables sur le plan économique : […] le retour à la nation des grands moyens de production ; sur le plan social : le droit au travail et le droit au repos, un plan complet de sécurité sociale […] »

Le programme politique du CNR, 15 mars 1944.

1. Qu'est-ce que le CNR ?
2. Complétez le tableau suivant à l'aide du texte

	Programme du Conseil national de la Résistance	Réformes initiées par le GPRF et poursuivies par la IVe République
Mesures politiques		
Mesures économiques		
Mesures sociales		

2 Exercice du Brevet — 30 min *(20 points)*

Dans un texte construit, expliquez les principes ou valeurs sur lesquels la IVe République se refonde.

Étudier les principes et pratiques de la Ve République

À retenir

La République gaullienne (1958-1969)

Par **la Constitution de 1958**, le général de Gaulle met en place des institutions stables marquées par le **renforcement du pouvoir exécutif** et le scrutin majoritaire. Il mène une politique de grandeur pour la France, mais la crise de 1968 et son échec au référendum sur la régionalisation et la réforme du Sénat entraîne sa démission en 1969. Ses successeurs modernisent la démocratie en abaissant la majorité civile à 18 ans en 1974.

De l'alternance à la cohabitation

De 1981 à 2012, la Ve République est marquée par une succession d'**alternances** et par trois expériences de **cohabitation** (1986-1988, 1993-1995 et 1997-2002).

Pour analyser la une d'un journal, il faut :

- relever sur la manchette le nom et la date de parution ;
- lire les gros titres et analyser la mise en page de l'information ;
- mettre en relation les informations relevées, la date du journal et la période historique.

S'entraîner

→ Corrigés p. 147

1 **Observez le document et répondez aux questions.**

Vers la dissolution de l'Assemblée nationale

Les élections législatives les 21 et 28 juin ?

ouest france

Dinan

Lundi 11 mai 1981

Premier socialiste élu à l'Elysée au suffrage universel

Mitterrand président

Giscard d'Estaing : 47,93

Mitterrand...... : 52,06

Forte participation : 86 %

Le nouveau président : « Seule la communauté nationale entière pourra répondre aux exigences du temps présent »

Victoire indiscutable

Paris la joie, Paris la folie

Manifestations d'enthousiasme dans la capitale

Ce numéro d'Ouest-France a été tiré à 1 003 428 exemplaires.

Giscard : « Je continuerai à défendre les intérêts essentiels de notre pays »

Chirac : « J'appelle à se rassembler tous ceux qui sont attachés aux valeurs de liberté et de progrès qu'incarne la Ve République »

Marchais : « Nous sommes prêts à assumer toutes nos responsabilités »

1. Relevez la date de parution du quotidien et indiquez l'évènement signifié par le gros titre.
2. Comment l'information principale est-elle mise en page ?
3. Quel est l'intérêt de cette une de quotidien ?
4. Définissez l'alternance.

2 **Exercice du Brevet** — 30 min *(20 points)*

Expliquez comment et pourquoi la Constitution de 1958 résiste à l'épreuve de la durée.

10 Analyser les transformations de la société française (1950-1989)

À retenir

Femmes et hommes dans la société française

- La croissance économique des **Trente Glorieuses** implique le besoin de nombreux actifs et le **recours à l'immigration**. L'accès à **la contraception** des femmes favorise leur entrée en masse dans le monde du travail. **Les jeunes**, nombreux, ont leur mode et leur culture.
- À partir de 1973, la France connaît une période de crise et un ralentissement économique. Des mutations se produisent : la recherche de la productivité et la mondialisation imposent la réduction du nombre d'ouvriers ainsi que l'accroissement massif des employés et des cadres. Le **chômage** progresse, la société se crispe et des **adaptations législatives** sont nécessaires pour accompagner ces évolutions.

Pour comprendre l'enjeu d'une manifestation, il faut :

– connaître le mouvement à l'origine de la manifestation et sa date ;
– lire les slogans sur les pancartes des manifestants ;
– interpréter les slogans en les replaçant dans leur contexte.

S'entraîner

→ Corrigés p. 147

1 **Analysez les enjeux de cette manifestation en répondant aux questions.**

Une campagne du MLF en 1979.

*OMO est une marque de lessive.

1. Qui est à l'origine de cette manifestation et qui sont les manifestants ?
2. Quel est le thème de la manifestation et par quels procédés graphiques est-il illustré ?
3. Replacez cette manifestation dans son contexte historique.

2 **Citez un exemple illustrant une avancée des droits de la femme dans le monde professionnel.**

3 **Exercice du Brevet** — 30 min *(20 points)*

À l'aide de vos connaissances, rédigez un texte construit expliquant les transformations décisives (place de la femme et de la jeunesse, immigration et chômage) de la société française des années 1950 aux années 1980.

Histoire — Contrôle continu

Repère – Les étapes et les enjeux de la construction européenne

11

À retenir

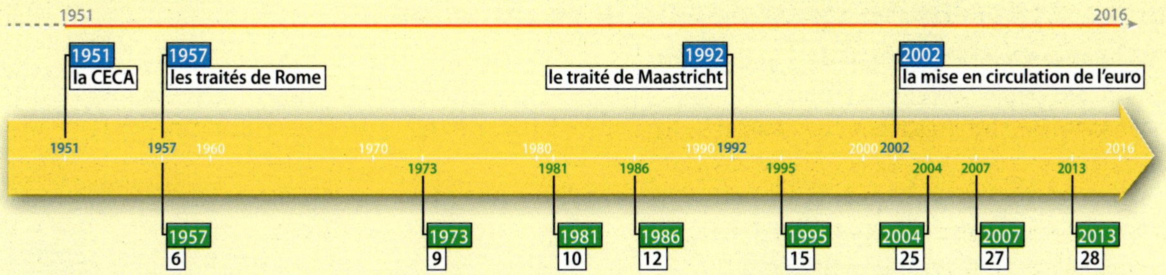

les approfondissements (augmentation du nombre et de l'intensité des politiques menées entre les États)

les élargissements (augmentation du nombre des États membres)

S'entraîner

→ Corrigés p. 148

1 **Justifiez la construction européenne par un exemple d'approfondissement et un exemple d'élargissement.**

2 **Exercice du Brevet** — 20 min *(10 points)*

1. Faites le point sur la construction européenne en complétant la carte ci-dessous.
2. Indiquez la particularité des États entrés dans l'Union européenne lors des trois derniers élargissements.

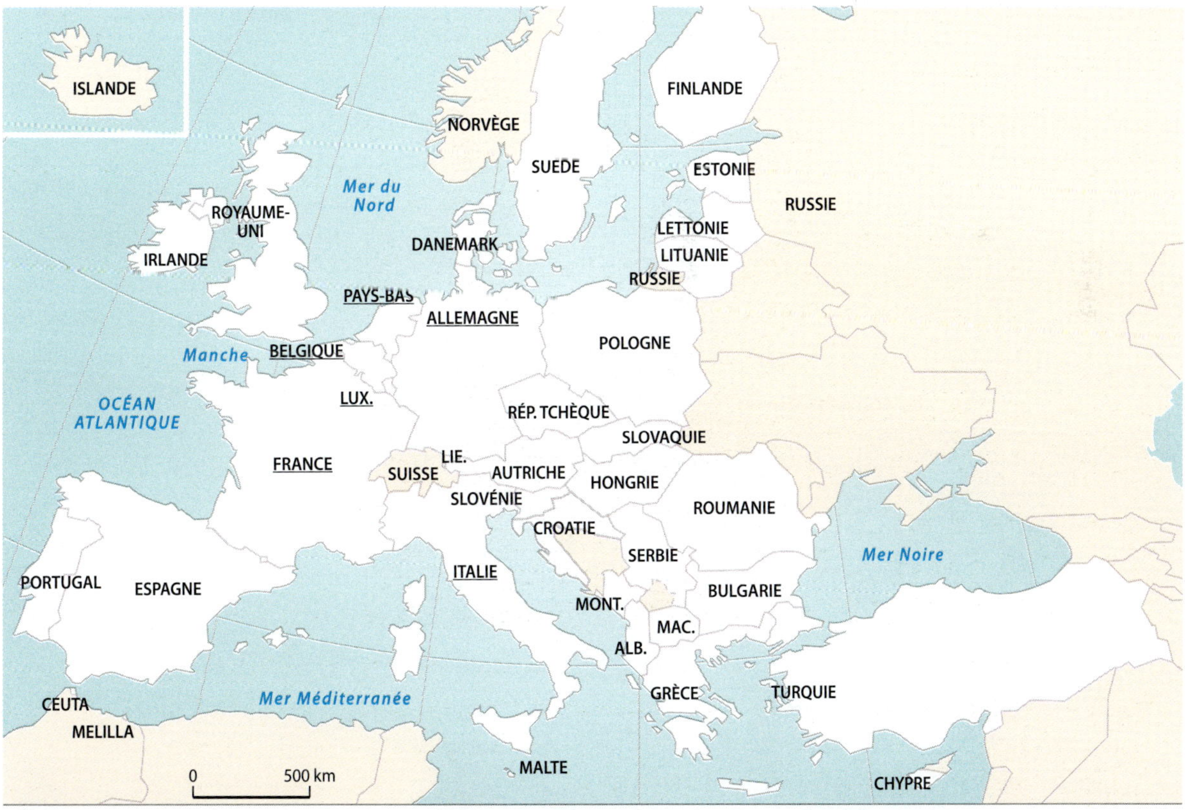

Contexte internationnal de la guerre froide

- **1957** : l'Europe des 6 ou États fondateurs de la CEE
- **1973** : l'Europe des 9
- **1981** : l'Europe des 10
- **1986** : l'Europe des 12

Contexte internationnal de l'après-guerre froide

- **1995** : l'Europe des 15
- **2004** : l'Europe des 25
- **2007** : l'Europe des 27
- **2013** : l'Europe des 28

- Capitales européennes : Bruxelles (Commission européenne et Conseil de l'UE), Luxembourg (Cour de justice et Cour des comptes), Strasbourg (Parlement européen), Francfort (Banque centrale européenne)
- € États membres de la zone euro
- Capitales d'État

12 Comprendre les dynamiques territoriales en France

À retenir

Les dynamiques spatiales de la population

Malgré une densité moyenne de 115 habitants par km², la population de la France métropolitaine est inégalement répartie. Les aires urbaines (85 % de la population vit dans un espace à dominante urbaine), les vallées fluviales et les littoraux deviennent, avec la mondialisation, des espaces clés qui concentrent l'essentiel de la population. Les régions du sud et de l'ouest au cadre de vie agréable et aux métropoles dynamiques attirent beaucoup. Comme les agglomérations s'étalent, les migrations pendulaires du centre vers la couronne périurbaine s'intensifient.

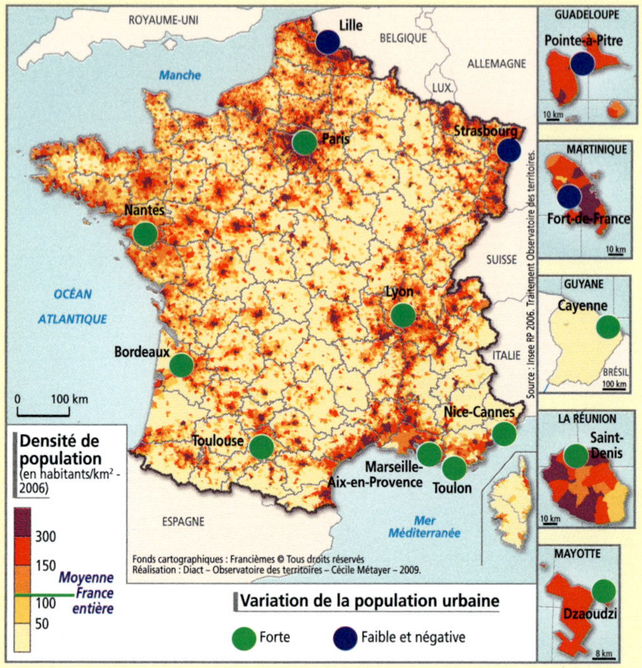

Pour passer d'une carte à un croquis, il faut :

– localiser les espaces « vides » et « pleins » et les délimiter par un trait sur la carte ;
– organiser la légende ;
– figurer les dynamiques de population.

S'entraîner

→ Corrigés p. 148

1 **Définissez l'aire urbaine.**

2 **Exercice du Brevet** — 25 min *(20 points)*

Complétez la carte et sa légende.

La répartition de la population et ses dynamiques spatiales

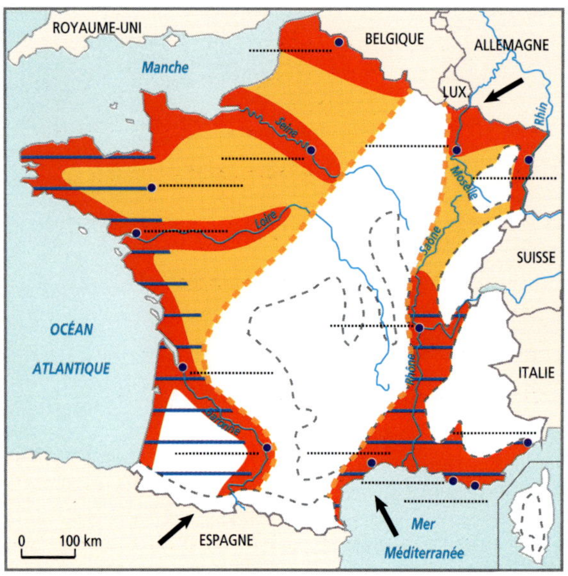

Une .... répartition de la population		1. Espaces ....
		2. Espaces aux densités .... correspondant aux ....
		3. « La diagonale du vide » ou espaces ....
Les dynamiques spatiales		4. ....
		5. ....
		6. Les migrations internes de population.
		7. Les flux migratoires ....

Comprendre l'évolution des espaces productifs 13

À retenir

Les mutations des espaces productifs

- Un espace productif est un espace mis en valeur pour une **activité** agricole, industrielle, énergétique, de service ou de loisirs. Naguère localisés sur les **ressources naturelles** ou les bassins de **main-d'œuvre**, ils privilégient aujourd'hui l'accessibilité et le cadre de vie.
- L'État, les collectivités territoriales et les entreprises les adaptent à la **mondialisation** et au **développement durable**.

Pour analyser une carte, il faut :

– repérer le titre, l'espace cartographié, le thème ;
– lire la légende et observer sur la carte la localisation des figurés ;
– expliquer les phénomènes localisés avec vos connaissances.

S'entraîner

→ Corrigés p. 149

1 **Observez la carte et répondez aux questions.**

L'agglomération lyonnaise, un grand pôle industriel chimique français

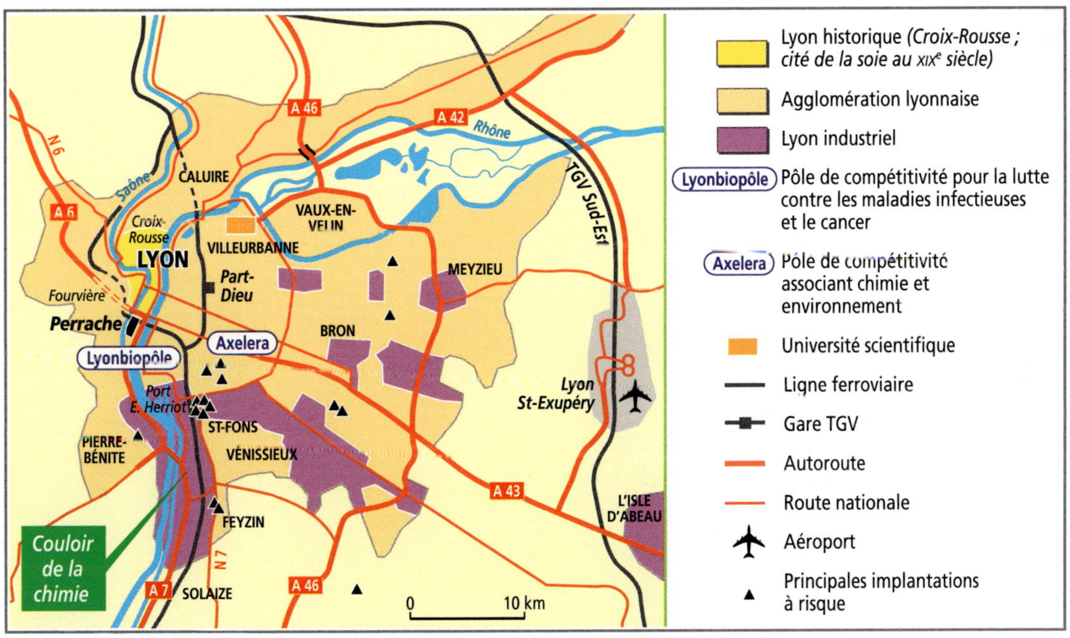

1. Identifiez et situez les activités économiques successives de l'agglomération lyonnaise. De quel type d'espace productif s'agit-il ?
2. Quels sont les facteurs de localisation à l'origine de la présence des activités économiques ?
3. Quels éléments prouvent que l'agglomération lyonnaise s'intègre à l'économie régionale, européenne et mondiale ?
4. Où sont localisées les implantations à risques et de quel type de risque s'agit-il ?
5. Énoncez deux facteurs aggravant les risques puis indiquez comment les risques sont gérés.

2 **Exercice du Brevet** — 30 min *(20 points)*

Rédigez un paragraphe expliquant comment l'urbanisation et la mondialisation transforment les espaces productifs.

14 Comprendre les dynamiques des espaces de faible densité

À retenir

Dynamiques et atouts des espaces de faible densité

Les espaces de faible densité représentent **6,5 % de la population métropolitaine**, mais s'étendent sur 42 % du pays. Ils sont divers dans leurs caractéristiques géographiques, leurs fonctions économiques et leur composition sociale. Aujourd'hui, ils sont un enjeu dans l'aménagement du territoire et des dispositions y sont prises pour préserver l'activité agricole, attirer les petites entreprises artisanales ou industrielles, développer le tourisme, favoriser l'amélioration des conditions de vie des personnes vivant dans ces zones et préserver des espaces naturels.

Pour analyser une carte par anamorphose, il faut :

– relever le thème de la carte et lire la légende ;
– savoir qu'il s'agit d'une image déformée du phénomène représenté ;
– localiser les espaces déformés et expliquer la raison de leur déformation.

S'entraîner

→ Corrigés p. 149

Exercice du Brevet — 35 min *(20 points)*

Les espaces de faible densité

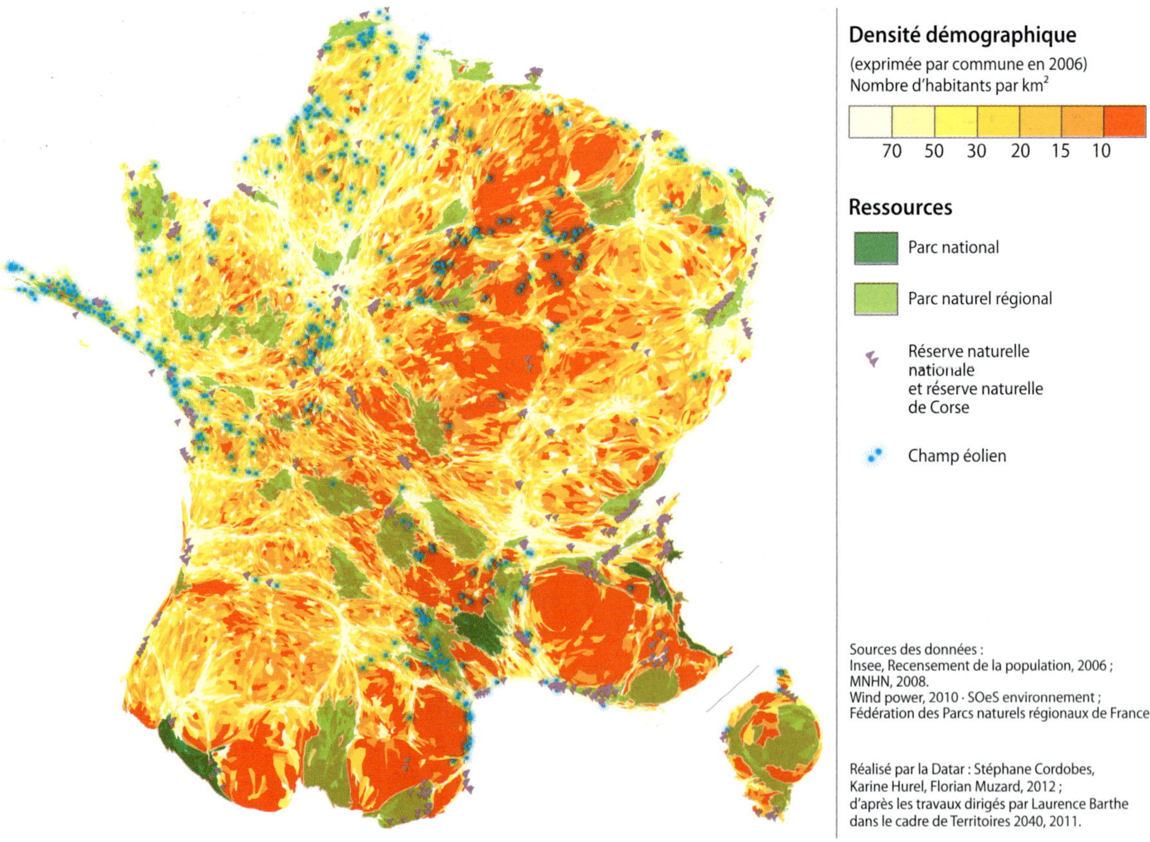

Sources des données : Insee, Recensement de la population, 2006 ; MNHN, 2008. Wind power, 2010 · SOeS environnement ; Fédération des Parcs naturels régionaux de France.

Réalisé par la Datar : Stéphane Cordobes, Karine Hurel, Florian Muzard, 2012 ; d'après les travaux dirigés par Laurence Barthe dans le cadre de Territoires 2040, 2011.

1. Quels sont les types d'espace représentés ? Où sont-ils situés majoritairement et à quelles régions correspondent-ils ?

2. De quels atouts ces espaces bénéficient-ils ?

3. Expliquez que les espaces de faible densité ne sont pas des marges délaissées.

15 Comprendre la portée d'un aménagement du territoire

À retenir

Aménager un territoire

C'est mener des actions impulsées par **les acteurs publics** (l'État, les collectivités territoriales, l'UE) et **privés** (les entreprises, les citoyens) destinées à promouvoir l'attractivité et la compétitivité d'un territoire pour y développer activités et emplois et lutter contre des déséquilibres.

Pour passer d'un texte à un schéma, il faut :

- lire le texte et les notes qui l'accompagnent ;
- comprendre la consigne du schéma à compléter ;
- utiliser des surligneurs pour classer les informations en fonction des critères demandés.

S'entraîner

→ *Corrigés p. 150*

Exercice du Brevet — 35 min *(20 points)*

À vous de classer les informations du texte pour compléter le schéma.

La rénovation du quartier de l'Amphithéâtre à Metz.

Dans une logique de mixité des fonctions, de qualités environnementales et d'attraction du site grâce au Centre Pompidou-Metz, le quartier de l'Amphithéâtre fait entrer Metz dans le XXIe siècle. À côté de la gare desservie depuis 2007 par le TGV, à proximité du centre-ville, il accueillera des équipements majeurs, le Centre Pompidou inauguré en 2010, un centre des Congrès[1] et une grande halle commerciale[2]. Sur les 500 000 m² du quartier, 258 000 m² de surface constructible sont utilisés pour les équipements, les commerces, les bureaux et les logements[3]. La fréquentation estivale est boostée par le Centre Pompidou de Metz (clientèle venue du Grand Est et du bassin parisien, du Bénélux et de l'Allemagne). La municipalité espère développer le tourisme d'affaires international avec la nouvelle cité des Congrès.

[1] Cinq niveaux avec un auditorium, 15 salles dont une de 400 places, 2 halls d'exposition, un restaurant de 120 places, un hôtel 3 étoiles de 350 chambres à la sortie de la gare ; ce projet de Metz Métropole est soutenu par la ville de Metz, la Chambre de commerce et d'industrie de la Moselle, l'État, et la région Lorraine. Le Conseil général de la Moselle a destiné 5 millions d'euros à cet équipement.

[2] Un parking souterrain sur deux niveaux et des boutiques sur deux étages. Sa locomotive sera *Primark*, l'enseigne hyper-tendance de mode à bas-prix qui affole les adolescents et les classes moyennes voire supérieures. « L'enseigne sera exclusive à la Lorraine et à Metz » ; un projet de 324 millions d'euros financé par des capitaux privés. « Horizon 2017 »

[3] 400 logements dont la moitié consacrée au parc social, des bureaux prévus entre le centre commercial et la partie consacrée à l'habitat. « Ce quartier est l'acte fondateur d'une politique d'aménagement qui ambitionne une ville plus sociale, plus écologique, renouant avec un développement économique et qui fera rayonner l'agglomération messine bien au-delà de la Lorraine ».

Sources diverses : Ville de Metz, metz.fr, loactu.fr.

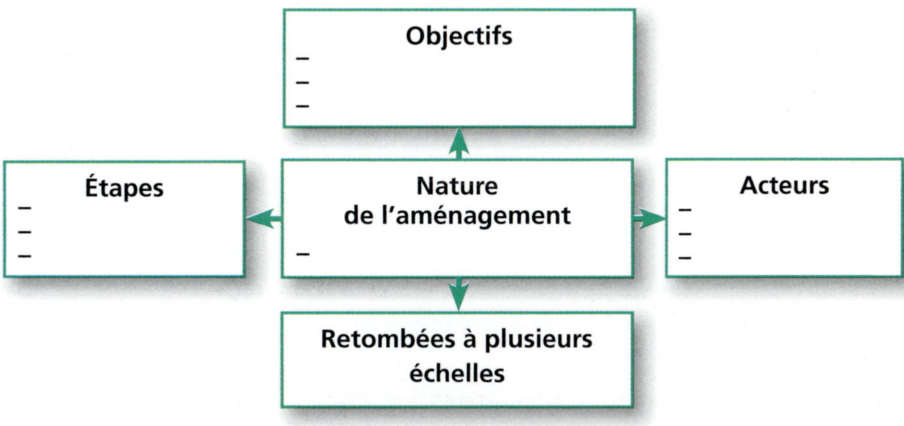

16 Étudier la spécificité des territoires ultramarins

À retenir

Mayotte, un DROM depuis 2011

Mayotte présente des retards de développement, mais constitue un îlot de richesse dans son environnement régional.

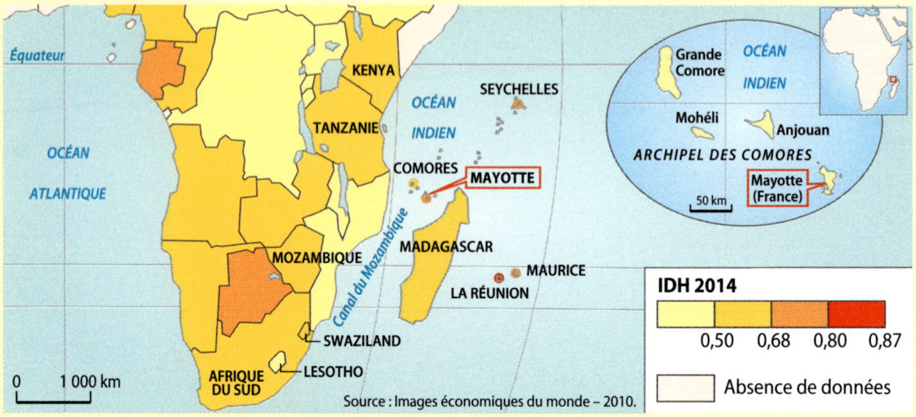

Pour comparer des cartes thématiques à plusieurs échelles, il faut :

- identifier le thème des cartes et le territoire cartographié ;
- comprendre la légende des cartes ;
- mettre en évidence la spécificité du territoire.

S'entraîner

→ Corrigés p. 150

1 **Répondez aux questions pour comprendre la problématique spécifique de l'aménagement de Mayotte.**

La desserte de Mayotte

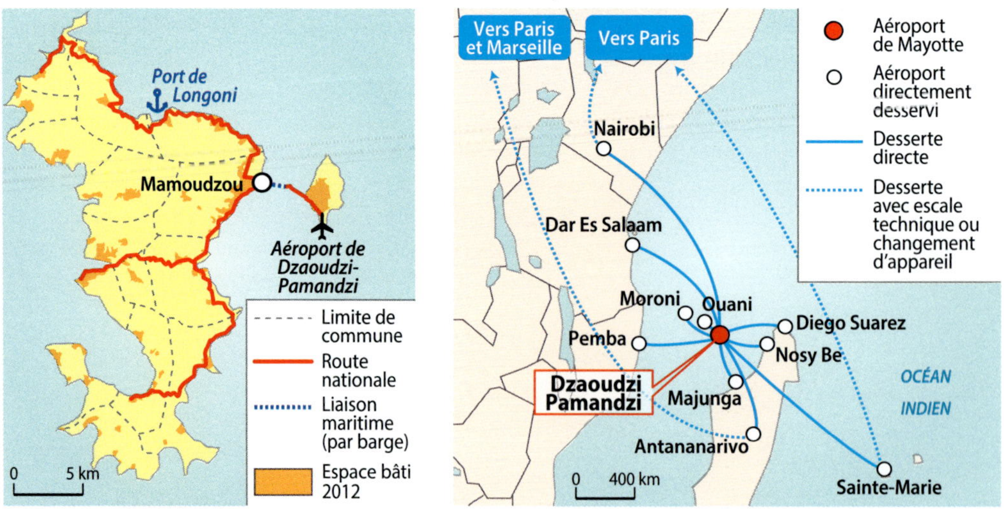

1. Formulez des arguments justifiant l'exiguïté, l'émiettement et l'enclavement de Mayotte.
2. Caractérisez la desserte aérienne de Mayotte.

2 **Exercice du Brevet** — 20 min *(8 points)*

En tant qu'aménageur du territoire, quels problèmes devriez-vous résoudre dans la perspective de la mise en tourisme de Mayotte (le lagon mahorais pourrait être classé au patrimoine de l'UNESCO) ?

Comprendre la place et l'influence de l'Europe dans le monde

À retenir

L'Union européenne, un pôle mondial majeur

L'UE est un espace attractif pour les voisins du bassin méditerranéen. Elle est le **premier pôle commercial mondial**, une **grande puissance économique** et **culturelle**. Mais l'influence géopolitique de l'UE présente des limites. Elle manque d'une diplomatie ainsi que d'une armée communes et a du mal à harmoniser la politique financière des États membres.

Pour analyser un dessin, il faut :

- repérer l'auteur, la date, le support de publication, le public concerné ;
- décrire les sujets, les objets présentés et les attitudes ;
- expliquer le message en faisant référence aux types d'espaces concernés pour expliquer le message.

S'entraîner

→ Corrigés p. 150

1 **Observez le dessin puis répondez aux questions.**

Dessin de Serge Dehaes publié dans la *Libre Belgique*, 7 août, 2013

1. Qui est caricaturé sur le dessin ? Sous quelle forme ? Pour quel type d'espace ?
2. Comparez l'âge et l'attitude des sujets : quel est le message de l'auteur ?
3. Comparez la taille des sujets : quel est le message de l'auteur ?
4. Posez un regard critique sur le dessin en indiquant les formes d'influence de l'UE non représentées.
5. Proposez un titre au dessin.

2 **Citez des éléments attestant de l'influence économique et culturelle de l'Union européenne dans le monde.**

3 **Exercice du Brevet** — 30 min *(20 points)*

Rédigez un texte bref et cohérent présentant la place et l'influence culturelle, économique et géopolitique de l'Union européenne dans le monde.

18 Repère – Connaître la place et l'influence de la France dans le monde

À retenir

La présence de la France dans le monde

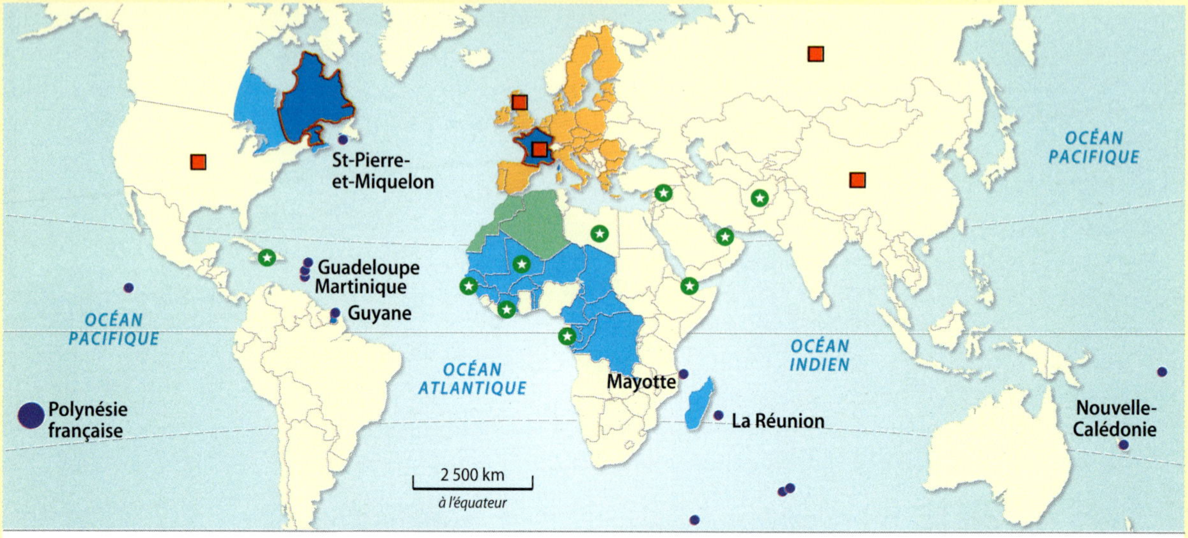

1. Une présence planétaire
- Les DROM et leur ZEE
- Stationnement ou intervention des forces armées françaises

2. Une influence culturelle
- Pays où le français est la langue maternelle
- Pays où le français est la langue officielle
- Pays où le français est la langue de communication pour une partie de la population

3. Une influence économique
- Membre fondateur de l'UE, grand pôle de puissance économique mondiale
- 1ère destination touristique

4. Une influence diplomatique
- Membre permanent du Conseil de sécurité de l'ONU

S'entraîner

→ Corrigés p. 151

1
1. Qu'est-ce que la francophonie ? La Francophonie ?
2. Citez un autre exemple de l'influence culturelle française dans le monde.

2 Exercice du Brevet — 15 min *(10 points)*

Résumez les informations de la carte dans le schéma ci-dessous.

Présence territoriale
–
–
–

Influence économique
–
–

Quelle est la place de la France dans le monde ?

Influence géopolitique
–
–
–
–
–

Influence culturelle
–
–
–
–

Connaître les caractéristiques d'un État démocratique

À retenir

La Constitution de 1958, la loi suprême de la République

Le pouvoir exécutif est détenu par le **président de la République** qui veille à la stabilité de l'État et nomme le **Premier ministre** qui, choisi dans la majorité parlementaire, conduit la politique de la nation. Le **Conseil constitutionnel** est chargé de vérifier la conformité des lois avec la Constitution. Le pouvoir législatif est détenu par le Parlement, soit **l'Assemblée nationale** et le **Sénat**, qui discutent et votent la loi. Le régime est présidentiel car le président de la République peut dissoudre l'Assemblée nationale, et parlementaire car l'Assemblée nationale contrôle le gouvernement et peut le renverser par une motion de censure.

Pour analyser les articles d'une Constitution, il faut :

- connaître la définition de ce qu'est une Constitution ;
- repérer les articles relatifs à chacun des trois pouvoirs ;
- identifier les personnes ou groupes de personnes exerçant les pouvoirs.

S'entraîner

→ Corrigés p. 151

1 Lisez le texte et complétez le schéma suivant.

Article 8 - Le président de la République nomme le Premier ministre [...]. Sur la proposition du Premier ministre, il nomme les autres membres du gouvernement et met fin à leurs fonctions.
Article 10 - Le président de la République promulgue les lois [...].
Article 11 - Le président de la République [...] peut soumettre au référendum tout projet de loi portant sur l'organisation des pouvoirs publics, sur des réformes relatives à la politique économique ou sociale de la nation [...].
Article 12 - Le président de la République peut [...] prononcer la dissolution de l'Assemblée nationale
Article 34 - La loi est votée par le parlement.
Article 50 - Lorsque l'Assemblée nationale adopte une motion de censure [...] le Premier ministre doit remettre au président de la République la démission du gouvernement.
Article 61 - Les lois organiques et les règlements des assemblées parlementaires, avant leur mise en application, doivent être soumis au Conseil constitutionnel qui se prononce sur leur conformité à la Constitution.

Extraits de la Constitution de 1958

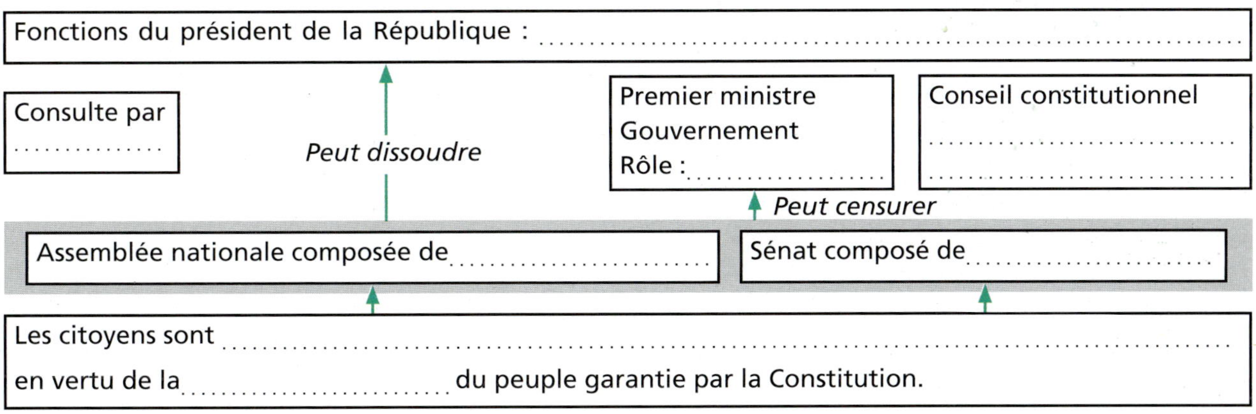

2 Exercice du Brevet — 15 min *(4 points)*

En vous appuyant sur les pouvoirs du président de la République, expliquez que la Constitution de 1958 institue un régime politique original et nouveau, qu'elle respecte la démocratie et qu'elle fait du président de la République un personnage clé des institutions.

20 Comprendre les enjeux de la laïcité

À retenir

Laïcité et vivre ensemble

- L'adjectif *laïc* signifie « être **neutre en matière de religion** ». La France est devenue un État laïc avec **la loi du 9 décembre 1905** relative à la séparation des Églises et de l'État. Le principe républicain de laïcité est réaffirmé par la Constitution de 1958.
- La laïcité, repose sur les principes de liberté et d'égalité et sur le respect de l'autre. En effet, puisqu'aucune religion n'est reconnue officiellement, toutes **les religions ont droit de cité** sur le sol français. La laïcité est, dans la République, le meilleur garde-fou contre les discriminations dans la mesure où elle suppose le respect des différences culturelles, religieuses et spirituelles des citoyens dans le respect de la loi.

Pour analyser un dessin, il faut :

– observer la taille des personnages et identifier les symboles ;
– décrire la scène ;
– interpréter le message en replaçant le dessin dans son contexte.

S'entraîner

→ Corrigés p. 151

1 **Observez le dessin suivant et répondez aux questions.**

La laïcité vue par le dessinateur Plantu.

Le Monde, 21 janvier 2015.

1. Qui est le personnage central et à quel élément le reconnaissez-vous ?
2. Que lui arrive-t-il ?
3. Quels symboles le dessinateur utilise-t-il pour représenter les pochettes des perfusions et le déambulateur ?
4. Rappelez l'évènement qui s'est produit en janvier 2015 et expliquez le message du dessinateur.

2 **Exercice du Brevet** — 15 min *(4 points)*

D'après vous, pourquoi la laïcité, un principe et une valeur de la République, est-elle l'un des fondements de l'égalité et de la liberté individuelle ?

Rendre compte de faits 1

À retenir

Différencier les structures

- **Mot interrogatif + auxiliaire + sujet**
  Ex. : *Where are the Olympic Games taking place this year?*
- **Mot interrogatif + objet + auxiliaire + groupe verbal**
  Ex. : *How many athletes are competing in the Tokyo 2020 Summer Olympics?*
- **Mot interrogatif + sujet + auxiliaire *be* + pronom personnel**
  Ex. : *Whose turn is it?*

Savoir si oui ou non

- **Auxiliaire + sujet**
  Ex. : *Is Tokyo hosting the next Olympic and Paralympic Games?*

Obtenir confirmation

- **Sujet + auxiliaire + complément, auxiliaire + pronom ?**
  Ex. : *Usain Bolt is the fastest sprinter in the world, isn't he?*

S'entraîner

→ Corrigés p. 152

1 **Complétez les questions dont les réponses sont les éléments soulignés dans le texte. Utilisez quatre des mots interrogatifs suivants : when, which, what, how many, how much.**

Six time Olympic gold medal winner so far, Jamaican sprint star Usain Bolt will turn 34 in 2020. Will he be able to compete for the Tokyo 2020 Olympics? His coach says: "Yes, he will!" Yet, for now, Usain confirms he wants to retire in 2017.

1. How many gold medals has Usain Bolt won so far?
2. What is Usain Bolt's nationality?
3. Where will Usain Bolt be in 2020?
4. When does Usain Bolt want to retire?

2 **Lisez le texte suivant puis donnez les informations demandées.**

News and traditions about the Olympics!
Wrestling, one of the oldest Olympic sports, is still part of the program. As usual, the Olympic medals featured Nike, the Greek goddess of victory, on the front and the symbol of the hosting city on the reverse.

1. Quel est le nom de la déesse de la Victoire ?

....

2. Citez les deux termes du texte signifiant « recto» et « verso ».

....

2 Décrire, expliquer

À retenir

Exprimer une habitude : le présent simple

Ex. : *NASA regularly sends robotic missions on Mars.*

Exprimer une vérité générale : le présent simple

Ex. : *One Martian day represents 24 Earth hours and 39 minutes.*

Exprimer une action en train de se dérouler : le présent en Be + BV-ing

Ex. : *Curiosity is collecting data.*

Exprimer une action programmée : le présent en Be + BV-ing

Ex. : *The Americans are launching a new robotic exploration next month.*

Exprimer un événement récent dont on voit les conséquences : le present perfect

Ex. : *The Americans have equipped Curiosity with several means of communication: information keeps flowing!*

Exprimer un bilan : le present perfect

Ex. : *Curiosity has been a success so far.*

Exprimer une action encore en cours : le present perfect

Ex. : *Curiosity has been exploring Mars' habitability since August 6th, 2012.*

S'entraîner

→ Corrigés p. 152

1 **Lisez le texte suivant. Qu'expriment les groupes verbaux soulignés ?**

Curiosity on Mars <u>has cost</u> (1) two and a half billion dollars. The Martian rover <u>is sending</u> (2) images that are changing our view of the Red Planet. Planetary experts carefully <u>examine</u> (3) each of them every day.

1. Une habitude ? Un bilan ?

....

2. Une vérité générale ? Une action en cours ?

....

3. Une habitude ? Un bilan ?

....

2 **Lisez le texte suivant et répondez aux questions.**

It's 5:31 and Curiosity has just landed on Mars! The Red Planet has captured the human imagination ever since people started gazing up at the skies. The objective of this ambitious American program is to reveal whether the planet is capable of providing a home for some form of life.

1. Depuis quand les hommes rêvent-ils de Mars ?

....

2. Quel est le but poursuivi par la NASA grâce à Curiosity ?

....

Engager une conversation 3

À retenir

Se lancer

- S'asseoir à côté de quelqu'un
  Ex. : *"Do you mind if I join you?"* *"Please do!"*
- Se présenter
  Ex. : *"My name is Martha. Nice to meet you."* *"Nice to meet you Martha. I'm Dean."*
- Poser une première question
  Ex. : *"Do you come here often?"* *"Not that often actually. It's been quite some time."*

Échanger

- Demander son opinion
  Ex. : *"Their coffee is quite strong, don't you think?"*
  "Coffee doesn't agree with my stomach anyway. But I heard people tend to find it a bit bitter."

Prendre congé

- Proposer de se revoir
  Ex. : *"Have you got any plans for this afternoon? I'm visiting the Tim Burton exhibition. Would you feel like coming with me?"*
  "Why not? Thanks for inviting me. I need to check with my agenda though. Just a sec!"

S'entraîner

→ Corrigés p. 152

1 **Lisez le texte. Les affirmations suivantes sont-elles vraies ou fausses ?**

If you feel like meeting people, a good time to enter a Starbucks is... when it's so busy that there are no empty tables to be found! Walk up to the person of your choice and politely ask if he or she minds if you have a seat at his or her table. If there aren't many free tables then the odds of that person saying no are extremely slim, unless you're quite bluntly answered something like "Oh well I was about to leave anyway". Then avoid starting with "wow, this place is crowded today!" or you might sound a bit silly...

1. You're given do's and don'ts about how to meet people in a café.

....

2. You'd better go there when it isn't overcrowded.

....

3. People usually let you join them when the place is packed.

....

2 **Que signifient les expressions suivantes ?**

1. Don't bother!	**a.** Je vous en prie.
2. Go ahead!	**b.** Ce n'est pas la peine.
3. By all means.	**c.** Allez-y !

4 Établir une chronologie

À retenir

Exprimer une action terminée et datée : le preterit simple

- **BV-ed** (verbes **réguliers**)
  Ex. : *In 2012,* The Hunger Games *ranked best seller behind* Harry Potter.
- **Verbes irréguliers** (deuxième colonne)
  Ex. : *Suzanne Collins wrote* The Hunger Games *in 2008.*

Exprimer le contexte d'une action passée : le preterit + Be + BV-ing

- **Was/were** + **BV-ing**
  Ex. : *Suzanne Collins was already growing more and more popular as a writer for children's television shows when she released* The Hunger Games, *her trilogy.*

Exprimer une action antérieure à une autre action déjà achevée : le past perfect

- **Had** + **participe passé de la BV**
  Ex. : *Many young adults had already read* Mockingjay Part 2 *when they went to see the film in November 2015.*

Insister sur la durée d'une action antérieure : le past perfect + been + BV-ing

Ex. : *The journalists had been waiting for so long before they could get an interview with Jennifer Lawrence.*

S'entraîner

→ Corrigés p. 152

1 **Choisissez les bonnes réponses.**

1. Jennifer Lawrence ...... the leading part in *The Hunger Games Part One*.

a. had played **b.** played

2. By the age of 20, Jennifer Lawrence ...... very famous thanks to her part *in X-Men: First class*.

a. had become **b.** was becoming

2 **Complétez le texte suivant en choisissant parmi : *attended, won, happened, volunteered, fought, left*.**

What .... in *Part One*? Well, Katniss Everdeen .... in her sister' place.

So she .... for the Capitol, ... an intensive training there, then ....

and .... the televised fight to the death.

3 **Quelle fut la première action ?**

Stephen King, the horror genre master, confessed that he just couldn't stop reading the first part of The Hunger Game Trilogy *once he had started, eager as he was to know more about Katniss Everdeen's destiny.*

....

Prononcer la terminaison -ed 5

À retenir

La plupart du temps, -ed se prononce [d]

Ex. : *lived, stayed, arrived, climbed, dried…*

Si la base verbale se termine par le son [p], [k], [f], [s], [ʃ], [tʃ], -ed se prononce [t]

Ex. : *stopped, walked, laughed, crashed, watched…*

Si la base verbale se termine par le som [d] ou [t], -ed se prononce [id]

Ex. : *decided, started, wanted, needed, elected…*

Cas particuliers

- Si la base verbale se termine par e, on ajoute simplement **d**.
- Si elle se termine par une **consonne** + **y**, le **y** devient **i** et la terminaison est **-ied**.

Ex. : *cry* devient *cried.*

S'entraîner

→ Corrigés p. 152

1 Quelle est la bonne prononciation de la terminaison -ed ?

1. accepted — a. [d] b. [t] c. [id]
2. closed — a. [d] b. [t] c. [id]
3. expected — a. [d] b. [t] c. [id]
4. washed — a. [d] b. [t] c. [id]
5. cleaned — a. [d] b. [t] c. [id]

2 Lisez le texte suivant et indiquez quelle est la prononciation de la terminaison -ed qui convient.

Katie Melua is of Georgian origin. She moved to England at the age of 14. At 19, she released her first album: Call off the Search, *which reached the top of the United Kingdom album charts.*

1. moved — a. [d] b. [t] c. [id]
2. released — a. [d] b. [t] c. [id]
3. reached — a. [d] b. [t] c. [id]

3 Complétez le texte suivant en choisissant trois des cinq verbes proposés : *composed, entered, released, received, planned*.

In 2013, Adele .... many awards for her song *Skyfall*, which she had .... for the *James Bond* film. After a three-years pause, Adele .... her third studio album: *25*.

4 La terminaison -ed des verbes suivants se prononce-t-elle de façon identique ?

1. listened – enjoyed – rained — a. oui b. non
2. worked – glued – ordered — a. oui b. non
3. visited – talked – smoked — a. oui b. non
4. worked – played – expelled — a. oui b. non
5. passed – looked – helped — a. oui b. non

6 Comprendre les données d'un message

À retenir

Les nombres

- Les centaines
  Ex. : *110 = one hundred and ten*
- Les milliers, millions...
  Ex. : *9,901 = nine thousand nine hundred and one*
  More than 16 million people died during the First World War.
- Les années
  Ex. : *2013 = two thousand thirteen; 1914 = nineteen fourteen*
  2014 will mark 100 years since the outbreak of the First World War.

Les quantifieurs pour les dénombrables

- **Many**, **few**
  Ex. : *"How many victims were there?"* *"Few people survived."*

Les quantifieurs pour les indénombrables

- **Much**, **little**
  Ex. : *"How much poison gas was used in the attacks?"* *"Little is known about that."*

S'entraîner

→ Corrigés p. 152

1 Lisez le texte suivant puis répondez aux questions.

Lijssenthoek Military Cemetery is the largest hospital-cemetery of the Great War. It is the resting place of 10,755 casualties and the second largest British and Commonwealth cemetery in Belgium. Of the total burials there are 9,901 members of the Commonwealth forces buried in, 24 of whom are unidentified.

1. How many people are buried in this cemetery?

....

2. Write this figure in full: 10,755.

....

3. What does the figure 24 represent?

....

2 Complétez les phrases suivantes à l'aide du bon quantifieur (*much* ou *many*).

1. The Chinese Labour Corps had to carry out .... dangerous missions.

2. In her diaries, Edith Appleton, a nurse at the front, details the .... details of the first use of poison gas.

3 Lisez le texte puis répondez à la question suivante en français : que demande-t-on au lecteur ?

« As part of the project, the search is on for personal stories of those who are buried in the cemetery. If you have a relative or anyone known to you who is buried at Lijssenthoek Military Cemetery and you have any documents or stories, you are warmly invited to get in touch! »

À retenir

Plus

- **Adj. court + -ier + than**
  Ex. : *He finds it easier to work on a PC than on a Mac.*
- **More + adj. long + than**
  Ex. : *Macs are generally more reliable than PCs.*
- Exceptions : good → **better** than; bad → **worse** than; far → **farther** than (further than)

Moins

- **Less + adj. + than**
  Ex. : *Are PCs less creative than Macs?*

Exprimer l'impossibilité

- **Can't**
  Ex. : *I can't own a Mac... I'm not stylish enough!*
- **Couldn't**
  Ex. : *She couldn't understand why this Mac was so expensive.*

Exprimer la possibilité

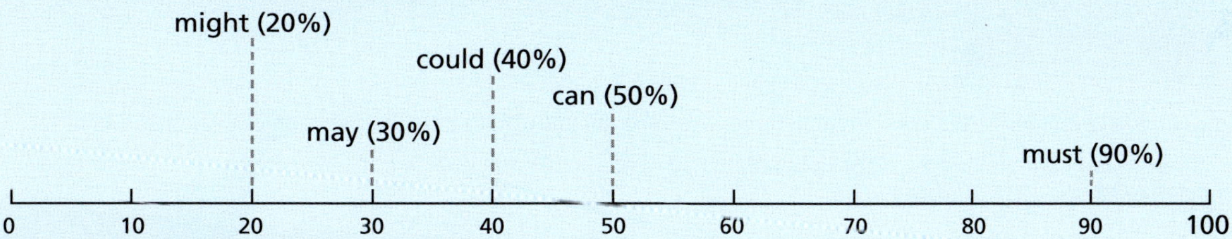

Ex. : *This computer must cost a fortune!*
Apple's ads can be funny sometimes.
Macs could be easier to shut down than PCs.
This debate as to know whether Macs are better than Pcs may never end, who knows!
This slowdown might come from a lack of memory.

S'entraîner

→ Corrigés p. 152

1 **L'adjectif au comparatif des phrases suivantes est-il correct ?**

1. In the long run, Macs are more cheap than PCs.

2. PCs are less expensive to purchase than Macs.

2 **Quel modal utiliseriez-vous pour traduire les phrases suivantes ?**

1. Dans les séries américaines, le héros doit toujours être vu avec un Mac.

a. must **b.** can **c.** could **d.** may **e.** might **f.** can't

2. Certains utilisateurs de Mac se sentiront peut-être vexés en lisant cet article de journal.

a. must **b.** can **c.** could **d.** may **e.** might **f.** can't

3. Les méchants du cinéma hollywoodien ne peuvent pas avoir de Mac. C'est impossible !

a. must **b.** can **c.** could **d.** may **e.** might **f.** can't

3 **Lisez le texte suivant puis répondez en français à cette question : en quoi cette remarque est-elle ironique ?**
"I don't know why Mac users are so defensive when you call them idiots. I mean, Apple is a company that has built its entire user base around the fact that its users can't do such a simple thing as turn their computers on!"

8 Faire un compte-rendu

À retenir

Les adjectifs possessifs : tout dépend du « propriétaire » !

Ex. : *Prince William has given his fiancée his mother's engagement ring.*

Le cas possesssif

- Avec un nom singulier
  Ex. : *William's best man was his brother.*
- Avec un nom singulier qui se termine par **s**
  Ex. : *Saint James's Park is my favourite park in London.*
- Avec un nom pluriel
  Ex. : *Kate's parents' car is brandnew.*

Exprimer la durée : comment exprimer « depuis » en anglais

- **Present perfect** + **since** = on sait exactement quand tout a commencé.
  Ex. : *Kensington Palace has been a Royal residence since the 17th century.*
- **Present perfect** + **for** = on insiste sur la durée
  Ex. : *Kate and William have lived in a flat in Kensington for a couple of days but they say it is too small.*

S'entraîner

→ Corrigés p. 152

1 **Les phrases suivantes sont incomplètes. Trouvez où ajouter *his* ou *her* afin de les compléter.**

1. On Saint Patrick's day, Kate was wearing a green coat for first solo military duty and presented Irish officers with shamrocks.

....

2. You can see here Queen Elizabeth, with the Duchess of Cambridge, on Diamond Jubilee tour of the UK.

....

3. William asked for Kate's hand in marriage and gave an engagement ring.

....

2 **Que veulent dire les *'s* dans la phrase suivante ?**

He's spoken of his and his fiancée's happiness as the couple faced journalist for the first time.

....

3 **Quel est le sens de *coverage* dans ce contexte ?**

In 2012, the British media presented their viewers with the issue of climate change and global warming but still dedicated 7 times more coverage to the Royal family.

....

4 **Quel est le sens de *remove* dans ce contexte ?**

Less than 20% of the Queen's subjects in the UK say they would like to remove the Royal family.

....

Rédiger une lettre ou un e-mail 9

À retenir

Les formules d'introduction

- Le style informel
  Ex. : *Dear Jude,* *Hi / Hello Jude,*
- Le style formel
  Ex. : *Dear Mr. Jude Law,* *Dear Jude Law,*

Les formules de conclusion

- Le style informel
  Ex. : *Hope all's well.* *Lots of love (from)* *Catch you later (e-mail)*
- Le style formel
  Ex. : *Yours sincerely,* *Yours faithfully, (si vous ne connaissez pas le nom de la personne)*

L'adjectif au superlatif

- **The** + **adj. court** + **-est**
  Ex. : *Sherlock Holmes has the smartest thought processes. He is an intellectual superhero.*
- **The** + **most** + **adj. long**
  Ex. : Sherlock Holmes: a Game of Shadows *actually proved the most unexpected success.*
- **The** + **least** + **adj.**
  Ex. : *Jude Law's growing a handlebar moustache for the part is the least interesting piece of info given in this review.*

S'entraîner

➜ Corrigés p. 152

1 **Ces formules sont-elles formelles ou informelles ?**

1. See you soon
2. Cheers
3. Dear Sir or Madam,

2 **Écrivez en toutes lettres la signification de ces abbréviations.**

1. Asap = ...

2. FA0 = ...

3 **Complétez cet e-mail adressé à Jude Law de la part d'un fan à l'aide du superlatif des adjectifs suivants.**
sensitive, good, bright, cunning.

Dear Jude Law,

I have been a fan of yours for years. You have .... smile of Hollywood! Of all your parts, your interpretation of Dr. Watson is .... and .... I'm sure your star is now definitely in the ascendant. It's wonderful to see how you join forces with Holmes to bring down your .... adversary, Professor James Moriarty. Sir Arthur Conan Doyle must be so proud! I was wondering if you would mind sending me your autograph.
Thank you so much.

Yours sincerely,
Martha Feider

10 Proposer, s'exprimer au futur

À retenir

Exprimer un fait officiel à venir

- **Will** + **BV**
  Ex. : Vikings *season 5 will be on History Channel next January.*

Déclarer un engagement, une intention

- **Will** + **BV**
  Ex : *Ragnar will revenge his friend's assassination.*

Exprimer une incertitude

- **Will** + **BV**
  Ex. : *Last episode makes you wonder what will come next if Björn becomes the leader.*

Annoncer ce que l'on a décidé de faire prochainement

- **Be** + **BV-ing**
  Ex. : *Lagherta is planning to get her title as Earl of Hedeby back!*

Exprimer un événement à venir grâce à des indices flagrants

- **Be** + **going to** + **BV**
  Ex. : *Björn has grown a wonderful Viking. His father is going to be proud of him when he meets him again.*

S'entraîner

→ Corrigés p. 152

1 Observez les phrases suivantes et dites ce qu'elles expriment.

1. Björn says to Porunn that he will mary her.
a. un fait officiel **b.** une intention **c.** un engagement **d.** une suite logique

2. Porunn is going to suffer a lot from her scarred face.
a. un fait officiel **b.** une intention **c.** un engagement **d.** une suite logique

3. Björn is the one and only person Ragnar can trust so he will reveal his secret schema to him.
a. un fait officiel **b.** une intention **c.** un engagement **d.** une suite logique

4. Michael Hirst, who created *Vikings*, broke out the news: "Björn will get severaly wonded in season 3."
a. un fait officiel **b.** une intention **c.** un engagement **d.** une suite logique

2 Quelle forme de futur faut-il utiliser pour traduire les phrases suivantes ?

1. Qui parviendra à succéder à Ragnar ?
a. will + BV **b.** be + going to + BV **c.** won't + BV

2. Rollo ne pardonnera jamais à son frère d'avoir réussi à devenir roi.
a. will + BV **b.** be + going to + BV **c.** won't + BV

Réaliser la dilution d'un acide 1

À retenir

Acides et bases

- On trouve fréquemment sur les emballages de certains produits cosmétiques, la mention « pH neutre ». Cela signifie que le produit n'est ni **acide** (pH < 7), ni **basique** (pH > 7).
Le pH de l'eau est de 7.
- Il est nécessaire de diluer certains acides pour qu'ils soient moins dangereux. Attention, il faut toujours verser l'acide dans l'eau et jamais l'inverse.
- Lorsque l'on dilue un acide, il peut arriver que la température de la solution augmente. Si l'on verse l'acide dans l'eau, la chaleur est répartie dans toute la solution. Si l'on verse l'eau dans l'acide, les premières gouttes d'eau deviennent si chaudes qu'elles peuvent « bouillir » et provoquer des projections.

Exemples de pH :

Produits	pH
Soda (cola)	2 à 3
Savon	Autour de 9
Jus citron	2,3
Eau de Javel	11
Sang	Entre 7,32 et 7,42
Vinaigre	Autour de 3

Mesure d'un pH

On peut évaluer un pH avec une **bande de papier pH**, dont la couleur varie avec l'acidité ou la basicité de la solution. Pour une mesure précise, on utilise un **pH-mètre**.

Les piles

- Les solutions acides peuvent conduire l'électricité et on peut fabriquer du courant avec des éléments qui contiennent des ions.
  Ex. : *Une pièce de monnaie et un morceau de zinc plantés dans un citron constituent une pile.*
- Les piles fabriquent du courant électrique continu. Il existe de nombreux modèles de piles de tailles, de formes et de tensions différentes.
  Ex. : *Les piles type AA ou AAA (appareils de radio, télécommandes...), les piles boutons (montres, appareils auditifs...), les piles plates (lampes de poche), les piles parallélépipédiques (9 V).*

S'entraîner

→ Corrigés p. 152

1 **Pour chacun des pH donnés ci-dessous, dites s'il s'agit d'un acide, d'une base ou d'une solution neutre.**

1. 12 : ....
2. 8 : ....
3. 1 : ....
4. 7 : ....
5. 9 : ....
6. 8,74 : ....

2 **Exercice du Brevet** — 4 min *(2 points)*

Les piles ne doivent pas être jetées mais recyclées. En vous appuyant sur la composition de piles courantes, justifiez cette affirmation.

2 Observer l'univers

À retenir

L'univers

- L'**univers** est composé de milliards de galaxies qui contiennent chacune des milliards d'étoiles. On estime l'âge de l'univers à 13,8 milliards d'années.
- L'étoile la plus proche de la Terre est le Soleil. Notre système solaire fait partie de la Voie lactée qui contient entre 200 et 400 milliards d'étoiles.

Le système solaire

Corps	Diamètre (km)	Diamètre (/Terre)	Densité	Rotation sidérale
Mercure	4878	0,382	5,44	58,65 j
Vénus	12 102	0,949	5,26	243,02 j
Terre	12 756	1	5,52	23 h 56 min
Mars	6794	0,532	3,93	24 h 37 min
Jupiter	142 796	11,19	1,31	9 h 55 min
Saturne	120 660	9,46	0,69	10 h 39 min
Uranus	51 200	4,01	1,21	17 h 14 min
Neptune	50 000	3,92	1,5	16 h 6 min

- Les distances sont très grandes dans l'univers. On exprime généralement ces distances en **années-lumière**. L'année-lumière est la distance que parcourt la lumière en une année, soit 9 461 milliards de kilomètres.

Les météorites

- On pense qu'une immense météorite (plusieurs kilomètres de diamètre) a été responsable de la disparition des dinosaures, il y a 65 millions d'années. On estime à 10 000 tonnes la masse de météorites tombant sur Terre chaque année.
- Les météorites sont formées de silice et de métaux (fer, nickel).

S'entraîner

→ *Corrigés p. 152*

1 **La galaxie d'Andromède se trouve à 2,55 millions d'année-lumière de la Terre. Combien de kilomètres cela représente-t-il ?**

2 **Le Soleil est à environ 150 millions de kilomètre de la Terre. Combien de temps met la lumière pour nous parvenir ?**

3 **La phrase suivante permet-elle de retrouver l'ordre des planètes de notre système solaire ?**

« Me voici tout mouillé, car j'ai suivi un gros nuage. »

4 **Conversation avec la planète Mars**

La planète Mars se situe entre 60 et 400 millions de kilomètres. Cela dépend des orbites de ces deux planètes. Combien de temps faut-il à un signal radio qui se déplace à la vitesse de la lumière pour parcourir chacune de ces distances ?

5 **Exercice du Brevet** — 3 min *(2 points)*

Le mois d'août est favorable pour observer des étoiles filantes. Expliquez ce qu'est une étoile filante.

Connaître les caractéristiques des mouvements 3

À retenir

Mouvement rectiligne et mouvement circulaire

- La moto effectue un mouvement en ligne droite. C'est un mouvement rectiligne.
- L'attraction foraine a un mouvement de rotation. Les participants ont un mouvement circulaire.

Le nombre de tours effectués par minute ou par seconde est la **fréquence de rotation**.

La vitesse

- Les radars placés sur les bords des routes mesurent une vitesse instantanée.
- Le rapport distance sur temps permet de calculer une vitesse moyenne : $v = \frac{d}{t}$

Mouvement varié

Lorsque la vitesse augmente ou diminue, on parle de mouvement varié.
Dans un toboggan, les personnes prennent de l'élan sur la partie inclinée. Leur mouvement est accéléré. Le coefficient de proportion entre vitesse et temps est appelé accélération.

S'entraîner

→ Corrigés p. 152

1 **Pour chacun des exemples ci-dessous, dites s'il s'agit d'un mouvement rectiligne ou circulaire.**

1. Le fouet d'un robot électrique de cuisinier.
2. Un satellite de communication autour de la Terre.
3. La roue (par rapport au cadre) d'une bicyclette qui avance.

2 **Pour partir en vacances, Léo remarque que le véhicule de son père a parcouru 116 km en 2 heures. Quelle est la vitesse moyenne du véhicule ?**

3 **Le kilomètre lancé en ski consiste à atteindre la plus grande vitesse sur 100 m. Le record du monde à ce jour est de 254,958 km/h. Combien de temps faut-il au skieur pour parcourir les 100 m ?**

4 **Exercice du Brevet** — 7 min *(7 points)*

Le graphique ci-contre précise les différentes phases de mouvements d'un mobile.

1. Précisez pour chacune des phases la nature du mouvement.
2. En vous appuyant sur des valeurs que vous choisirez, comparez les accélérations des phases 1 et 3.

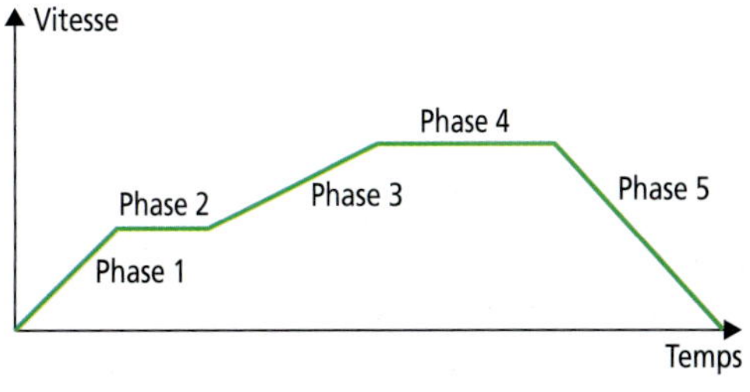

4 Calculer une distance d'arrêt

À retenir

Distance de freinage – distance d'arrêt

- Pour déterminer la **distance d'arrêt** d'un véhicule, il faut additionner la distance parcourue pendant le temps de réaction du conducteur (en général, une seconde) avec la distance de freinage, lue sur un graphique ou dans un tableau.

Attention : la distance de freinage varie selon l'état de la route (sèche ou humide), les pneumatiques (neufs ou lisses), la qualité des freins.

- Ce tableau donne les distances de freinage, en fonction de la vitesse, selon l'état de la route :

Vitesse en km/h	10	30	45	50	60	90	110	130	150	180
Distance en m sur route sèche	0,5	5	10	12	18	40	60	83	111	160
Distance en m sur route humide	1	9	20	25	35	80	119	166	222	320

L'énergie cinétique

Une voiture s'arrête plus facilement qu'un camion alors qu'ils vont à la même vitesse. C'est à cause de l'énergie liée au mouvement des véhicules. Cette énergie s'appelle **énergie cinétique**, $E = \frac{1}{2} mv^2$ (m est la masse en kg du véhicule et v sa vitesse en m/s). L'énergie s'exprime en joule. Lorsque la vitesse est multipliée par 2, l'énergie cinétique est multipliée par 4.

S'entraîner

→ Corrigés p. 152

1 **Un véhicule roule à la vitesse de 50 km/h. Quelle distance parcourt-il en 1 seconde ?**

....

2 **À l'aide du tableau ci-dessus, donnez la distance de freinage sur une route sèche pour une vitesse de 50 km/h.**

....

3 **En utilisant les résultats des exercices 1 et 2, donnez la distance d'arrêt d'un véhicule qui roule à 50 km/h sur route sèche.**

....

4 **Complétez le tableau ci-dessous.**

	Masse m en kg	Vitesse v en m/s	Énergie cinétique en joule
Sprinter	75	10	....
Voiture	950	25	....
Balle de fusil	0,02	400	....

5 **Exercice du Brevet** — 6 min *(4 points)*

On apprend, pour préparer l'examen du permis de conduire, que si l'on arrive à lire la plaque d'immatriculation du véhicule qui nous précède, la distance de sécurité n'est pas respectée.

Calculez la distance parcourue par un véhicule pendant une seconde à 50 km/h. En utilisant différentes valeurs de distance entre deux véhicules, à partir de quelle distance la sécurité n'est-elle pas respectée ?

Calculer un poids 5

À retenir

Le poids et ses caractéristiques

- Le poids d'un corps correspond à la force qu'exerce la Terre sur ce corps. Comme toute force, le poids s'exprime en **Newton** (N).
- Sur Terre, le poids se calcule en multipliant la masse par une valeur, notée *g*, égale à 9,81 N/kg. Pour simplifier les calculs, on arrondit cette valeur à 10.

  Ex. : *Une masse de 50 kg a un poids de 50 x 10 = 500 N.*
- Les caractéristiques d'un poids sont :

Point d'application	Centre de gravité
Droite d'action	Verticale
Sens	Vers le bas
Valeur	$P = m.g$

- Dans l'espace, l'attraction de la Terre ou des autres planètes est faible ou nulle, les solides « flottent ». C'est l'état d'impesanteur (ou apesanteur).
- Sur Terre, la Lune et le Soleil exercent une attraction. On le constate par exemple avec le phénomène des marées.

L'équilibre d'un système mécanique

Un système mécanique soumis à une seule force n'est pas en équilibre. Pour que le système reste en équilibre, il faut qu'il y ait une seconde force de même valeur qui s'oppose à la première.
Attention : ces deux forces doivent être sur la même droite d'action.
Dans cet exemple, les deux forces sont égales et opposées : le solide est en équilibre.

S'entraîner

→ Corrigés p. 152

1 **Complétez le tableau en calculant le poids ou la masse (on prendra g = 10 N/kg).**

Masse en kg	Poids en N
12	....
0,5	....
....	1 500
....	325
164,7	....

2 **Une caisse de masse 55 kg est posée sur le sol en équilibre.**

1. Calculez le poids de cette caisse.
2. Quelle est la valeur de l'action du sol sur la caisse pour que l'équilibre soit maintenu ?

3 **Exercice du Brevet** — 5 min *(5 points)*

Un solide immobile, proche de la surface de la Terre, de masse 100 g est suspendu à un ressort.

1. Rappelez la valeur de la constante de gravitation sur Terre.
2. Faites le bilan des forces qui s'exercent sur le solide. Déduisez-en la tension du ressort.

6 Comprendre et utiliser l'électricité

À retenir

Le courant électrique

Produit dans les centrales, le courant électrique est acheminé par des lignes très haute tension afin de diminuer les pertes.

Les pylônes supportent des câbles pour transporter l'électricité.

Les circuits électriques

- Ils sont composés :
  - d'une source de courant (pile, batterie, alternateur…) ;
  - de récepteurs (lampes, appareils électroménagers, moteurs).
- Ils sont reliés par des câbles conducteurs de l'électricité.

Les récepteurs

- Les récepteurs sont les appareils qui transforment l'énergie électrique. Ils peuvent être branchés en série ou en dérivation.
- En série, l'intensité du courant est la même pour tous les points du circuit, la tension délivrée par le générateur est égale à la somme des tensions aux bornes de chaque récepteur.

Exemple de montage en série

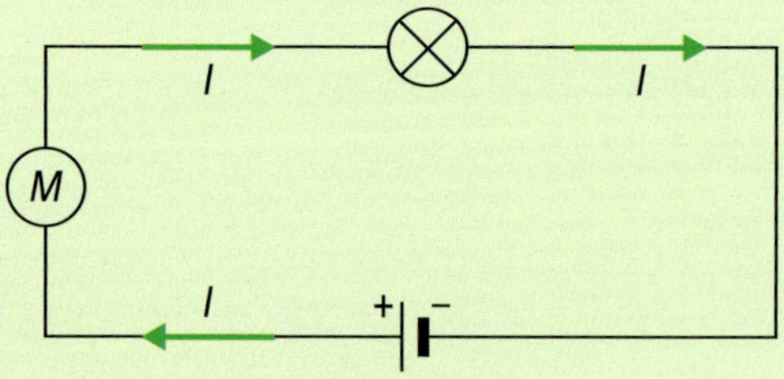

- En dérivation, le courant électrique se sépare dans chaque branche. La somme de tous les courants est égale au courant délivré par le générateur.

Exemple de montage en dérivation

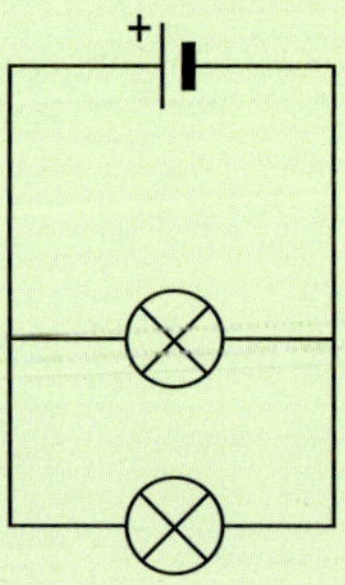

S'entraîner

→ Corrigés p. 153

1 **Dans un montage en série, on mesure 1,5 V aux bornes d'une première lampe et 2,5 V aux bornes d'une seconde. Quelle est la tension aux bornes de la pile qui alimente ces deux lampes ?**

2 **Dans le montage en dérivation ci-dessous, on a relevé les intensités suivantes :**

$I_1 = 0{,}2$ A ; $I_2 = 0{,}35$ A et $I_3 = 0{,}29$ A.

Quelle est l'intensité totale délivrée par le générateur ?

3 **Exercice du Brevet** 2 min *(2 points)*

Dans une cuisine, on utilise de nombreux appareils électriques : des plaques de cuisson, un four, un réfrigérateur, un lave-vaisselle entre autres. Décrivez, en justifiant, le montage de tous les appareils électroménagers dans une installation domestique.

Transmettre une information 7

À retenir

Les sources de lumière

- Les **sources primaires** sont celles qui émettent directement la lumière (comme le Soleil, une lampe allumée, une flamme) contrairement aux **sources diffusantes** qui renvoient la lumière qu'elles reçoivent (par exemple un écran de cinéma ou la Lune).
- La lumière se propage en ligne droite avec une célérité (vitesse) de 299 792 458 m/s (valeur exacte). Pour faire les calculs, on utilise généralement la valeur arrondie de 300 000 km/s.

La lumière visible, les ombres et la fibre optique

- On distingue la **lumière visible** (rouge, verte…) et les **lumières invisibles** comme les infrarouges (appareils de chauffage, par exemple), les ultraviolets (cabines de bronzage) ou encore les rayons X utilisés en médecine ou en spectrographie.
- On distingue les **ombres propres** (arrière de l'objet éclairé) et les **ombres portées**.
- La **fibre optique** permet de propager de grandes quantités d'informations très rapidement.

Propagation du son

- Pour se propager, un son a besoin d'un support matériel (air, eau, métal…) car il ne se déplace pas dans le vide. Certains sons sont audibles, tandis que d'autres sont inaudibles (infrasons, ultrason).
- Les échographies se font grâce à des ondes sonores : les ultrasons.
- Le niveau sonore s'exprime en décibel dB.

Décibel dB	Son
0 dB	Laboratoire d'acoustique (le niveau 0 dB (A) n'existe pas dans la nature).
25 dB	Conversation à voix basse (à 1,50 m)
30 dB	Chambre à coucher silencieuse
45 dB	Appartement normal
60 dB	Conversation normale
70 dB	Rue à gros trafic
75 dB	Aspirateur
80 dB	Aboiements
90 dB	Tondeuse à gazon (moteur à essence)
100 dB	Baladeur à volume maximum
105 dB	Niveau sonore limite supportable
110 dB	Marteau piqueur
120 dB	Avion au décollage

S'entraîner

→ Corrigés p. 153

1 **Dites pour chacun des exemples cités, si le niveau est supportable ou pas.**

1. Marteau piqueur **2.** Vent dans les arbres **3.** Conversation intime **4.** Réacteur au décollage

2 **Vrai ou faux ?**

1. La lumière se propage en ligne droite.
2. Le son se déplace mieux dans le vide.
3. La vitesse de la lumière est de 300 000 km/h.
4. Les échographies se font avec des rayons X.
5. On peut voir facilement des ultraviolets.

3 **Exercice du Brevet** — 3 min *(3 points)*

Pour les astronomes, « Regarder loin, c'est regarder tôt ». Rappelez la valeur de la vitesse de la lumière et expliquez cette affirmation si l'on considère une étoile située à 1 000 années-lumière et une autre à 10 000 années-lumière.

1 Identifier les impacts de l'activité humaine sur la biodiversité

À retenir

La biodiversité représente la grande variété des espèces animales et végétales qui peuple la Terre

Elle constitue un **réservoir génétique** naturel précieux.

L'être humain menace la biodiversité

Depuis le début de l'ère industrielle, par des activités visant à satisfaire ses besoins alimentaires, l'être humain influence et modifie **l'équilibre entre les espèces**.

- L'agriculture intensive et la déforestation entraînent la dégradation des espaces naturels.
- La surexploitation des ressources naturelles (pêche industrielle) ou l'introduction d'espèces envahissantes modifient l'équilibre entre les êtres vivants qui peuplent la planète.
- Les pollutions liées aux activités humaines, en modifiant les climats, ont également un impact sur la biodiversité.

Le maintien de la biodiversité est un des enjeux du XXIe siècle

- La protection de certains territoires (parcs nationaux, régionaux) devrait permettre de freiner l'appauvrissement de la biodiversité.
- Une liste rouge des espèces menacées a été constituée afin de protéger les espèces végétales et animales en voie d'extinction.

S'entraîner

→ Corrigés p. 153

1 **Identifiez le comportement qui préserve l'équilibre entre les espèces.**

1. Introduction de nouvelles espèces dans un milieu.
2. Surexploitation des ressources naturelles.
3. Limitation de la déforestation.

2 **Trouvez deux arguments qui montrent que la pêche industrielle menace la biodiversité.**

3 **Exercice du Brevet** — 15 min *(4 points)*

À force de pêcher toujours plus, toujours plus loin, l'être humain menace la biodiversité du milieu marin.

État des stocks de pêche de l'Atlantique Nord-Est et de Méditerranée

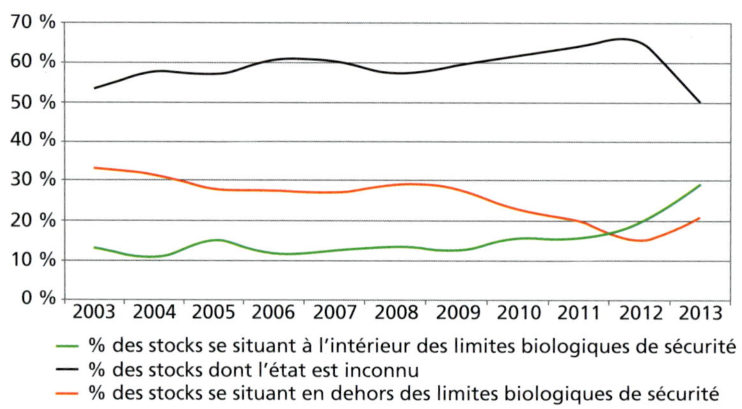

Source : UE d'après le CIEM, 2013

1. Nommez la pratique humaine mise en cause.
2. Expliquez « limites biologiques de sécurité ».
3. Présentez quelques solutions pour maintenir la biodiversité marine.

Comprendre les enjeux de l'exploitation des énergies renouvelables

2

À retenir

Les énergies fossiles (charbon, pétrole, gaz naturel) se sont formées au cours des temps géologiques pendant des dizaines de millions d'années

Leur exploitation, pour satisfaire les besoins humains croissants, laisse prévoir un épuisement des stocks souterrains dans les décennies à venir. De plus, leur combustion provoque un dégagement de CO_2 qui participe au réchauffement de la planète.

Les scientifiques développent des énergies alternatives, renouvelables

Elles sont produites à partir de sources illimitées à l'échelle de temps humaine. C'est le cas du vent (énergie éolienne), de l'eau (énergie hydraulique), du Soleil (énergie solaire) et de certains végétaux cultivés (biocarburants). Elles sont utilisées principalement pour la production d'électricité et le chauffage.

L'exploitation des énergies renouvelables doit permettre de lutter contre le réchauffement climatique

Leur développement est encouragé par des accords politiques internationaux. Leur utilisation doit limiter la production de gaz à effet de serre et donc freiner le réchauffement climatique.

S'entraîner

→ Corrigés p. 153

1 Vrai ou faux ?

1. Les énergies renouvelables sont épuisables à long terme.
2. Le CO_2 dégagé par la combustion des énergies fossiles augmente l'effet de serre.
3. L'émission des gaz à effet de serre entraîne une augmentation de la température de la Terre.

2 Expliquez pourquoi les énergies renouvelables ne sont pas toutes des énergies propres.

3 Exercice du Brevet — 15 min *(4 points)*

Le graphique ci-contre présente l'évolution de la consommation d'énergie en France.

1. Décrivez l'évolution de la consommation des énergies fossiles en les citant.
2. Citez les énergies renouvelables du graphique et présentez l'évolution de leur consommation.
3. Indiquez les énergies dont la consommation a le plus augmenté entre 1973 et 2010.

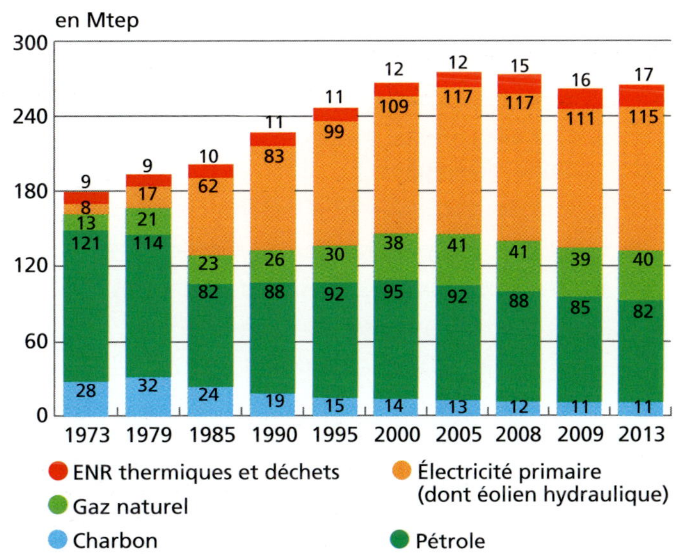

Mtep : millions de tonnes équivalent pétrole

Source : service de l'observation et des statistiques du ministère de l'Écologie, du Développement durable, des Transports et du Logement.

3 Relier informations génétiques et caractères des individus

À retenir

Tous les caractères ne sont pas héréditaires

Certains caractères (**phénotype**) résultent de l'expression des gènes (**génotype**) transmis par les parents, alors que d'autres sont liés à l'environnement et aux conditions de vie.

L'information génétique est portée par les chromosomes du noyau de chaque cellule

Toutes les cellules de l'organisme possèdent la totalité du programme génétique de l'individu, au niveau des **chromosomes** qui sont constitués d'ADN.

Chaque caractère est commandé par une portion de chromosome appelée gène

- Il peut exister plusieurs versions, appelées **allèles**, pour un même **gène**.
- Pour un gène donné, chaque cellule possédera toujours deux allèles, identiques ou différents, situés au même niveau sur chaque chromosome d'une paire.

S'entraîner

→ Corrigés p. 153

1 Vrai ou faux ?

1. Tous les caractères d'un individu lui sont transmis par ses parents.

2. L'ADN d'une cellule est localisé dans son noyau.

3. Les chromosomes d'une paire donnée portent toujours les mêmes allèles.

4. Pour un gène donné, dans une cellule, il existe de nombreux allèles.

2 Quelles affirmations sont exactes ?

1. Le noyau d'une cellule humaine contient :

a. 23 chromosomes dont un chromosome sexuel.

b. 23 paires de chromosomes dont une paire de chromosomes sexuels.

c. 23 paires de chromosomes ainsi qu'une paire de chromosomes sexuels.

2. Les allèles d'un même gène :

a. sont des portions d'ADN identiques situées à des endroits différents dans les chromosomes d'une même paire.

b. sont des portions d'ADN différentes situées aux mêmes endroits dans les chromosomes d'une même paire.

c. sont des portions d'ADN différentes situées à des endroits différents.

3. Les chromosomes d'une même paire possèdent toujours :

a. les mêmes gènes à des endroits différents.

b. les mêmes gènes aux mêmes endroits.

c. les mêmes allèles aux mêmes endroits.

3 Exercice du Brevet — 15 min *(4 points)*

Répondez aux questions.

1. Nommez le document.

2. Indiquez à partir de quel constituant cellulaire il a été obtenu.

3. Indiquez le sexe de l'individu duquel provient la cellule utilisée.

4. Quel argument permet d'indiquer que la cellule n'appartient pas à un individu de l'espèce humaine ? Justifiez la réponse.

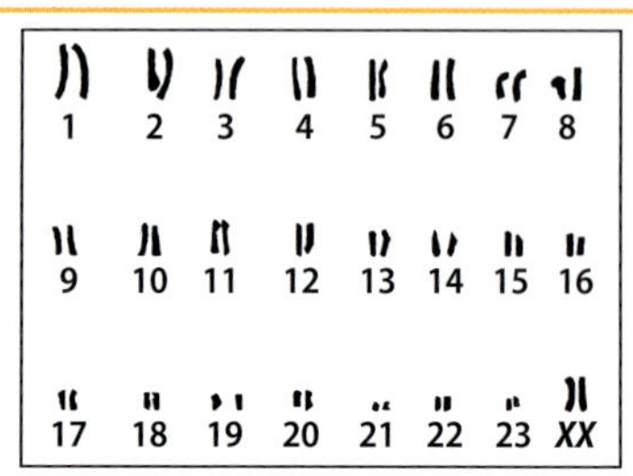

Comprendre la diversité génétique des individus 4

À retenir

La répartition des chromosomes dans les gamètes se fait au hasard

Les spermatozoïdes et les ovules portent chacun dans leur noyau **un seul chromosome** de chacune des 23 paires des parents qui les ont produits, soient 23 chromosomes par gamète (cellule reproductrice).

La fécondation rétablit le nombre de chromosomes de l'espèce

- Le spermatozoïde apporte les 23 chromosomes paternels ; l'ovule apporte les 23 chromosomes maternels.
- Chacun des 23 chromosomes paternels s'apparie avec son homologue maternel, reconstituant les 23 paires de chromosomes de la cellule œuf.

La reproduction sexuée permet la création d'individus au programme génétique unique

Pour un gène donné, la cellule œuf reçoit au hasard un allèle paternel et un allèle maternel.
La reproduction sexuée entraîne la formation de **nouvelles combinaisons génétiques**.

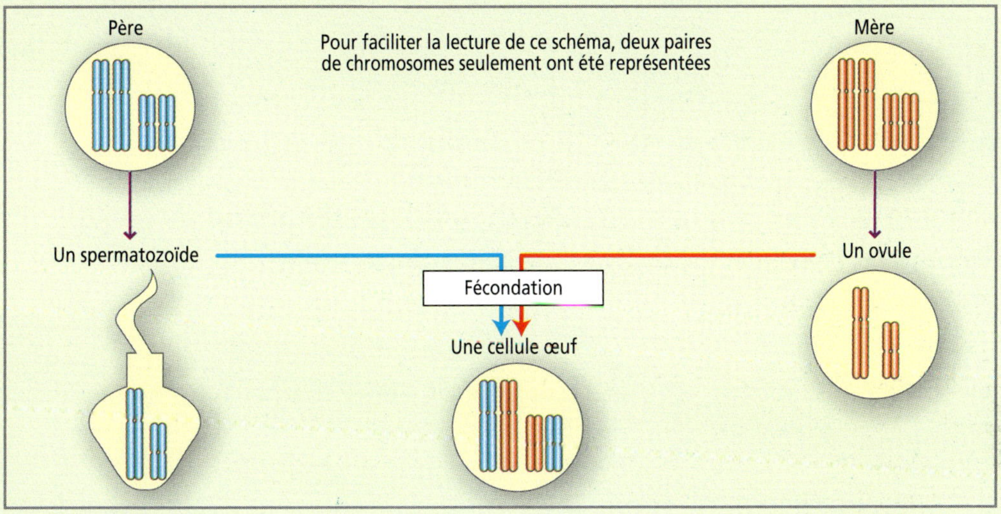

S'entraîner

→ Corrigés p. 153

1 Vrai ou faux ?

1. Les gamètes apportent chacun 23 chromosomes à la cellule œuf.
2. Pour chaque paire de chromosomes humains, l'un vient du père, l'autre de la mère.
3. Le hasard n'intervient pas lors de la reproduction sexuée.
4. Les deux chromosomes X d'une femme lui ont été transmis par sa mère.

2 Exercice du Brevet 15 min *(4 points)*

Le gène qui commande l'expression du groupe sanguin Rhésus est localisé sur la paire de chromosomes n° 1. Il présente deux allèles notés Rh+ et Rh-. Lorsque les deux allèles sont présents simultanément, l'allèle Rh- ne s'exprime pas. Expliquez pourquoi des parents <u>tous deux rhésus positif</u> peuvent avoir un enfant <u>rhésus négatif</u>. Vous indiquerez :

1. Les allèles des cellules reproductrices pour chacun des deux parents.
2. Les allèles des différentes cellules œufs possibles.

À retenir

L'évolution des espèces a eu lieu progressivement ou brutalement

Depuis plus de trois milliards d'années, l'apparition d'un groupe d'organismes vivants a toujours été suivie de son développement, puis de sa régression et parfois de sa disparition. Ce processus a pu être accéléré par des évènements géologiques et aboutir à une disparition brutale et massive des espèces : on parle de **crise biologique**. Ce phénomène est suivi d'une augmentation de la **biodiversité**.

Tous les êtres vivants ont une origine commune

Ils sont tous constitués d'une ou de plusieurs cellules renfermant un noyau qui contient de l'ADN.

Il existe des liens de parenté entre les espèces

Au cours de l'évolution, de nouveaux caractères apparaissent, conséquence de **mutations** de l'information génétique. On évalue les liens de parenté entre les espèces en fonction de nouveaux caractères partagés. L'espèce humaine s'inscrit dans le processus de l'évolution.

S'entraîner

→ Corrigés p. 153

1 **Vrai ou faux ?**

1. La vie sur Terre s'est modifiée de façon très progressive au cours du temps.
2. Les crises biologiques sont marquées par des extinctions brutales d'êtres vivants.
3. L'information génétique de tous les êtres vivants est portée par leur ADN.
4. Les êtres vivants présentent tous une parenté plus ou moins étroite.

2 **Exercice du Brevet** 15 min *(4 points)*

Ce document présente la variation du nombre de groupes d'êtres vivants depuis –600 millions d'années.

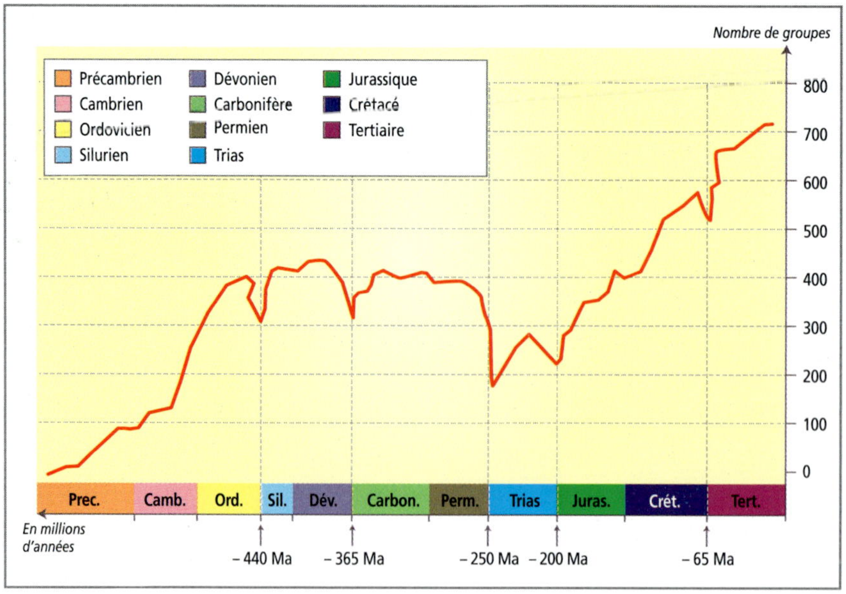

1. Repérez les cinq crises biologiques majeures et datez-les.
2. Expliquez les évènements qu'elles ont déclenchés.
3. Présentez les conséquences de ces évènements.

Comprendre le fonctionnement du système nerveux

6

À retenir

Le système nerveux est constitué de l'ensemble des organes impliqués dans la communication nerveuse

Le cerveau reçoit les **messages nerveux sensitifs** en provenance des organes des sens (**organes récepteurs**). Après les avoir analysés, il élabore des **messages nerveux moteurs** qui, en passant par la moelle épinière, commandent les muscles responsables des mouvements.

Les messages nerveux circulent le long des cellules nerveuses appelées neurones

- Ils sont constitués d'un corps cellulaire (partie contenant le noyau) et de prolongements cytoplasmiques caractéristiques, de taille variable.
- La transmission d'un message nerveux d'un **neurone** à un autre s'effectue grâce à la libération d'un **messager chimique** au niveau de la zone de contact appelée **synapse**.

La consommation de certaines substances perturbe le fonctionnement du système nerveux

En agissant au niveau des synapses, l'alcool et certaines drogues empêchent la transmission correcte des messages nerveux.

S'entraîner

→ Corrigés p. 153

1 **Observez le schéma ci-dessous et répondez aux questions suivantes.**

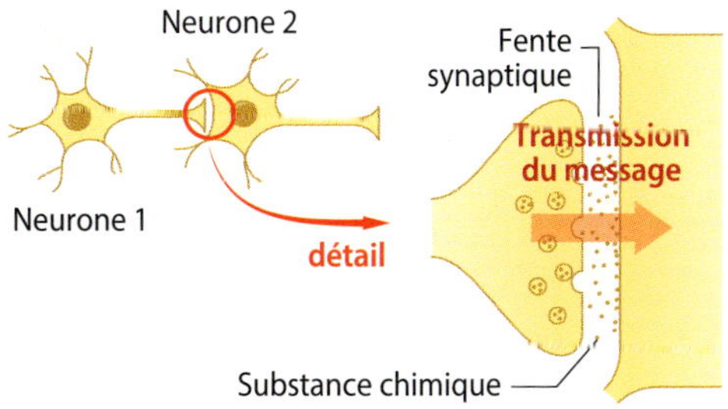

1. Donnez un titre au schéma.

2. Rédigez un texte court pour décrire le mécanisme présenté.

2 **Exercice du Brevet** 15 min *(4 points)*

Une expérience historique

Le curare est un poison qui entraîne la mort par paralysie des muscles. Claude Bernard (1813 - 1878) a réalisé des expériences afin de déterminer le mode d'action du poison.
Analysez chaque expérience et expliquez le mode d'action du curare.

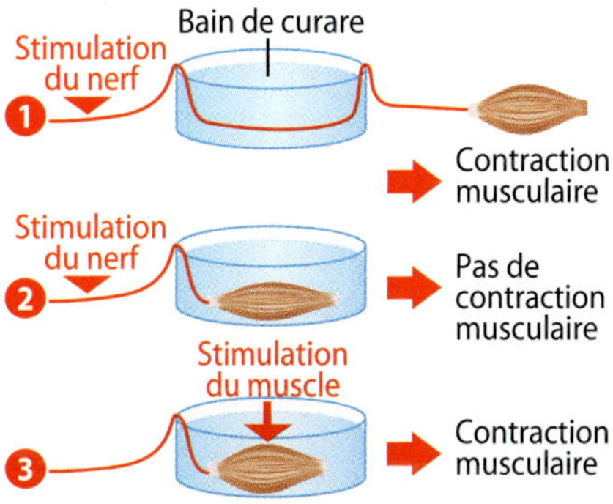

7 Comprendre les mécanismes de l'infection

SVT

Contrôle continu

À retenir

Notre organisme est en contact permanent avec les micro-organismes

- Présents naturellement dans tous les milieux et de taille voisine du micromètre, les micro-organismes se répartissent en différents groupes : virus, bactéries, champignons microscopiques.
- Certains, **pathogènes**, provoquent des maladies, alors que d'autres sont inoffensifs.

La contamination

Il y a **contamination** quand un micro-organisme franchit une barrière naturelle (peau, muqueuse).

L'infection

- L'infection correspond à la multiplication du micro-organisme dans le corps.
- On distingue les **infections bactériennes** des **infections virales** pour lesquelles le virus se multiplie à l'intérieur d'une cellule hôte.

L'organisme est équipé pour lutter contre l'infection

Des organes (moelle osseuse, ganglions lymphatiques...) et des cellules (globules blancs) interviennent lorsqu'une infection se développe.

La phagocytose est la première réponse de l'organisme

Dès la contamination, les phagocytes se mobilisent dans une réaction **rapide**, **locale et non spécifique** qui permet la destruction des micro-organismes et suffit souvent à stopper l'infection. La réaction inflammatoire locale (rougeur, gonflement, chaleur, douleur) est le signe de cette réaction de défense.

S'entraîner

→ Corrigés p. 153

1 **Vrai ou faux ?**

1. Tous les micro-organismes sont pathogènes.
2. La contamination bactérienne correspond à la multiplication des bactéries dans le corps.
3. Nos barrières naturelles permettent d'éviter la contamination.
4. Les phagocytes sont des globules blancs permettant une protection spécifique.

2 **Répondez aux questions suivantes.**

1. Citez les caractéristiques communes aux micro-organismes.
2. Indiquez la différence entre une infection virale et une infection bactérienne.
3. Indiquez la signification du sigle « I.S.T. ».
4. Expliquez les qualificatifs « rapide », « locale » et « non spécifique » de la phagocytose.

3 **Exercice du Brevet** — 15 min *(4 points)*

La réaction inflammatoire locale est une manifestation de la phagocytose. Elle s'accompagne, au niveau de la blessure, d'une sensation de chaleur, de douleur, d'un gonflement et d'une rougeur.

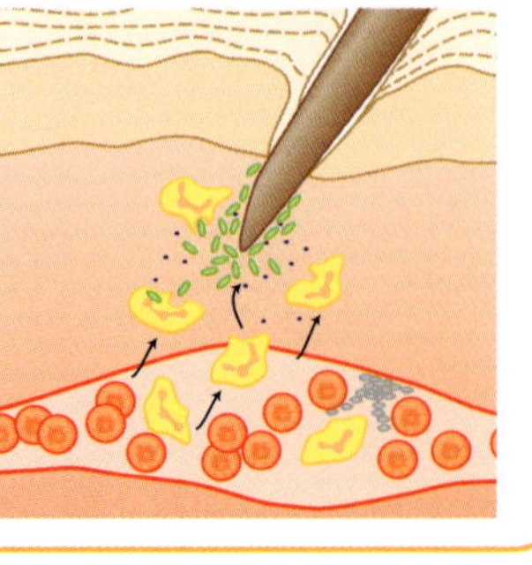

1. À partir du schéma ci-contre, identifiez les cellules sortant du capillaire sanguin.
2. Expliquez rapidement l'origine de chacun des quatre signes de la réaction inflammatoire.
3. Présentez les étapes de la phagocytose.

Comprendre les mécanismes de défense de l'organisme

8

À retenir

L'organisme est équipé pour lutter contre l'infection

La moelle osseuse produit les cellules de défense qui sont stockées dans les **ganglions lymphatiques** avant d'intervenir lorsqu'une infection se développe.

Les lymphocytes B participent à une réaction lente mais spécifique

Ils produisent des **anticorps** qui neutralisent les micro-organismes en formant des complexes antigène-anticorps.

Les lymphocytes T

Les **lymphocytes T** détruisent les cellules infectées par les virus en agissant **spécifiquement** par contact.

Certains lymphocytes gardent la mémoire de l'infection

- Ils permettent des réactions immunitaires plus rapides et plus efficaces.

La **vaccination** utilise cette propriété et permet une protection durable vis-à-vis de certains micro-organismes.

Il existe des solutions pour éviter une infection

- Des méthodes préventives comme **l'asepsie** et **l'antisepsie**, en limitant les risques de contamination, peuvent éviter l'infection.
- Des **antibiotiques** appropriés détruisent les bactéries mais ils sont inefficaces sur les virus.

S'entraîner

→ Corrigés p. 154

1 **Loubna a une angine bactérienne. Le médecin lui fait un prélèvement au niveau de la gorge qu'il envoie dans un laboratoire. Un antibiogramme est réalisé.**

1. Que contenait le prélèvement envoyé au laboratoire ?

2. Que contiennent les pastilles numérotées ?

3. Que permet de déterminer cette analyse ?

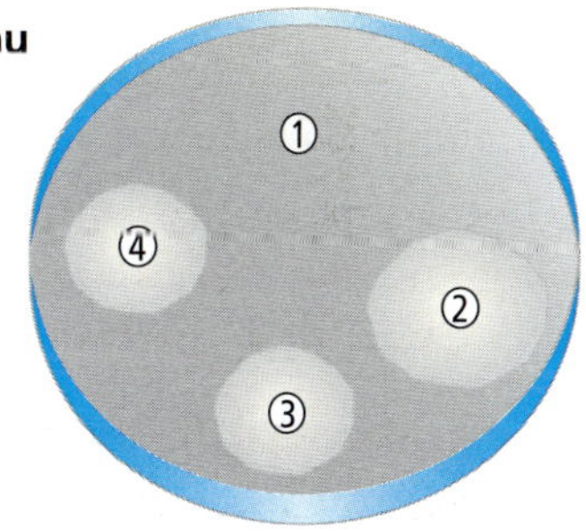

2 **Exercice du Brevet** 15 min *(4 points)*

Le graphique ci-contre présente l'évolution des antigènes et des anticorps chez un individu infecté par une bactérie pathogène.

1. Expliquez la relation entre les deux courbes.

2. Indiquez à partir de quand l'individu est séropositif.

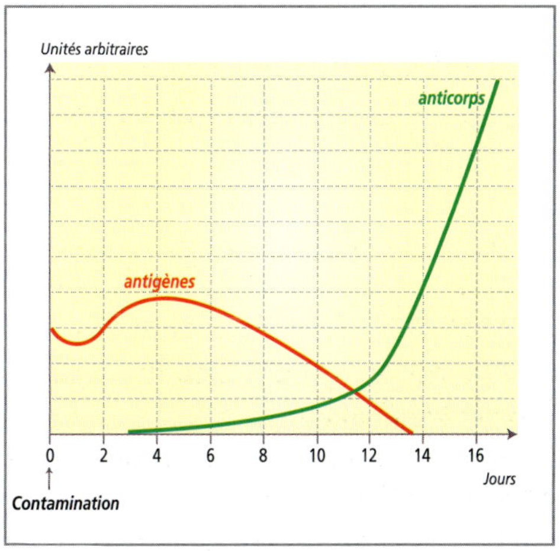

1 S'approprier un cahier des charges

À retenir

Les étapes du cahier des charges

Appropriation du cahier des charges
- Exprimer le besoin
- Réaliser l'analyse fonctionnelle
- Rédiger le cahier des charges simplifié

Exprimer le besoin

- Saisir le besoin : après étude de marché, insatisfaction de produit existant, évolution…
- Énoncer le besoin (la bête à cornes) : À qui rend-il service ? Sur quoi agit-il ? Dans quel but existe-t-il ?
- Valider le besoin : Pourquoi existe-t-il ? Pourrait-il évoluer ? Pourrait-il disparaître ?

L'analyse fonctionnelle

- C'est une méthode de travail qui permet de définir le **produit** en termes de **fonctions**.
- Elle permet de mettre en relation les **éléments du milieu extérieur** (E.M.E.) avec le produit, de recenser et de caractériser les fonctions du produit et les **contraintes** qu'il devra respecter.
- Elle se présente sous la forme de **diagramme** des inter-acteurs (pieuvre).

Le cahier des charges

C'est un document qui sert de **contrat** entre le demandeur et le réalisateur. Il permet de formaliser avec précision le besoin du **demandeur**. Il définit le projet, décrit l'ensemble des **caractéristiques** attendues et des différentes fonctions en précisant leurs **critères** et leurs **niveaux**.

S'entraîner

→ Corrigés p. 154

1 Vrai ou faux ?

Un cahier des charges :

1. précise le besoin des utilisateurs.
2. indique les solutions techniques associées aux fonctions de service.
3. précise le procédé de fabrication utilisé pour fabriquer le produit.
4. précise les fonctions de service et les contraintes attendues par les utilisateurs.

2 Réalisez la bête à cornes d'une lampe de bureau.

3 Exercice du Brevet — 10 min *(4 points)*

Indiquez les critères et niveaux associés aux fonctions suivantes :

– ne pas éblouir ;
– alimenter.

Identifier les flux d'énergies et d'informations 2

À retenir

Les sources d'énergies renouvelables

Les **sources d'énergies** sur Terre sont dites **renouvelables** lorsqu'elles se régénèrent au fur et à mesure de leur consommation (bois, soleil, vent…). Dans le cas contraire, elles sont qualifiées de **non renouvelables** (pétrole, charbon, gaz…).

La chaîne d'énergie

Une **chaîne d'énergie** permet de déterminer les différentes phases de l'énergie utilisée par un objet technique pour réaliser une **action** (blocs fonctionnels : stocker, distribuer, convertir, transmettre).

Source d'énergie → Stocker → Distribuer → Convertir → Transmettre → Action

La chaîne d'information

Une **chaîne d'information** permet de communiquer des ordres à une chaîne d'énergie en fonction d'informations reçues et traitées (blocs fonctionnels : acquérir, traiter, communiquer).

Informations → Acquérir → Traiter → Communiquer → Ordre

L'énergie contrôlée

Les objets liés au domaine de l'**automatisme** ont besoin d'avoir une **énergie contrôlée** délivrée en fonction des informations captées (utilisateur, environnement).

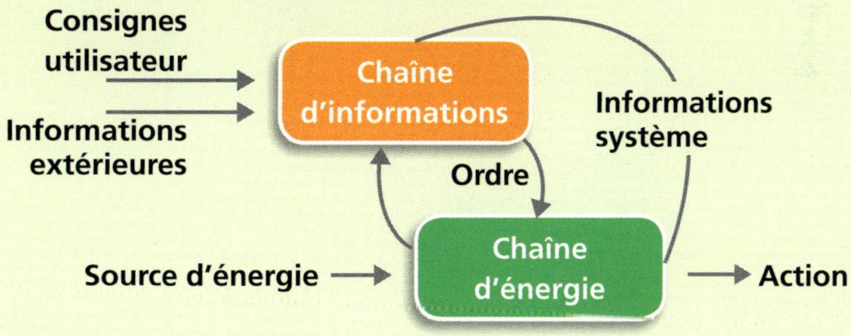

S'entraîner

→ Corrigés p. 154

1 **Classez ces éléments.**

	Capteur	Actionneur
Moteur électrique		
Thermomètre		
Ampoule		
Télécommande		
Cellule photoélectrique		
Thermostat		
Radiateur		

2 **Dans le cas d'une régulation de température d'une maison :**

1. Quel actionneur est utilisé ?

2. Quelles informations doivent être envoyées à la chaîne d'information ?

3. Quels capteurs sont utilisés ?

4. Quel ordre reçoit la chaîne d'énergie ?

5. Dans le cas d'un chauffage au fioul, comment est stockée l'énergie ?

3 **Exercice du Brevet** — 10 min *(8 points)*

À partir des éléments suivants, réalisez la chaîne d'énergie d'une voiture électrique.

Fils électrique – moteur électrique – batterie – prise de rechargement

3 Identifier et justifier le choix des matériaux

À retenir

Les différentes familles de matériaux

- Un objet technique est constitué d'un ensemble d'éléments réalisés à partir de matériaux.
- Ils sont d'origines naturelles ou artificielles et sont classés en quatre grandes familles :
  – métalliques ;
  – organiques ;
  – céramiques ;
  – composites.

Le choix des matériaux

Les matériaux sont choisis pour leurs caractéristiques en fonctions des performances attendues.

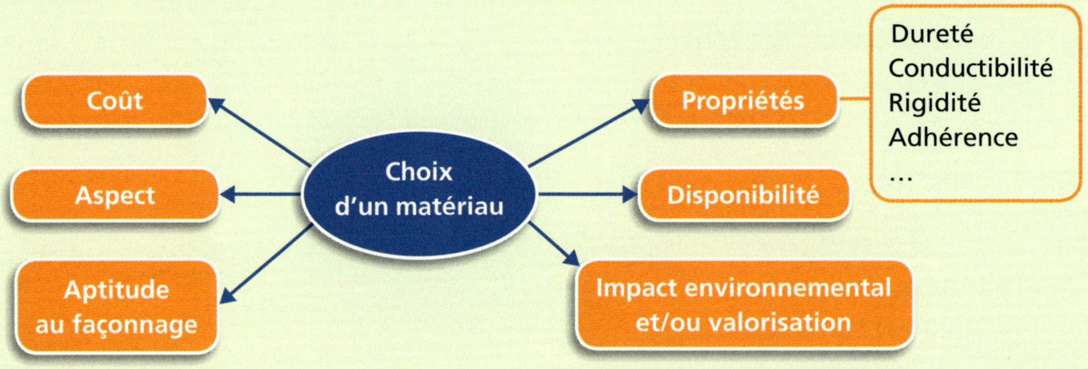

S'entraîner

→ Corrigés p. 154

1 **On désire réaliser la carrosserie d'une voiture électrique pour laquelle les matériaux suivants sont susceptibles d'être choisis.**

	Masse volumique	Corrosion	Température de fusion	Dureté	Élasticité	Conductibilité	Coût
Acier	7 850 Kg/m³	Forte	1 450°	2	500 Mpa	Oui	Peu cher
Aluminium	2 700 Kg/m³	Très faible	660°	3	200 Mpa	Oui	Cher
P. V. C.	1 400 Kg/m³	Aucune	125°	4	100 Mpa	Non	Peu cher
Titane	4 500 Kg/m³	Très faible	1 668°	1	1200 Mpa	Oui	Très cher

1. Quelles sont les deux caractéristiques les plus importantes pour le choix du matériau ?
2. Pour favoriser une autonomie importante, quelle caractéristique est déterminante ?
3. Citez une caractéristique inutile dans les cas de cet objet.
4. Identifiez le problème que poserait l'utilisation de l'acier.
5. Donnez les deux avantages de l'aluminium sur l'acier.

2 **Exercice du Brevet** — 10 min *(4 points)*

Hiérarchisez les matériaux en fonction de leurs caractéristiques.

Partager et stocker l'information 4

À retenir

Des informations analogiques et numériques

- L'information **analogique** c'est lorsque le signal de l'enregistrement est analogue (identique) au signal d'origine.

  Ex. : *Disque vinyle, cassette vidéo…*
- L'information **numérique** c'est lorsque le signal de l'enregistrement est codé sous forme binaire (échantillonage).

  Ex. : *CD, Blue ray, etc.*

Tailles de fichiers et supports de stockage

- Un fichier numérique est composé de **Bit** (0 ou 1) regroupé en **octet** (1octet = 8 Bits).
- L'octet représente l'unité de mesure de la taille d'un fichier.
- Tous les fichiers ont une **taille** qui peut se mesurer en milliards d'octets ; on utilise pour cela des multiples (Kilo, Mega, Giga, Téra).
- Les supports de stockage se différencient par leur taille.

  Ex. : *Clé Usb, carte mémoire, disque dur, DVD-rom…*
- Tous les fichiers sont identifiés avec un nom, une **extension** (ex. : *.doc*), une taille et une date de création.

Réseaux et partage de l'information

Le réseau permet de relier entre eux différents **périphériques** dans le but d'**échanger** et de **stocker** des informations.

Ex. : *L'ENT permet à la communauté éducative de travailler et de communiquer.*

S'entraîner

→ Corrigés p. 154

1 **Associez fichiers et extensions. Présentez votre réponse sous forme de tableau.**

Extensions : .doc ; .Bmp ; .Mpeg ; .xls ; .Jpg ; .Skp ; .Mp3 ; .Mp4 ; .Odt ; .PPtx

Fichiers : images ; textes ; tableurs ; diaporamas ; musiques ; vidéos ; C.A.O.

2 **Quel outil de l'ENT doit-on utiliser pour :**

1. Conserver une trace papier de son travail ?

2. Consulter son EDT ?

3. Envoyer un fichier à la classe ?

3 **Exercice du Brevet** — 5 min *(4 points)*

On souhaite envoyer une image par messagerie.

1. Quelle extension de fichier faut-il choisir et pourquoi ?

a. doc **b.** Jpeg **c.** Mp3 **d.** xls

2. Pour un message de petite taille, quelle serait la bonne extension ?

5 Imaginer, représenter et communiquer des solutions

À retenir

Choisir une solution technique

- Une **solution technique** répond aux **fonctions** définies dans le CDCF. Elle concrétise matériellement l'objet.
- Plusieurs solutions techniques peuvent répondre à une seule fonction.
- Le **choix** de la **solution** sera déterminé par les **contraintes** : design, autonomie, ergonomie, normes et règlement, matériaux, énergies, transmission du signal…

Exemple de solutions répondant à une fonction donnée

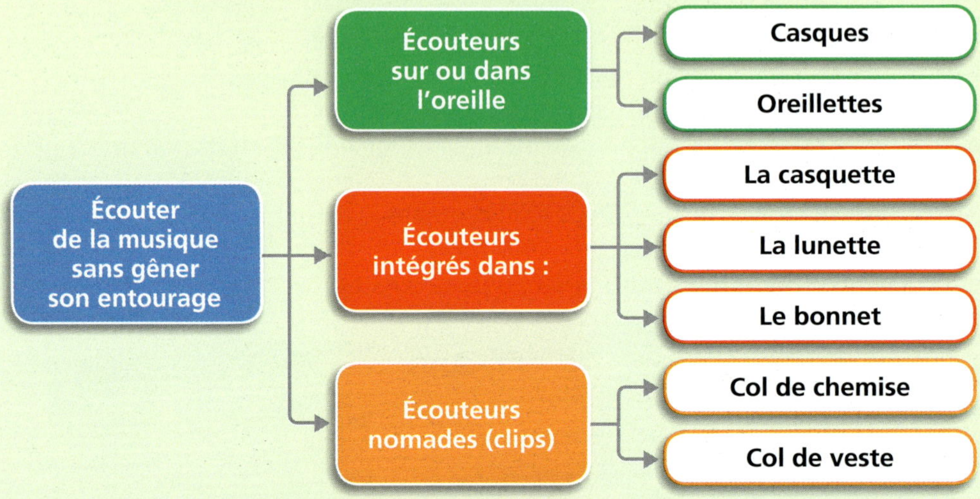

Représenter et simuler une solution

- Pour représenter la solution retenue, on utilise différents **outils numériques** :
  – la représentation en 3D, pour l'ergonomie et le design de l'objet ;
  – la simulation électronique, pour la mise au point du fonctionnement.
- L'utilisation de maquettes numériques permet d'aboutir à un **prototype** pour valider la solution retenue, dans le respect des contraintes énoncées.

Communiquer son travail

- La réalisation d'un objet nécessite de **communiquer** à toutes les **étapes** de sa réalisation.
- L'outil de communication sera choisi en fonction du **message**, de **l'étape** du projet et des **personnes** à qui il est destiné.
  Ex. : *Messagerie, visioconférence, forum, blog, site web, vidéo, affiche, diaporama…*

S'entraîner

→ *Corrigés p. 154*

1 **Citez un outil permettant de réaliser un diaporama.**

2 **Citez un support permettant de travailler en groupe et à distance.**

3 **Quel est l'intérêt d'avoir un support de stockage collaboratif ?**

4 **Exercice du Brevet** — 10 min *(6 points)*

1. Donnez trois types de fixation permettant de satisfaire à la solution des écouteurs nomades.

2. Pour représenter la forme de l'objet, j'utilise :

a. Word **b.** SweetHome3D **c.** Google Sketchup **d.** Photoshop

Comparer et commenter l'évolution des objets

6

À retenir

L'évolution des objets et les progrès techniques

- Les **objets** s'adaptent à l'évolution des **besoins** de l'**époque**.
- Ils évoluent grâce aux **progrès techniques** et **scientifiques** relatifs aux énergies, aux matériaux, aux procédés de fabrication…
- À plus ou moins long terme, l'évolution d'un objet condamne à faire disparaître l'objet qui l'a précédé.

La veille technologique

Cela consiste à **s'informer** sur l'**actualité scientifique et technique** afin de les **adapter** aux objets. Les entreprises s'informent des **nouvelles technologies**.

L'impact de l'homme sur l'environnement

- Le **développement durable** est une **conséquence** du développement économique qui surexploite les **ressources naturelles non renouvelables**, en augmentant leur production et leur consommation.
- Dorénavant, lors de la conception d'un objet, il faut répondre aux contraintes suivantes : techniques de fabrication moins polluantes, énergies plus propres, moins d'emballage et de publicité sur papier, recyclage de la majorité des composants ou matériaux utilisés.

Le cycle de vie

C'est l'ensemble des **étapes** depuis le **besoin** jusqu'au **recyclage** ou **destruction** du produit.

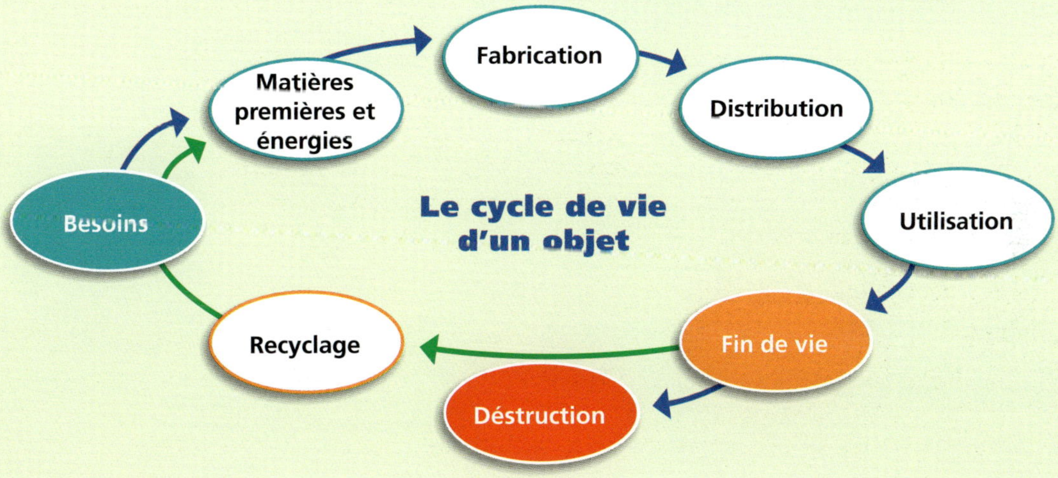

S'entraîner

→ Corrigés p. 154

1 **Parmi ces solutions techniques, lesquelles répondent à des contraintes liées à la préservation de l'environnement ?**

porte blindée – toit – crépis d'une façade – fenêtre à triple vitrage – système de purification d'eau – isolation phonique – récupérateur d'eau de pluie – gaine d'aération – chauffe-eau solaire

2 **Exercice du Brevet** — 10 min *(4 points)*

Vers 1920, l'aspirateur arrive dans les foyers.

1. Indiquez deux améliorations qui ont été apportées depuis.

2. Citez une innovation récente qui a amélioré son utilisation.

7 Écrire un programme

À retenir

Algorithme et algorigramme

- Un **programme** informatique exécute dans un **langage** spécifique un algorithme.
- Un **algorithme** est une suite **d'opérations** et de **décisions** destinées à résoudre un problème.
- Un **algorigramme** est la représentation **graphique** de l'algorithme.

Actions conditionnelles

Des actions différentes s'exécutent en fonction d'une condition. Cette dernière peut avoir comme réponse *oui* ou *non*, *vrai* ou *faux*.

Algorithme

Si *condition* vrai, alors *action 1* sinon *action 2* →

Algorigramme

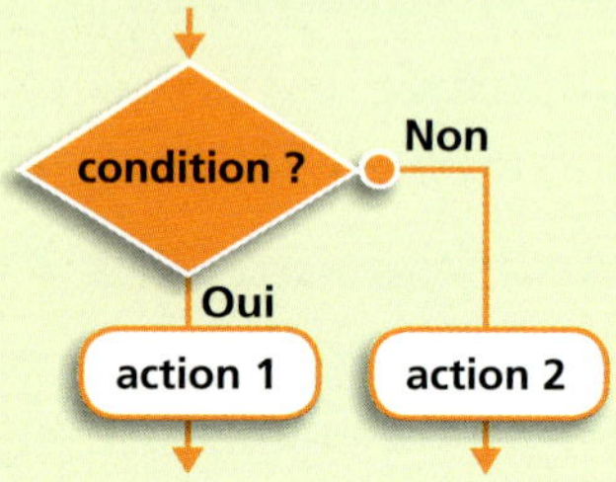

Boucles

L'action 1 se réalise en boucle tant que la condition est vraie. Pour sortir de cette boucle, il faut que la condition soit fausse.

Algorithme

Tant que *condition* vrai, alors *action 1* sinon *action 2* →

Algorigramme

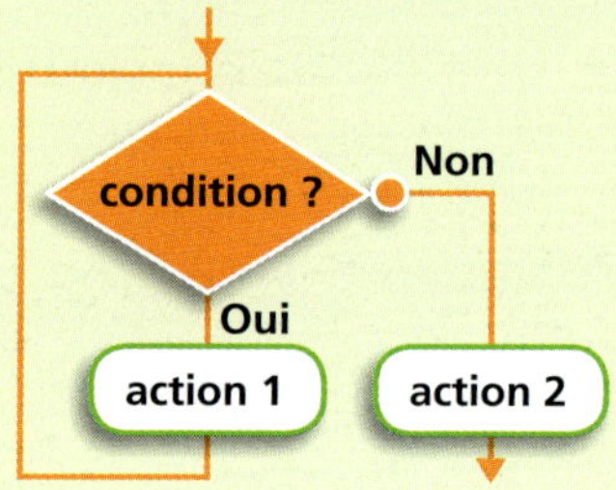

Variables

L'action 2 se réalise tant que la variable ne vaut pas la valeur 5. On sort de cette boucle lorsque la variable prend la valeur 5.

Algorithme

Une variable conditionne par sa valeur le déroulement d'un programme →

Algorigramme

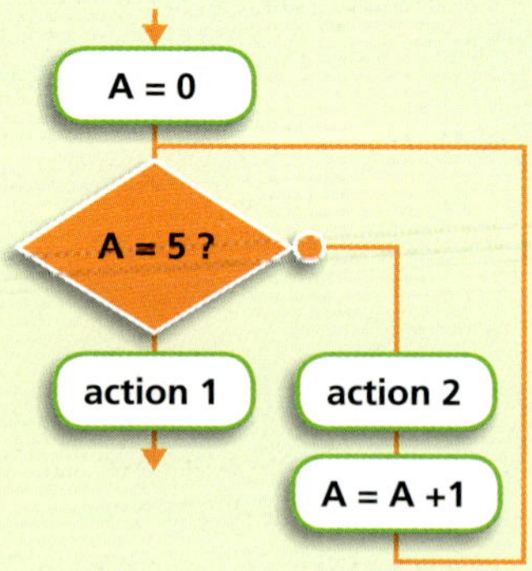

S'entraîner

→ Corrigés p. 154

Exercice du Brevet — 20 min *(15 points)*

Réalisez les algorigrammes des algorithmes suivants.

1. Si la porte A est fermée, alors allumez la lumière rouge sinon allumez la lumière bleu.

2. Tant que la porte A est fermée, allumez la lumière rouge. Si la porte A s'ouvre, allumez la lumière bleue et déclenchez la sirène.

3. On souhaite qu'un code ne puisse être tapé que 3 fois avant le blocage du système pour 10 min.

La variable A compte le nombre de codes tapés. Si le code est bon avant la quatrième fois la porte s'ouvre sinon elle reste fermée.

À retenir

La réussite d'un projet

La réussite d'un projet est conditionnée par le respect du cahier des charges, du budget alloué et du temps imparti avant sa mise sur le marché.

Enchaînement d'étapes

- Chaque **étape** (dessin, conception, recherche de solution, communication, prototype…) est réalisée par des équipes différentes.
- Chacune d'elles a une durée plus ou moins longue et un coût plus ou moins important.
- Elles peuvent être accomplies simultanément : il est nécessaire de **planifier** l'ensemble de ces **opérations** pour respecter les contraintes de **temps** et de **budget**.

Analyse et planning de réalisation

- Plusieurs **outils** peuvent aider à la **planification** :
  – la méthode de questionnement Qui ? Quoi ? Où ? Quand ? Comment ? Combien ? Pourquoi ? (**QQOQCCP**) ;
  – le **diagramme de Gantt**…

Diagramme de Grantt

Il s'agit de découper le projet en **tâches élémentaires**, d'estimer leur **durée** et de les organiser dans un ordre logique d'**antériorité**.

Étape du projet	Septembre				Octobre				
Semaine	S1	S2	S3	S4	S1	S2	S3	S4	S1
Tâche 1	■	■							
Tâche 2			■	■	■	■	■		
Tâche 3		■	■	■	■	■			
Tâche 3						■	■	■	■

S'entraîner

→ Corrigés p. 155

1 **La classe de 3e A désire communiquer sur la journée porte ouverte du collège du 3 juin. Pour cela, elle choisit de réaliser des affiches. Elle dispose de 15 jours pour mener à bien ce projet. Les affiches seront imprimées par un professionnel mais le coût de l'impression ne doit pas dépasser 100 €. Répondez aux questions de la méthode QQOQCCP.**

2 **Exercice du Brevet** 20 min *(15 points)*

Les étapes suivantes doivent être respectées pour la réalisation d'une affiche :

Impression (1 jour) – maquette (2 jours) – demandes de devis (7 jours) – choix de l'imprimeur (1 jour) – charte graphique (1 jour) – recherches (3 jours)

1. Replacez les étapes par ordre d'antériorité.

2. Réalisez le diagramme de Gantt.

3. Combien de jours sont nécessaires pour réaliser ce projet ?

Épreuve écrite : Brevets blancs

MATHÉMATIQUES, PHYSIQUE-CHIMIE, SCIENCES DE LA VIE ET DE LA TERRE, TECHNOLOGIE[1]

→ Corrigés p. 155

Partie I – Épreuve de mathématiques

(2 heures – 50 points)

Les candidats doivent composer pour cette partie I. « Mathématiques », sur une copie distincte.

Exercice 1

L'effet de serre est un phénomène naturel qui permet de maintenir une chaleur moyenne de 15 °C à la surface de la Terre. Sans cet effet de serre, la température serait de – 18 °C …
Depuis les années 1990, les gaz à effets de serre (dioxyde de carbone, méthane, gaz fluorés, …) d'origine humaine ont amplifié ce phénomène dont un des effets est le réchauffement climatique.
Ce réchauffement climatique a déjà des effets visibles sur le climat de notre Terre, par exemple l'élévation du niveau de la mer.
Intéressons-nous à cette élévation.
Les glaces continentales sont constituées des :

- glaces de l'Antarctique dont le volume est de 29 millions de km^3 ;
- glaces du Groenland dont le volume est de 2,5 millions de km^3 ;
- d'autres glaciers dont le volume est de 0,2 millions de km^3.

1. Quel est le volume total des glaces continentales exprimé en L ? (On rappelle que 1 L = 1 dm^3)
2. La Terre peut être assimilée à une sphère de 6 370 km de rayon. Quelle est la surface de la Terre ?
3. Sachant que les mers et les océans représentent 70 % de la surface de Terre, quelle est la superficie occupée par les mers et les océans ?
4. Calculez l'élévation du niveau de la mer que cela engendrerait si toutes les glaces continentales fondaient.

Exercice 2

Le maire d'un petit village rural décide de diminuer de façon drastique sa dépendance énergétique d'origines fossiles (charbon, pétrole…) et nucléaire. Pour cela, il souhaite recourir aux énergies renouvelables qui sont au nombre de 5 :

- l'énergie solaire ;
- l'énergie éolienne ;
- l'énergie hydraulique ;
- la biomasse ;
- la géothermie.

1. Attention, nous proposons ici un sujet regroupant toutes les disciplines, mais dans la réalité de l'épreuve, il existe trois combinaisons possibles (combinaison 1 : Mathématiques, Physique-Chimie et SVT ; combinaison 2 : Mathématiques, Physique-Chimie et Technologie ; combinaison 3 : Mathématiques, SVT et Technologie).

Un petit questionnaire est envoyé aux 150 familles que compte le village pour connaître leur niveau d'équipement en énergies renouvelables. Les résultats sont les suivants :

- 82 familles ont des panneaux solaires ;
- 77 familles disposent d'une éolienne ;
- 66 familles utilisent la géothermie ;
- le reste ne dispose d'aucune énergie renouvelable.

On sait, par ailleurs, que :

- 45 familles utilisent au moins la géothermie et les panneaux solaires ;
- 49 familles utilisent au moins la géothermie et les éoliennes ;
- 55 familles utilisent au moins les panneaux solaires et les éoliennes.

Enfin, 40 familles disposent des 3 énergies !

1. Existe-t-il des familles qui n'utilisent aucune énergie renouvelable ? Si oui, combien ?
2. À l'aide de toutes ces informations, complétez le diagramme de Venn suivant :

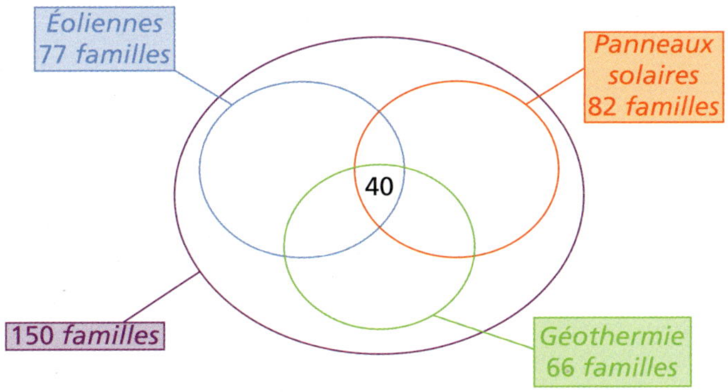

3. Combien de familles ont des panneaux solaires et des éoliennes ?
4. On choisit une famille au hasard dans le village. Quelle est la probabilité qu'elle utilise les 3 énergies renouvelables ?
5. On choisit une famille qui possède des panneaux solaires. Quelle est la probabilité que cette famille ait aussi une éolienne ?

Exercice 3

L'ancêtre de l'éolienne est le moulin à vent qui est d'abord apparu en Orient, en Égypte ancienne, en Iran. Il fut exploité en Perse pour l'irrigation dès l'an 600 avant J.-C. Il faudra attendre le xe siècle pour que cette invention s'implante en Europe. Elle connaitra un certain succès, en particulier auprès des minotiers qui s'en servent pour la fabrication des farines. Le Moulin de Craca à Plouézec, dont la construction remonte au milieu du xixe siècle, a été reconstruit entre 1994 à 1996 et de 1999 à 2001. Il surplombe la baie de Paimpol dans les Côtes d'Armor. Longtemps privé de ses ailes, ce moulin a enfin retrouvé son aspect originel depuis 2008.

Nous allons essayer de redessiner ses ailes à l'aide du logiciel Scratch.

1. Pour construire une pale du moulin, on a d'abord défini le motif suivant. Quelle est la forme ainsi réalisée ? Précisez les longueurs ainsi que les angles.

```
définir Motif
stylo en position d'écriture
avancer de 20
tourner ↻ de 30 degrés
avancer de 120
tourner ↺ de 120 degrés
avancer de 120
tourner ↺ de 120 degrés
avancer de 120
tourner ↻ de 30 degrés
avancer de 20
relever le stylo
```

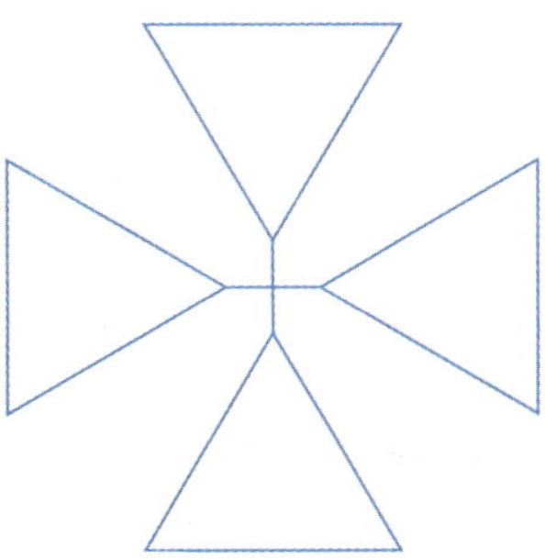

2. Par quelle transformation du motif peut-on obtenir le dessin des ailes du moulin ?
Complétez le programme pour réaliser un dessin conforme.

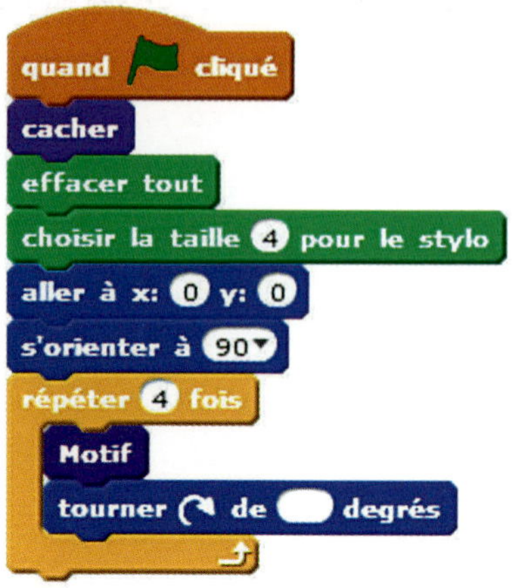

Exercice 4

Tiré du DNB de Nouvelle-Calédonie (décembre 2014)

Les éoliennes sont construites de manière à avoir la même mesure d'angle entre chacune de leurs pales.

1. Une éolienne a trois pales. Quelle est la mesure de l'angle entre deux de ses pales ?
2. Pour réduire le bruit provoqué par les éoliennes, il faut augmenter le nombre de pales.
Sur le schéma suivant, on a représenté le mât d'une éolienne à six pales parle segment [AB].
En prenant le point A pour centre des pales, complétez la construction avec des pales de 5 cm.

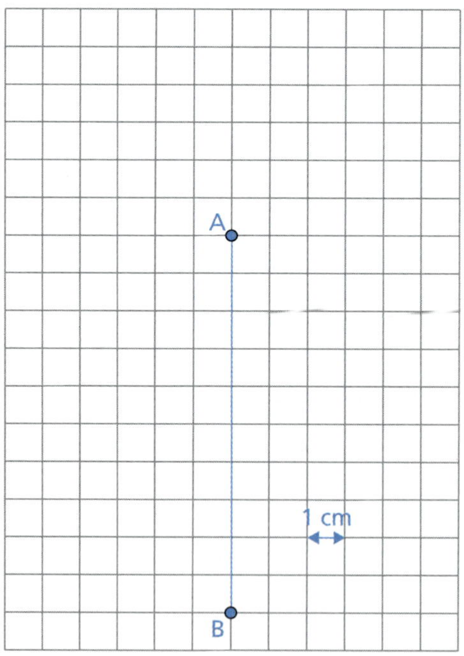

3. On estime qu'à 80 m du centre des pales d'une éolienne, le niveau sonore est juste suffisant pour que l'on puisse entendre du bruit.

4. Un randonneur dont les oreilles sont à 1,80 m du sol se déplace vers une éolienne dont le mât mesure 35 m de haut. Il s'arrête dès qu'il entend le bruit qu'elle produit (voir le schéma ci-dessous). À quelle distance du mat de l'éolienne (distance (BC) se trouve-t-il ? Arrondir le résultat à l'unité.

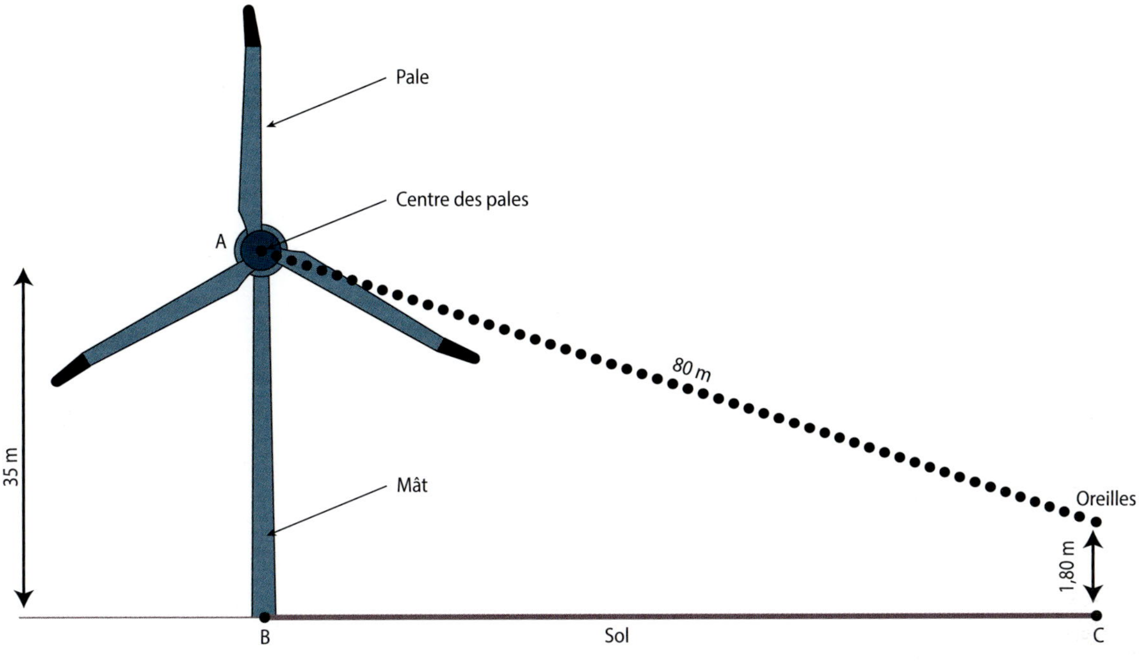

La figure n'est pas à l'échelle

Exercice 5

La mesure d'une température peut s'exprimer en degrés Celsius (°C) dans les pays francophones ou en degrés Fahrenheit (°F) dans les pays anglo-saxons.

1. Le programme de calcul ci-dessous permet de convertir les degrés Celsius en degrés Fahrenheit. Appliquez ce programme à 10 °C puis à 20 °C. Y a-t-il proportionnalité entre les degrés Celsius et les degrés Fahrenheit ?

- Choisir une température en °C
- La multiplier par 9
- Ajouter 160 au produit
- Diviser la somme obtenue par 5

2. Quelle est la température exprimée en degrés Celsius qui correspond à 32 ° F ?

3. Soit f la fonction permettant de convertir les degrés Celsius en degrés Fahrenheit. Exprimez f en fonction de x.

4. Soit g la fonction permettant de convertir les degrés Fahrenheit en degrés Celsius. Exprimez g en fonction de x.

5. On considère la fonction $f : x \to 1{,}8x + 32$. Complétez le tableau suivant :

x	– 10	– 5	0	5	10	15	20
$f(x)$							

6. À l'aide du tableau précédent, construisez la représentation graphique de la fonction f.

7. Expliquez graphiquement, comment l'on peut convertir 10 °F en degrés Celsius.

Exercice 6

Voici des relevés météorologiques des villes de Moscou et Paris en mars 2016.

Températures maxi, mini, précipitations
En mars 2016 à Moskva / Moscou

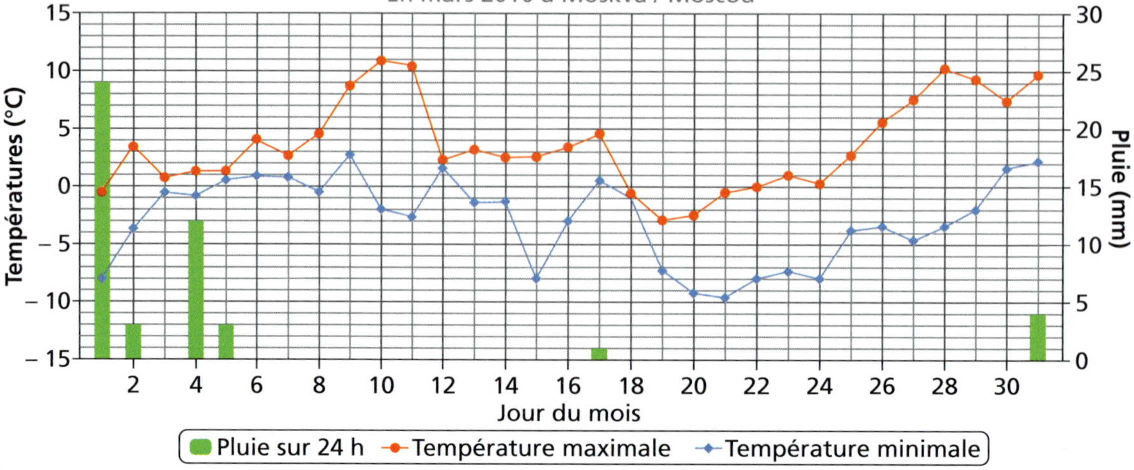

Températures maxi, mini, précipitations
En mars 2016 à Paris-Montsouris

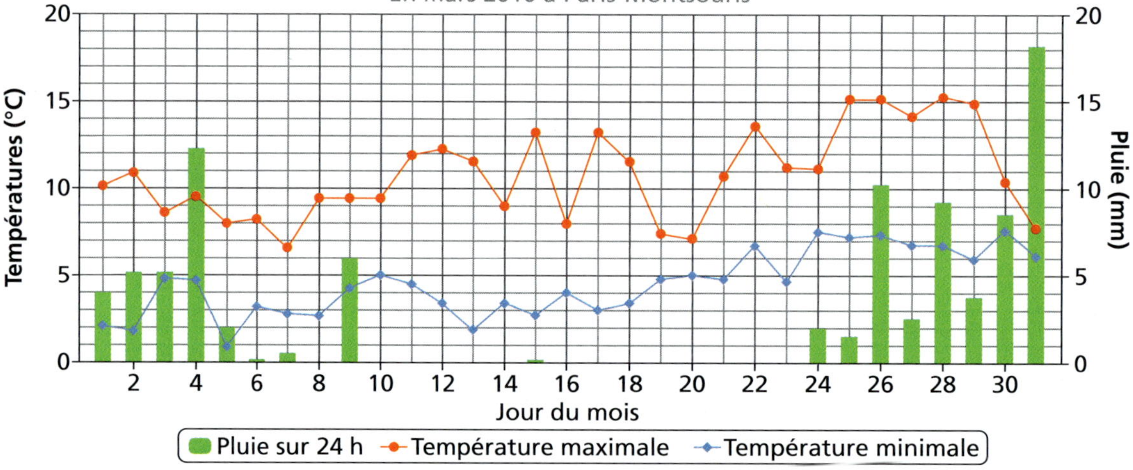

1. Compléter les tableaux des températures maximales des deux villes du 15 au 31 mars 2016.

Moscou																
15	16	17	18	19	20	21	22	23	24	25	26	27	28	29	30	31

Paris																
15	16	17	18	19	20	21	22	23	24	25	26	27	28	29	30	31

2. Pour chacune de ces deux villes :

a. Calculez l'étendue de la série des températures.

b. Calculez la température moyenne.

c. Rangez, pour chacune de ces deux villes, les températures dans l'ordre croissant.

d. Déterminer alors, la médiane de la série de ces deux villes.

3. Quels calculs, faits avant, permettent d'affirmer ?

a. « Qu'il fait plus chaud à Paris qu'à Moscou. »

b. « Les écarts de températures sont moindres à Paris. »

Partie II – Épreuve de Physique-Chimie, Sciences de la vie et de la Terre et Technologie

Partie II. 1. Épreuve de Physique-Chimie (30 minutes, 25 points)

Les candidats doivent composer pour cette partie II. 1. « Physique-Chimie », sur une copie distincte.

1. Réchauffement climatique

Pour remédier au réchauffement climatique, il est nécessaire de diminuer les émissions de gaz à effet de serre et l'utilisation des énergies fossiles. Citez deux formes d'énergie fossiles et expliquez pourquoi ces formes d'énergies sont néfastes pour l'environnement.

2. Les énergies renouvelables

Pour remplacer les énergies fossiles, on utilise des énergies dites renouvelables. Le vent permet de faire tourner les pales des éoliennes pour produire de l'électricité.
a. Pourquoi peut-on affirmer que la production d'électricité par les éoliennes diminue le réchauffement climatique ?
b. Citez les formes d'énergie présentes dans la production d'électricité par une éolienne.

3. L'énergie hydraulique

Les éoliennes connaissent un essor relativement récent. L'énergie hydraulique est utilisée depuis plus longtemps. L'énergie cinétique de l'eau acheminée vers une turbine fait tourner un alternateur. Rappelez la formule de l'énergie cinétique et calculez l'énergie cinétique d'un m^3 d'eau qui arrive sur la turbine avec une vitesse de 90 km/h.

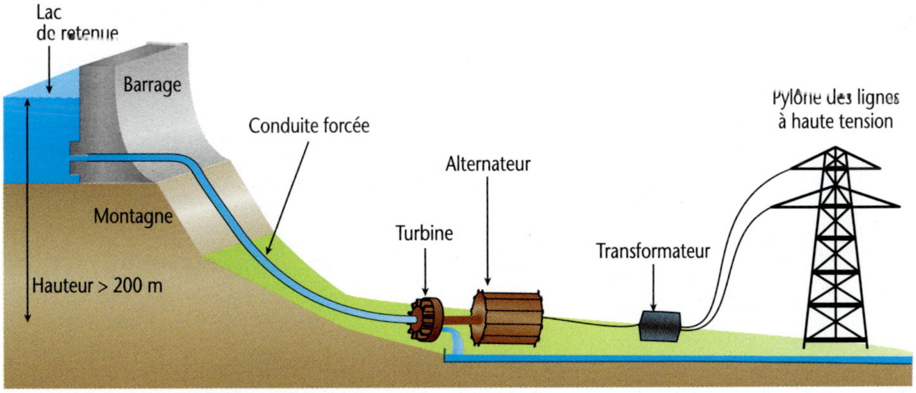

4. La tension électrique

L'électricité est acheminée vers les foyers domestiques par des lignes à très haute tension. Pourquoi la tension électrique produite est-elle élevée à la sortie de la centrale, puis abaissée pour l'utilisation domestique ?

5. L'intensité électrique

La résistance d'un conducteur limite l'intensité du courant électrique dans un circuit.
a. Rappelez la relation nommée « loi d'Ohm ».

b. À l'aide de quelques valeurs de résistances que vous choisirez, calculez la valeur de l'intensité du courant qui circule dans un appareil électrique alimenté sous 230 V.

Partie II. 2. Épreuve de Sciences de la vie et de la Terre (30 minutes, 25 points)

Les candidats doivent composer pour cette partie II. 2. « Sciences de la vie et de la Terre », sur une copie distincte.

1. Réchauffement climatique et énergies renouvelables

1. Les gaz à effet de serre (CO_2, ozone, méthane...) sont présents naturellement dans l'atmosphère en très faible quantité. Ils permettent d'absorber les rayonnements infrarouges émis par la Terre à partir des rayonnements du soleil et contribuent au réchauffement de la basse atmosphère terrestre, permettant ainsi la vie sur Terre. C'est leur amplification qui est à l'origine du réchauffement climatique.

Document 1

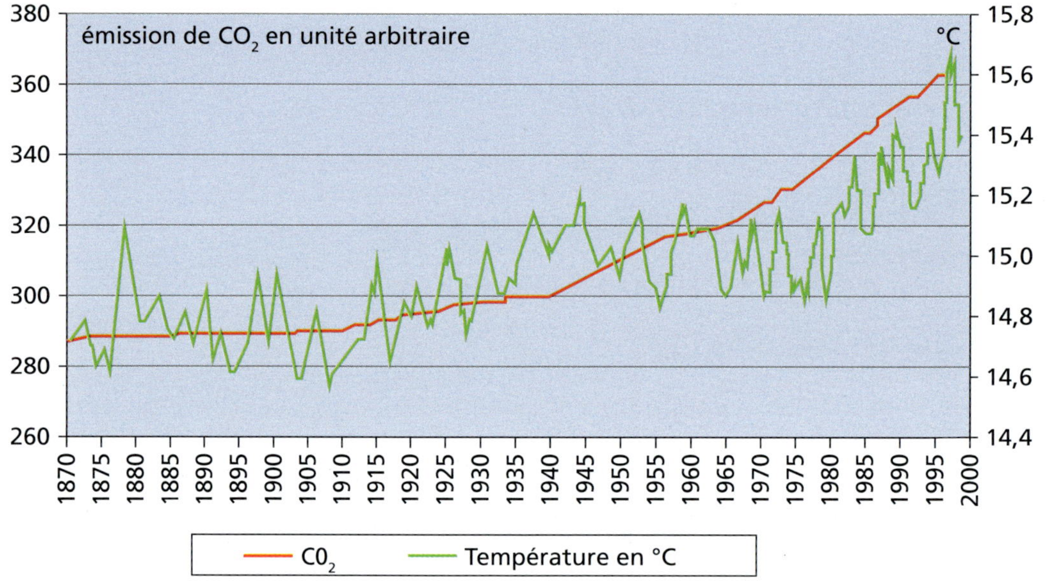

Document 2

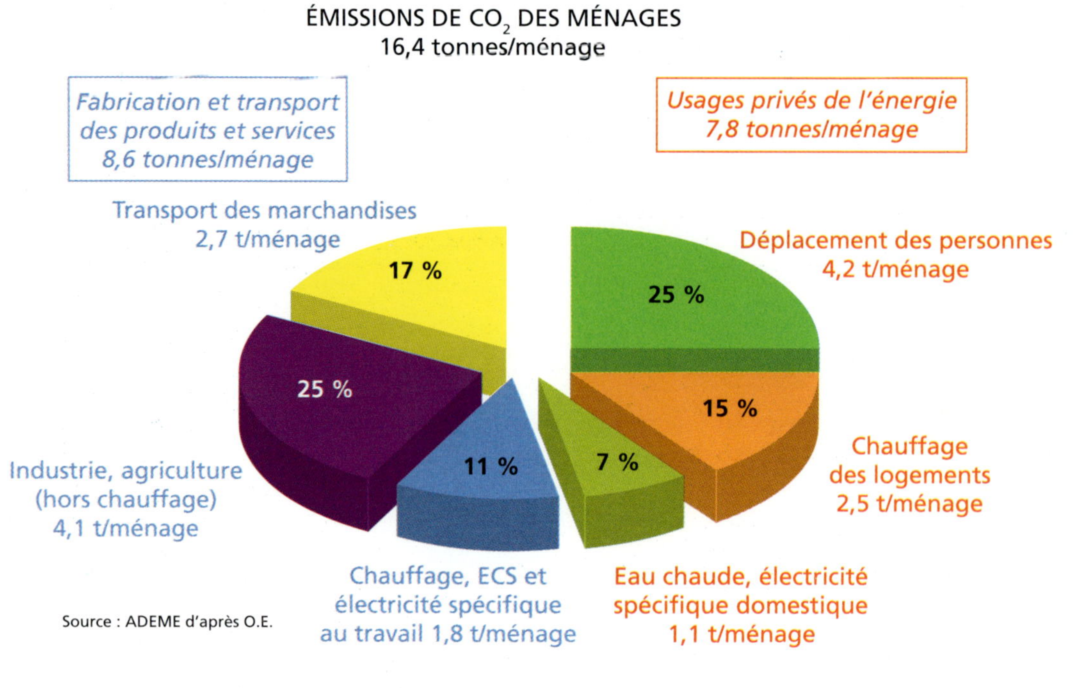

Source : ADEME d'après O.E.

Questions

1. Utilisez les documents 1 et 2 pour expliquer l'origine du réchauffement climatique.
2. Complétez le schéma pour établir la relation entre les activités humaines et le réchauffement climatique.

Activités humaines → .... → .... → Réchauffement climatique

2. Énergies fossiles et énergies renouvelables

La combustion des énergies fossiles par l'être humain est en grande partie responsable du réchauffement climatique de la planète. Le développement des énergies renouvelables permettra de limiter le phénomène en préservant l'environnement.

Document 3

Production de GES en fonction de la source d'énergie utilisée.

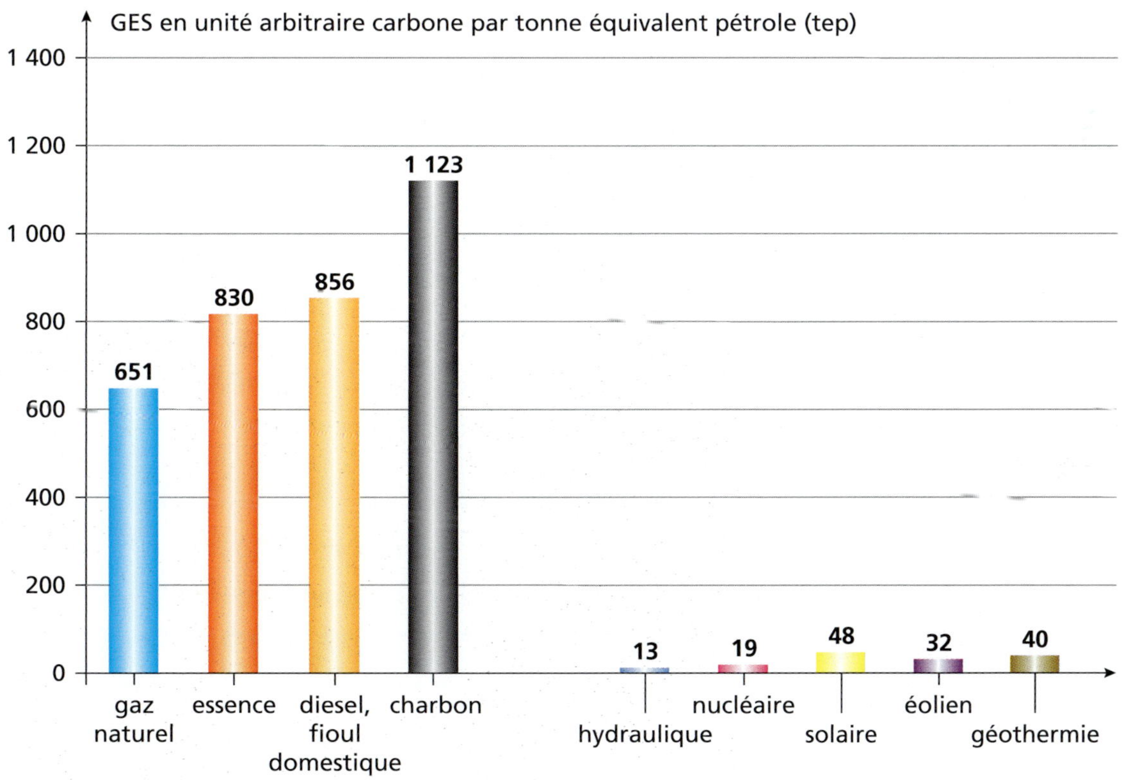

GES = Gaz à effet de serre

Questions

1. Présentez l'origine de chaque énergie renouvelable du graphique.
2. Comparez énergies fossiles et énergies renouvelables en présentant leurs avantages et leurs inconvénients dans un tableau (*cf.* document 3).

Partie II. 3. – Épreuve de Technologie (30 minutes, 25 points)

Les candidats doivent composer pour cette partie II. 3. « Technologie », sur une copie distincte.

Une famille souhaite acheter une seconde voiture. Soucieuse des problèmes liés au réchauffement climatique, elle veut modifier l'impact environnemental de son mode de déplacement.

Chaque jour, l'utilisateur de la voiture parcourt 50 km pour faire l'aller-retour domicile / travail. Il souhaite que cette voiture puisse accueillir au moins 4 personnes et veut pouvoir utiliser le coffre pour y déposer au moins 100L de volume de courses. Le déplacement se fait principalement sur route nationale. Il souhaite que le temps de recharge n'excède pas 6 heures.

À partir du texte ci-dessus :

1. Complétez le tableau du cahier des charges en précisant les critères et niveaux des fonctions.

Fonctions	Critères	Niveaux
Une journée sans recharge		
Rechargement rapide		
Puissance suffisante		
Volume de chargement		

2. Pour les fonctions « stocker l'énergie », « connecter à une borne de rechargement » et « propulser », trouvez une solution technique.

Récapitulatif des caractéristiques de 3 voitures électriques

	Voiture 1 : Zoé	Voiture 1 : Twizy	Voiture 1: Ion
Autonomie	150 Km	80 Km	130 Km
Capacité batterie	22 kWh	7 kWh	16 kWh
Temps de charge	4-9 h	4 h	7 h
Nombre de places	4	1	4
Volume coffre	340 L	31 L	170 L
Vitesse	135 km/h	80 km/h	130 km/h

3. Quel véhicule semble le mieux correspondre au souhait de la famille ?
4. Quel critère doit encore évoluer pour que les voitures électriques concurrencent les voitures thermiques ?
5. Actuellement, la voiture se recharge sur secteur, quelles solutions peuvent être envisagées pour recharger la voiture chez soi à partir d'énergies renouvelables *(au moins 2 réponses attendues).*

HISTOIRE-GÉOGRAPHIE, ENSEIGNEMENT MORAL ET CIVIQUE ET FRANÇAIS

→ Corrigés p. 157

Partie I - Analyse et interprétation de textes et de documents, maîtrise des différents langages (3 heures – 50 points)

Partie I. 1. Histoire-Géographie, Enseignement moral et civique (2 heures)

Les candidats doivent composer pour cette partie I. 1. « Histoire-Géographie, Enseignement moral et civique », sur une copie distincte.

Exercice 1. Analyser et comprendre des documents (20 points)

Histoire

Document 1 : **Extrait du compte-rendu du voyage en Allemagne de l'élève Borniche, lycéen de Laon, en août 1933** *(publié par le Bulletin de l'Association des anciens élèves du lycée de Laon)*

J'ai assisté à Bonn à la réception des jeunes fascistes italiens. Quels défilés, quelle lourdeur, quelle discipline ! Tous les magasins et monuments publics étaient pavoisés d'énormes étendards rouges, à croix gammée noire, flottant avec une ampleur toute allemande ! Il me reste une vision inoubliable de cette manifestation et je vois encore passer ces jeunes filles et ces jeunes gars, puissance de l'Allemagne d'aujourd'hui, martelant le pavé de leurs bottes et de leurs talons, la main levée à la romaine et faisant éclater leurs *Lieder*[1] avec enthousiasme, tandis que la foule massée lançait de vigoureux « *Heil Hitler* ! », non pas en brouhaha, mais en mesure, comme un refrain !

De même que chaque soldat allemand, durant la Grande Guerre, serrait sur son cœur l'image de son Kaiser[2], de même maintenant, Hitler apparaît … le sauveur, le Führer …

Est-ce là qu'est le danger pour la France, car à côté d'elle, qui s'amollit de plus en plus, se réveille et grandit une nation guerrière confiante en son Führer. Pour celui-ci le traité de Versailles est un chiffon de papier et le réarmement de l'Allemagne en fait foi. La lutte contre ce traité faisait partie déjà des vingt-cinq articles de la doctrine hitlérienne du début, vers 1920.

1 *Lieder* : chant allemand ; 2 Kaiser : Guillaume II est l'empereur allemand pendant la Première Guerre mondiale, ou Grande Guerre.

Document 2 : **: Extrait d'un recueil de chansons des Jeunesses hitlériennes destiné à des garçons de 10 à 14 ans**

Vous, les soldats d'assaut, jeunes et vieux,
Saisissez-vous de vos armes,
Car les Juifs saccagent et pillent la patrie allemande. […]

Cent dix cartouches en bandoulière,
Le fusil chargé à bloc,
Et des grenades dans les mains,
Bolchevik, amène-toi ! On t'attend !

Questions

Document 1

1. Quel contexte économique et social favorise l'arrivée légale d'Hitler au pouvoir ?
2. Relevez, dans le document 1, deux éléments prouvant que l'Allemagne n'est déjà plus une démocratie.

Documents 1 et 2

3. Justifiez le niveau de langage utilisé dans le document 2.
4. Justifiez par un argument la menace planant sur la France et l'Europe.
5. À l'aide des informations tirées des documents, expliquez que l'Allemagne nazie est un État totalitaire et raciste menaçant le monde.

Exercice 2. Maîtriser différents langages pour raisonner et se repérer (20 points)

Géographie

L'Union européenne, un nouveau territoire de référence et d'appartenance

Document 1 : **La LGV Lyon-Turin**

LA LIAISON FERROVIAIRE LYON-TURIN, UNE PRIORITÉ DE L'UE
Ouvrons les Alpes, relions l'Europe
Barcelone, Lisbonne, Ljubljana, Londres, Lyon, Madrid, Milan, Naples, Paris, Rome, Turin

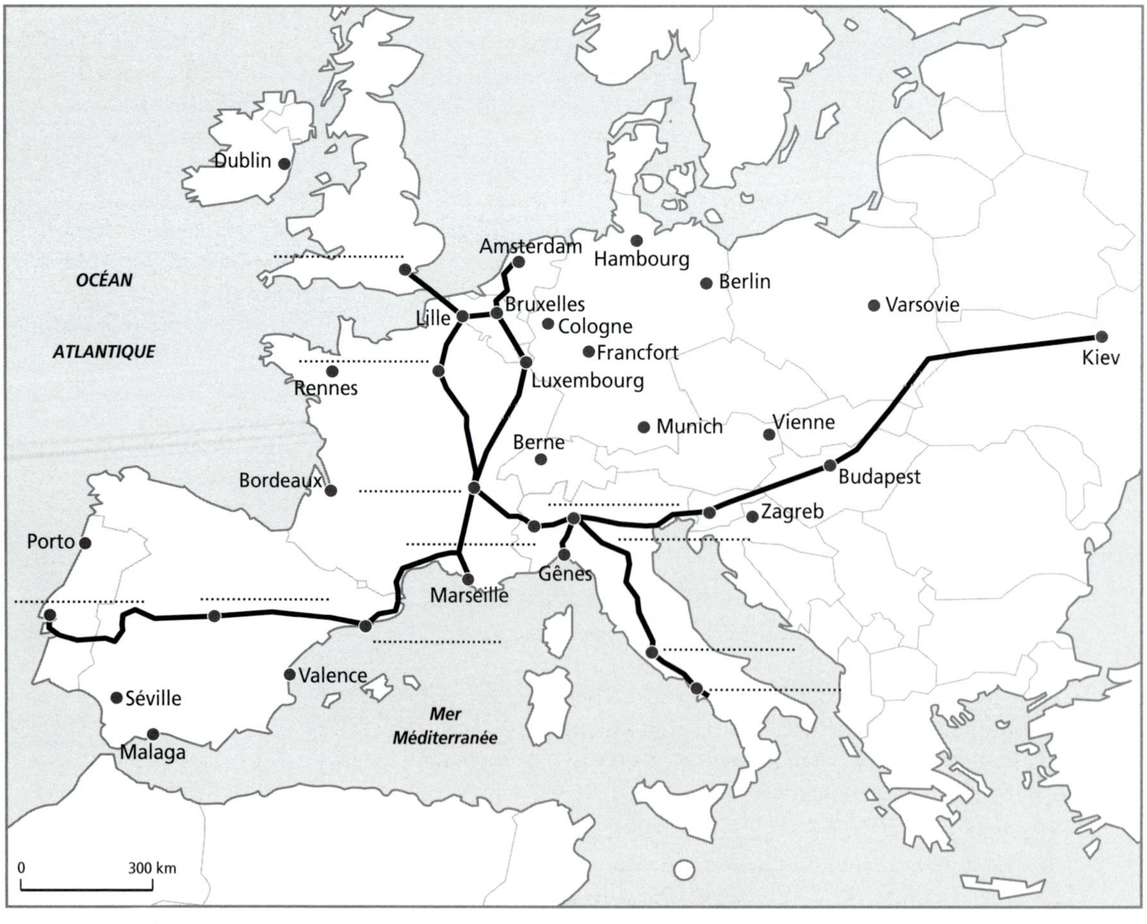

1. Sous la forme d'un développement construit et en vous appuyant sur un exemple, décrivez comment l'aménagement d'une ligne à grande vitesse positionne la France dans la géographie européenne et représente pour cette dernière une chance.
2. Localisez et nommez sur la carte ci-dessous les villes citées dans le document et repassez en rouge la liaison Lyon-Turin.

Exercice 3. Enseignement moral et civique (10 points)

Document 1 : **Un bureau de vote en 1891**

Alfred Bramtot, 1891, Musée de la mairie des Lilas.

Document 2 : **L'engagement des jeunes aujourd'hui**

Quel rapport les jeunes entretiennent-ils avec l'engagement ? Ils font montre d'une culture et de pratiques de l'engagement sans cesse renouvelées, qui se manifestent sous des formes très variées. Leur engagement regroupe des réalités et modalités diffuses, qui ne sont pas nécessairement institutionnalisées ou (re)connues. De nombreux jeunes font le choix de l'engagement dans la vie sociale – y compris au travail –, culturelle et politique, et ce aux différents niveaux, local, national, européen et international. Aux formes d'engagement traditionnelles (adhésion à un parti, à un syndicat, à une association), les jeunes privilégient des implications plus informelles, ponctuelles ou spontanées, soulignant une tendance à l'engagement pratico-pratique et parfois court-termiste (pétitions, manifestations, boycotts, etc.). S'ils participent encore à des mouvements que l'on peut qualifier d'« affinitaires », autour de goûts et de projets culturels ou sportifs partagés, par exemple, ils ne délaissent pas les grandes causes comme la lutte contre le racisme ou la défense de l'environnement [...].

Les jeunes inventent par ailleurs de nouveaux dispositifs d'expression collective, notamment des mouvements qu'ils estiment davantage représentatifs des problèmes qu'ils rencontrent, ou de nouvelles modalités de mobilisation, surtout via les réseaux sociaux. De manière plus générale, la conception et la pratique de l'engagement sont renouvelées par les outils numériques, qui facilitent l'émergence de nouveaux modèles d'engagement citoyen, souvent portés par des jeunes, en dehors des cadres traditionnels. Le numérique permet de créer des liens, de s'informer en temps réel, d'organiser à distance des événements comme des mobilisations à distance, de toucher des centaines, voire des milliers de personnes en des laps de temps très réduits. Le printemps arabe, le mouvement des Indignés ou, plus récemment, de la jeunesse afro-américaine qui se mobilise contre les violences policières aux États-Unis, en sont des illustrations.

Reconnaître, valoriser, encourager l'engagement des jeunes,
France Stratégie, juin 2015, www.strategie.gouv.fr

Questions

Document 1

1. Décrivez la pratique démocratique présentée et indiquez quatre différences illustrant son évolution de 1891 à 2016.

Document 2

2. Citez des formes d'engagement traditionnelles des citoyens et indiquez une nouvelle forme d'engagement des jeunes.

Document 3

3. En vous appuyant sur des exemples, expliquez l'exercice de la citoyenneté dans la démocratie française.

Partie I.2. Français (1 heure)

Les candidats doivent composer pour cette partie I. 2. « Français », sur une copie distincte.

Français

A. Texte littéraire

Il est terrible
le petit bruit de l'œuf dur cassé sur un comptoir d'étain
il est terrible ce bruit
quand il remue dans la mémoire de l'homme qui a faim
elle est terrible aussi la tête de l'homme
la tête de l'homme qui a faim
quand il se regarde à six heures du matin
dans la glace du grand magasin
une tête couleur de poussière
ce n'est pas sa tête pourtant qu'il regarde
dans la vitrine de chez Potin *
il s'en fout de sa tête l'homme
il n'y pense pas
il songe
il imagine une autre tête
une tête de veau par exemple
avec une sauce de vinaigre
ou une tête de n'importe quoi qui se mange
et il remue doucement la mâchoire
doucement
et il grince des dents doucement
car le monde se paye sa tête
et il ne peut rien contre ce monde
et il compte sur ses doigts un deux trois
un deux trois
cela fait trois jours qu'il n'a pas mangé
et il a beau se répéter depuis trois jours

Ca ne peut pas durer
ça dure
trois jours
trois nuits
sans manger
et derrière ces vitres
ces pâtés ces bouteilles ces conserves
poissons morts protégés par les boîtes
boîtes protégées par les vitres
vitres protégées par les flics
flics protégés par la crainte
que de barricades pour six malheureuses sardines...
Un peu plus loin le bistro
café-crème et croissants chauds
l'homme titube
et dans l'intérieur de sa tête
un brouillard de mots
un brouillard de mots
sardines à manger
œuf dur café-crème
café arrosé rhum
café-crème
café-crème
café-crime arrosé sang !...
Un homme très estimé dans son quartier
a été égorgé en plein jour
l'assassin le vagabond lui a volé
deux francs
soit un café arrosé
zéro francs soixante-dix
deux tartines beurrées
et vingt-cinq centimes pour le pourboire du garçon
Il est terrible
le petit bruit de l'œuf dur
cassé sur un comptoir d'étain
il est terrible ce bruit
quand il remue dans la mémoire de l'homme qui a faim.

* chaîne de magasins à Paris.

Jacques Prévert, « La grasse matinée », *Histoires*, 1946

B. Image

Campagne publicitaire d'*Action contre la faim*, 2003.

Questions (20 points)

Sur le texte littéraire (document 1)

1. Dites en une ou deux phrases ce que raconte le poème.
2. Quel effet crée la reprise des quatre premiers vers à la fin ?
3. Vers 1 et 60 : quel est le sujet logique de « est » ?
Comment appelle-t-on cette construction de phrase ? Que vise-t-elle à produire ?
4. Comment comprenez-vous les vers 60 à 64 à la fin du poème ?
5. Vers 12 : quel niveau de langage repérez-vous ? Proposez un verbe synonyme relevant d'un niveau de langage courant.
6. Relevez d'autres éléments qui contribuent à inscrire ce poème dans une réalité familière, ordinaire.
7. Vers 40 à 51 : que se passe-t-il ? Comment le poète s'y prend-t-il pour rendre son écriture expressive ?
8. Commentez en particulier le passage du vers 50 au vers 51.
9. Quelle était, d'après vous, l'intention du poète en écrivant ce poème ?

Sur le texte et l'image (documents 1 et 2)

10. Quel point commun repérez-vous entre les deux premiers vers du poème et le slogan ?
11. Quelle impression provoque en vous cette affiche ? Que cherchent à dénoncer l'affiche et le poème ?

Partie II – Français, rédaction et maîtrise de la langue (2 heures)

Partie II. 1. Dictée et réécriture (30 minutes, 10 points)

Les candidats doivent composer pour cette partie II. 1. « Français », sur une copie distincte.

Dictée (5 points)

On dictera le texte à haute voix à plusieurs reprises, dans une durée totale de 20 minutes.
On inscrira au tableau le nom de l'auteur, le titre de l'œuvre et la date de parution de manière lisible par l'ensemble des candidats.

Un soir, Jacques revenait de faire des commissions […]. À ce moment, de sa poche trouée, une pièce de deux francs s'échappa en tintant sur le trottoir. Jacques la ramassa, vérifia sa monnaie, qui était entière, et la mit dans l'autre poche. « J'aurais pu la perdre », pensa-t-il soudain. Et le match du lendemain qu'il avait chassé jusque-là de sa pensée lui revenait à l'esprit.

Personne en vérité n'avait jamais appris à l'enfant ce qui était bien ou ce qui était mal. Certaines choses étaient interdites et les infractions rudement sanctionnées. D'autres pas. Seuls ses instituteurs, lorsque le programme leur en laissait le temps, leur parlaient de morale, mais là encore les interdictions étaient plus précises que les explications.

Albert Camus, *Le Premier Homme,* 1994 (édition posthume)

Réécriture (5 points)

Réécrivez les vers 15 à 26 du poème d'Éluard (document 1) en remplaçant « il » par le pluriel « ils ».

Partie II. 2. Travail d'écriture (1 heure 30, 20 points)

Les candidats doivent composer pour cette partie II. 2. « Travail d'écriture », sur une copie distincte.

Vous traiterez **au choix** le sujet A ou B.

Sujet A

Devant le bistro, l' « homme qui a faim » se trouve face à un client qui le prend en pitié : racontez la scène.

Votre rédaction sera d'une longueur minimale de deux pages.

Sujet B

Pensez-vous que les artistes (poètes, romanciers, chanteurs, cinéastes…) doivent parler de la misère ? Vous donnerez votre réponse dans un développement argumenté et organisé.

Votre rédaction sera d'une longueur minimale de deux pages.

Annales zéro DNB : combinaison 1

MATHÉMATIQUES, PHYSIQUE-CHIMIE, SCIENCES DE LA VIE ET DE LA TERRE

Partie I – Épreuve de mathématiques

(2 heures – 50 points)

Les candidats doivent composer pour cette partie I. « Mathématiques », sur une copie distincte.

Exercice 1

Pour chacune des affirmations suivantes, dire si elle est vraie ou fausse en justifiant soigneusement la réponse.

1. Un sac contient 6 jetons rouges, 2 jetons jaunes et des jetons verts.
La probabilité de tirer un jeton vert vaut 0,5.
Affirmation : le sac contient 4 jetons verts.

2. En informatique, on utilise comme unités de mesure les multiples suivants de l'octet :
1 Ko = 10^3 octets, 1 Mo = 10^6 octets, 1 Go = 10^9 octets, 1 To = 10^{12} octets,
où Ko est l'abréviation de kilooctet, Mo celle de mégaoctet, Go celle de gigaoctet, To celle de téraoctet.
On partage un disque dur de 1,5 To en dossiers de 60 Go chacun.
Affirmation : on obtient ainsi 25 dossiers.

3. Sur la figure codée ci-contre, les points B, A et E sont alignés.
Affirmation : l'angle mesure 137°.

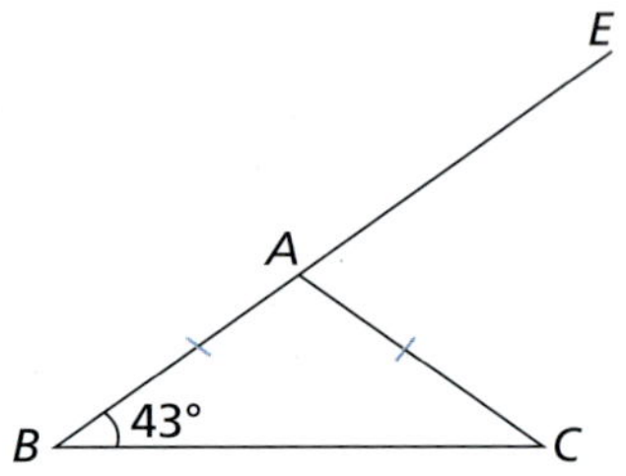

4. Un verre de forme conique est complètement rempli.
On verse son contenu de sorte que la hauteur du liquide soit divisée par 2.
Affirmation : le volume du liquide est divisé par 6.

Exercice 2

Le *marnage* désigne la différence de hauteur entre la basse mer et la pleine mer qui suit.
On considère qu'à partir du moment où la mer est basse, celle-ci monte de 1/12 du marnage pendant la première heure, de 2/12 pendant la deuxième heure, de 3/12 pendant la troisième heure, de 3/12 pendant la quatrième heure, de 2/12 pendant la cinquième heure et de 1/12 pendant la sixième heure. Au cours de chacune de ces heures, la montée de la mer est supposée régulière.

1. À quel moment la montée de la mer atteint-elle le quart du marnage ?
2. À quel moment la montée de la mer atteint-elle le tiers du marnage ?

Exercice 3

Pour la fête d'un village on organise une course cycliste. Une prime totale de 320 euros sera répartie entre les trois premiers coureurs.

Le premier touchera 70 euros de plus que le deuxième et le troisième touchera 80 euros de moins que le deuxième.

Déterminer la prime de chacun des trois premiers coureurs.

Exercice 4

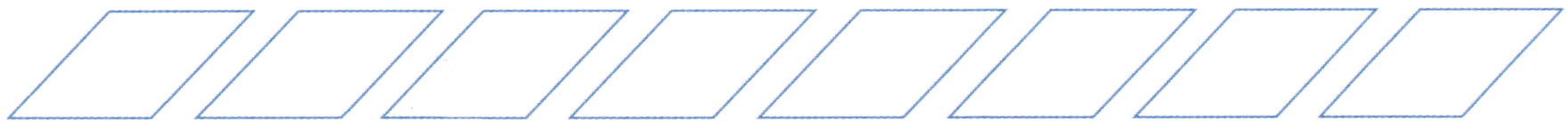

1. Pour réaliser la figure ci-dessus, on a défini un motif en forme de losange et on a utilisé l'un des deux programmes A et B ci-dessous.
Déterminer lequel et indiquer par une figure à main levée le résultat que l'on obtiendrait avec l'autre programme.

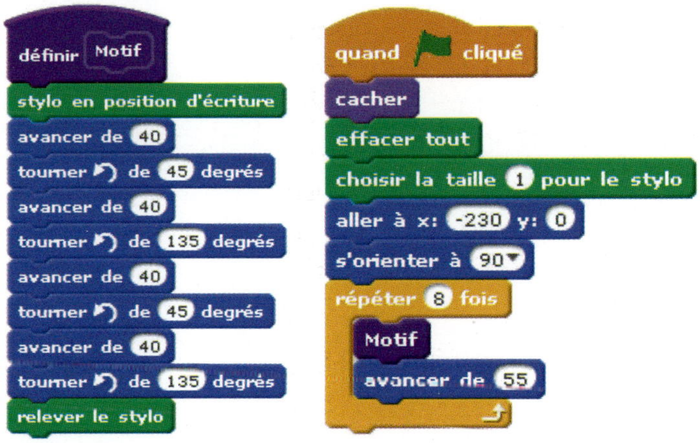

2. Combien mesure l'espace entre deux motifs ?

3. On souhaite réaliser la figure ci-dessous :

Pour ce faire, on envisage d'insérer l'instruction « ajouter 1 à la taille du stylo » dans le programme utilisé à la question 1. Où faut-il insérer cette instruction ?

Exercice 5

Pour régler les feux de croisement d'une automobile, on la place face à un mur vertical. Le phare, identifié au point P, émet un faisceau lumineux dirigé vers le sol.

On relève les mesures suivantes :
PA = 0,7 m, AC = QP = 5 m et CK = 0,61 m.

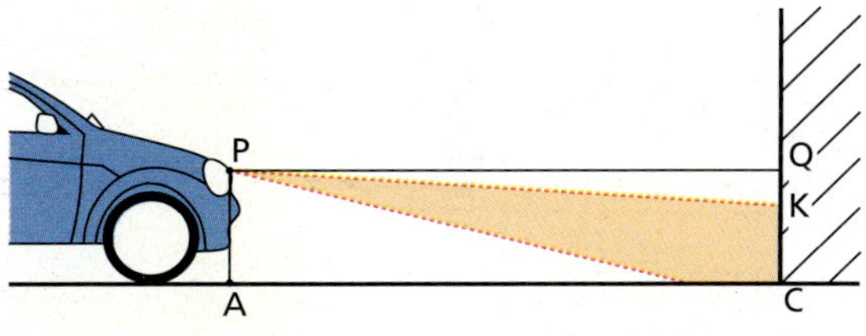

Sur le schéma ci-contre, qui n'est pas à l'échelle, le point S représente l'endroit où le rayon supérieur du faisceau rencontrerait le sol en l'absence du mur.

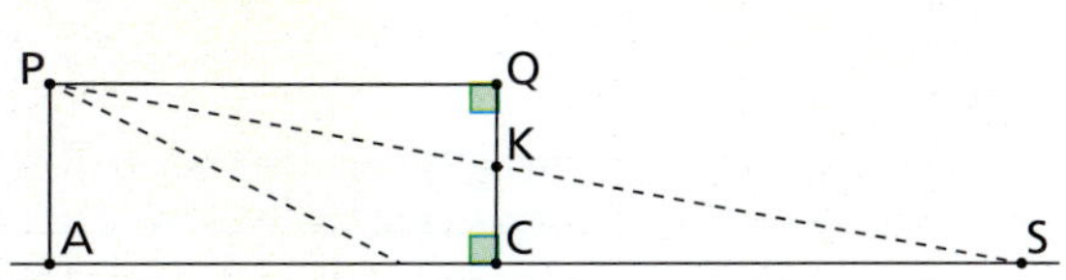

On considère que les feux de croisement sont bien réglés si le rapport $\frac{QK}{QP}$ est compris entre 0,015 et 0,02.

1. Vérifier que les feux de croisement de la voiture sont bien réglés.
2. À quelle distance maximale de la voiture un obstacle se trouvant sur la route est-il éclairé par les feux de croisement ?

Exercice 6

Un panneau mural a pour dimensions 240 cm et 360 cm. On souhaite le recouvrir avec des carreaux de forme carrée, tous de même taille, posés bord à bord sans jointure.

1. Peut-on utiliser des carreaux de : 10 cm de côté ? 14 cm de côté ? 18 cm de côté ?
2. Quelles sont toutes les tailles possibles de carreaux comprises entre 10 et 20 cm ?
3. On choisit des carreaux de 15 cm de côté. On pose une rangée de carreaux bleus sur le pourtour et des carreaux blancs ailleurs. Combien de carreaux bleus va-t-on utiliser ?

Exercice 7

La distance de freinage d'un véhicule est la distance parcourue par celui-ci entre le moment où le conducteur commence à freiner et celui où le véhicule s'arrête. Celle-ci dépend de la vitesse du véhicule. La courbe ci-dessous donne la distance de freinage d, exprimée en mètres, en fonction de la vitesse v du véhicule, en m/s, sur une route mouillée.

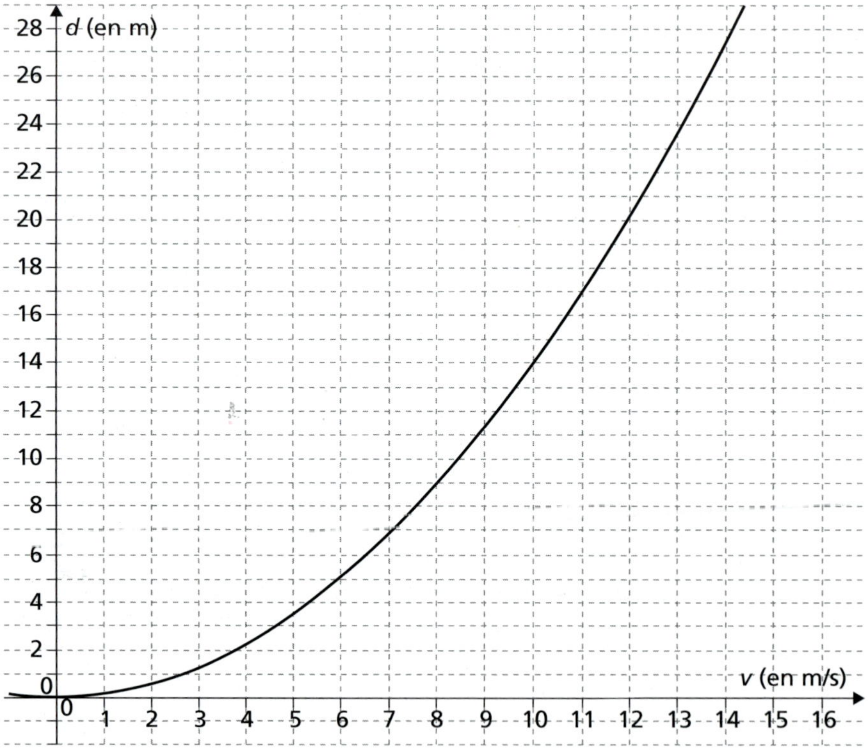

1. Démontrer que 10 m/s = 36 km/h.
2. a. D'après ce graphique, la distance de freinage est-elle proportionnelle à la vitesse du véhicule ?
b. Estimer la distance de freinage d'une voiture roulant à la vitesse de 36 km/h.
c. Un conducteur, apercevant un obstacle, décide de freiner. On constate qu'il a parcouru 25 mètres entre le moment où il commence à freiner et celui où il s'arrête. Déterminer, avec la précision permise par le graphique, la vitesse à laquelle il roulait en m/s.
3. On admet que la distance de freinage d, en mètres, et la vitesse v, en m/s, sont liées par la relation $d = 0{,}14\ v^2$.
a. Retrouver par le calcul le résultat obtenu à la question 2b.
b. Un conducteur, apercevant un obstacle, freine ; il lui faut 35 mètres pour s'arrêter. À quelle vitesse roulait-il ?

Épreuve écrite

Partie II – Épreuve de Physique-Chimie, Sciences de la vie et de la Terre

La sécurité routière

La sécurité sur les routes dépend notamment du respect des distances de sécurité, de la capacité des conducteurs à réagir rapidement lorsqu'ils aperçoivent un obstacle sur la route et de la performance du système de freinage du véhicule. On étudie dans les deux exercices qui suivent : les distances d'arrêt et de sécurité d'un véhicule et le comportement de l'automobiliste lors du freinage.

Partie II. 1. Épreuve de Physique-Chimie (30 minutes, 25 points)

Les candidats doivent composer pour cette partie II.1. « Physique-Chimie », sur une copie distincte.

Distance d'arrêt et distance de sécurité d'un véhicule

La connaissance de la distance d'arrêt d'un véhicule est importante pour la sécurité routière. La figure 1 ci-dessous fait apparaître trois distances caractéristiques.

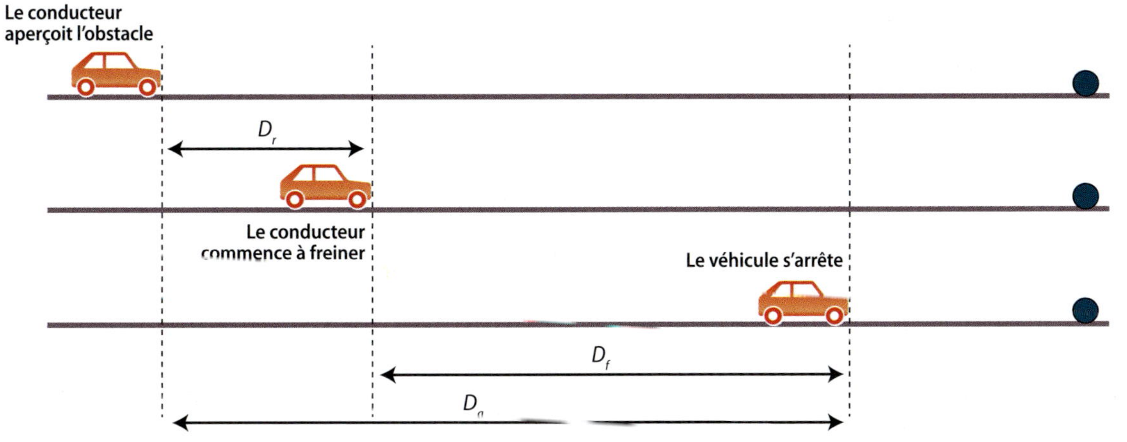

- D_r est la distance de réaction. C'est la distance parcourue par le véhicule entre le moment où le conducteur aperçoit l'obstacle et le moment où il commence à freiner. Elle dépend de la durée de réaction du conducteur.
- D_f est la distance de freinage. C'est la distance parcourue par le véhicule entre le moment où le conducteur commence à freiner et le moment où le véhicule s'arrête.
- D_a est la distance d'arrêt. C'est la distance parcourue par le véhicule entre le moment où le conducteur aperçoit.

Le tableau suivant présente, pour différentes vitesses, la distance de réaction et la distance de freinage sur route sèche d'un véhicule correctement entretenu.

Vitesse (km/h)	19	30	50	90	100	110	130
Vitesse (m/s)	0	8	14	25	28	31	36
D_r (m)	0	8	14	25	28	31	36
D_f (m)	0	6	16	50	62	75	104

Distance d'arrêt

Au voisinage d'un collège, un véhicule roule à 30 km/h, vitesse maximale autorisée ; donner la valeur de la distance de réaction D_r, de la distance de freinage D_f et calculer la valeur de la distance d'arrêt D_a. Commenter la valeur de la distance d'arrêt obtenue en la comparant à celle d'une autre longueur ou distance que vous choisirez.

Énergie cinétique

Rappeler l'expression de l'énergie cinétique d'un objet en fonction de sa masse m et de sa vitesse V. Calculer l'énergie cinétique d'un véhicule de masse m = 1 000 kg roulant à 50 km/h. Lors du freinage, l'énergie cinétique du véhicule diminue jusqu'à s'annuler. Décrire ce que devient cette énergie.

Code de la route et distance de sécurité.

Le code de la route définit la distance de sécurité entre deux véhicules :

> « Lorsque deux véhicules se suivent, le conducteur du second doit maintenir une distance de sécurité suffisante pour pouvoir éviter une collision en cas de ralentissement brusque ou d'arrêt subit du véhicule qui le précède. Cette distance est d'autant plus grande que la vitesse est plus élevée. Elle correspond à la distance parcourue par le véhicule pendant une durée d'au moins deux secondes. » (Article R412-12 du code de la route)

Sur autoroute, les panneaux ci-contre expliquent aux conducteurs comment respecter la distance de sécurité. L'automobiliste doit veiller à ce que le véhicule qui le précède soit séparé de lui d'au moins deux traits blancs sur le côté droit de la route.

Le schéma ci-dessous représente les traits blancs et donne leurs longueurs exprimées en mètres.

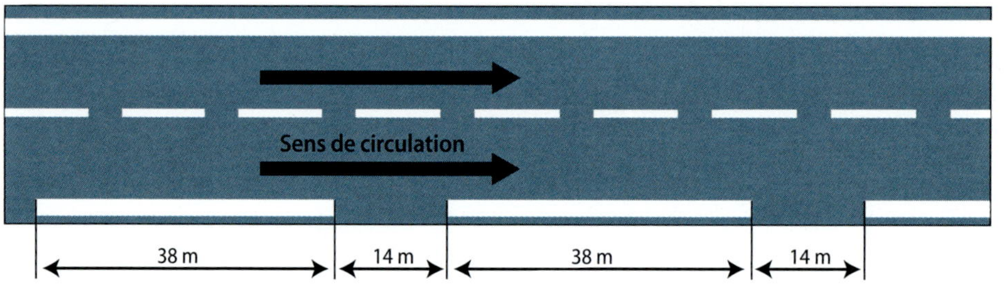

Sur autoroute et par temps sec, la vitesse des véhicules est limitée à 130 km/h.

Questions

À l'aide de calculs simples, expliquer pourquoi, sur autoroute, la règle « un automobiliste doit veiller à ce que le véhicule qui le précède soit séparé de lui d'au moins deux traits blancs » permet d'avoir une distance de sécurité suffisante.

Partie II. 2. Épreuve de Science de la vie et de la Terre (30 minutes, 25 points)

Les candidats doivent composer, pour cette partie II.2. « Sciences de la vie et de la Terre », sur une copie distincte.

Le comportement de l'automobiliste lors du freinage

Après avoir compris les distances d'arrêt et de sécurité d'un véhicule, on s'intéresse maintenant au comportement de l'automobiliste lors du freinage, en comparant celui-ci sans ou avec consommation d'alcool.

1. La durée de réaction du conducteur, entre le moment où il voit l'obstacle et le moment où il freine, correspond au temps de prise de décision et de transmission des informations motrices jusqu'aux muscles des membres inférieurs qui appuient sur la pédale de frein.

Questions

À l'aide de ces informations, compléter le schéma fonctionnel ci-dessous de la commande volontaire du freinage chez un automobiliste.

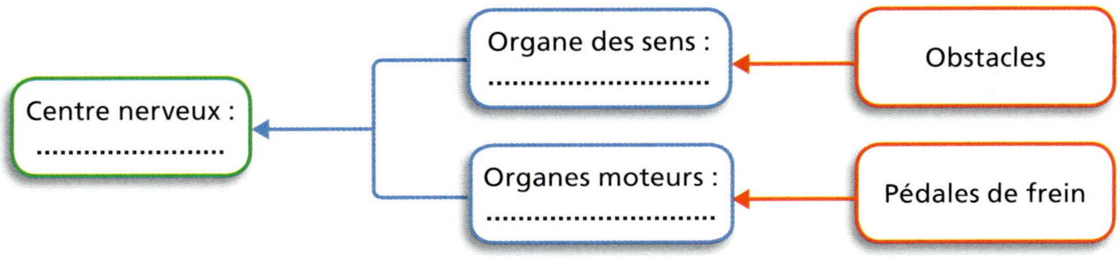

2. Lors d'une expérimentation, on mesure la distance de réaction et la distance de freinage d'une voiture lancée à 50 km/h, conduite par un individu à jeun ou par un individu alcoolisé.
Les résultats de ces mesures sont donnés dans le tableau suivant :

Alcoolémie (g/L de sang)	Distance parcourue (mètres)	
	Distance de reaction D_R	Distance de freinage D_F
0	14	16
0,5	22	16
0,8	26	16

Questions

Déduire de ces résultats l'effet de l'alcool sur le freinage.

2. Pour identifier le mode d'action de l'alcool sur l'organisme du conducteur, on étudie son effet sur des neurones du circuit de la motricité volontaire chez un animal modèle, dont la sensibilité à l'alcool est identique à celle de l'espèce humaine, selon le protocole schématisé dans le document 2a. Les enregistrements ont été obtenus dans des situations d'alcoolisation différentes (document 2b).

Document 2a : *principe du dispositif de stimulation électrique et d'enregistrement du message nerveux sur les neurones d'un animal modèle*

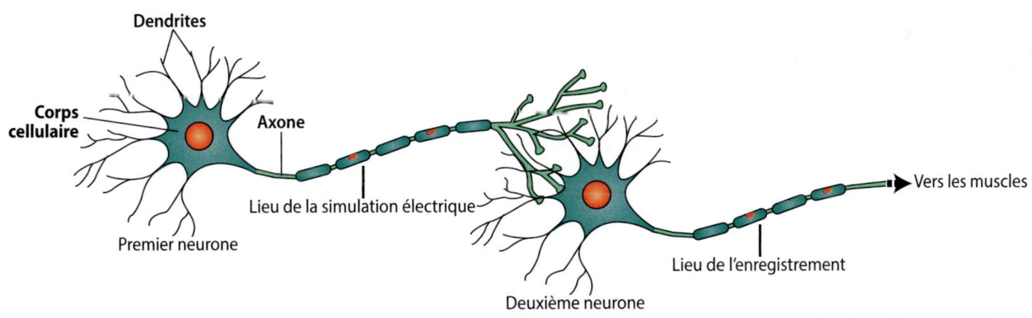

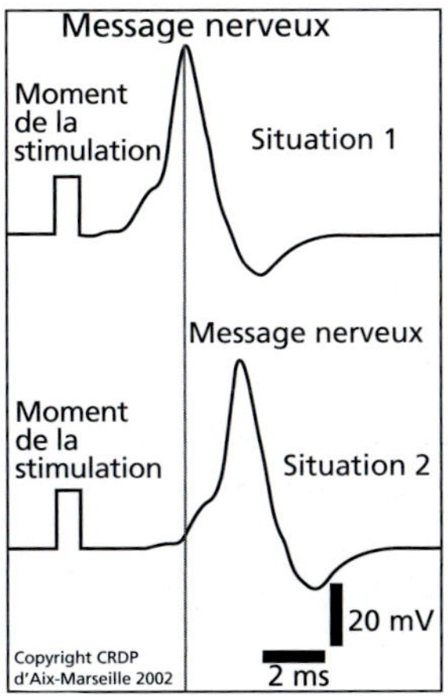

Document 2b : modélisation des résultats obtenus pour le deuxième neurone dans deux situations expérimentales :

Situation 1 : sans alcoolisation de l'animal ;

Situation 2 : avec alcoolisation de l'animal.

Questions

À l'aide de l'exploitation des documents 2a et 2b :

- préciser sur le document 2a le sens de circulation de l'information nerveuse ;
- expliquer l'effet de l'alcool sur le comportement d'un conducteur lors du freinage.

Annales zéro DNB

HISTOIRE-GÉOGRAPHIE, ENSEIGNEMENT MORAL ET CIVIQUE ET FRANÇAIS

Partie I – Analyse et interprétation de textes et de documents, maîtrise des différents langages (3 heures – 50 points)

Partie I. 1. Histoire-Géographie, Enseignement moral et civique (2 heures)

Les candidats doivent composer, pour cette partie I. 1. « Histoire et Géographie, Enseignement moral et civique », sur une copie distincte.

Exercice 1. Analyser et comprendre des documents (20 points)

Histoire

Document : **Le programme du Conseil National de la Résistance, 15 mars 1944**

Le texte a été diffusé au printemps 1944 dans la clandestinité, par les journaux des mouvements de résistance.

Né de la volonté ardente des Français de refuser la défaite, la Résistance n'a pas d'autre raison d'être que la lutte quotidienne sans cesse intensifiée. Cette mission de combat ne doit pas prendre fin à la Libération. [...]

Aussi les représentants des organisations de Résistance, des centrales syndicales et des partis ou tendances politiques groupés au sein du CNR délibérant en assemblée plénière le 15 mars 1944, ont-ils décidé de s'unir sur le programme suivant, qui comporte à la fois un plan d'action immédiate contre l'oppresseur et les mesures destinées à instaurer, dès la libération du territoire, un ordre social plus juste.

I. Plan d'action immédiate

Les représentants des organisations de Résistance des centrales syndicales et des partis ou tendances politiques groupés au sein du CNR [...] proclament leur volonté de délivrer la patrie en collaborant étroitement aux opérations militaires que l'armée française et les armées alliées entreprendront sur le continent, mais aussi de hâter cette libération, d'abréger les souffrances de notre peuple, de sauver l'avenir de la France en intensifiant sans cesse et par tous les moyens la lutte contre l'envahisseur et ses agents, commencée dès 1940. [...]

II. Mesures à appliquer dès la libération du territoire

[...]

4°) Afin d'assurer :

• l'établissement de la démocratie la plus large en rendant la parole au peuple français par le rétablissement du suffrage universel ;
• la pleine liberté de pensée, de conscience et d'expression ;

• la liberté de la presse, son honneur et son indépendance à l'égard de l'État, des puissances d'argent et des influences étrangères ;
• la liberté d'association, de réunion et de manifestation (…) l'égalité absolue de tous les citoyens devant la loi ;

5°) Afin de promouvoir les réformes indispensables :
[...]

Sur le plan social :
• le droit au travail et le droit au repos, notamment par le rétablissement et l'amélioration du régime contractuel du travail ;
[...]

• un plan complet de sécurité sociale, visant à assurer à tous les citoyens des moyens d'existence, dans tous les cas où ils sont incapables de se les procurer par le travail [...]
• une retraite permettant aux vieux travailleurs de finir dignement leurs jours ;
[...]

En avant donc, dans l'union de tous les Français rassemblés autour du CFLN[1] et de son président, le général de Gaulle ! En avant pour le combat, en avant pour la victoire, afin que vive la France !

Questions

1. Identifiez les auteurs du texte.
2. Pourquoi le programme d'action du Comité National de la Résistance daté du 15 mars 1944 a-t-il été adopté dans la clandestinité ? Expliquez la phrase soulignée en quelques lignes en faisant appel à vos connaissances.
3. Comment expliquer que le général de Gaulle soit mentionné dans le dernier paragraphe ?
4. Relevez et classez les réformes prévues par le CNR dans le tableau suivant :

Les projets de réformes du CNR après la libération du territoire	
Sur le plan de droit et des libértés	Sur le plan social

5. À partir de deux exemples précis, relevés dans le texte, montrez que le programme du CNR a été appliqué à partir de 1944.

Exercice 2. Maîtriser différents langages pour raisonner et se repérer (20 points)

Géographie

1. Sous la forme d'un développement construit d'une vingtaine de lignes et en vous appuyant sur un ou des exemples d'aires urbaines étudiés en classe, décrivez les espaces et les dynamiques des villes françaises.
2. Localisez et nommez sur le fond de carte ci-dessous Paris et 4 aires urbaines de votre choix.

1. Comité Français de Libération Nationale, remplacé le 3 juin 1944 par le Gouvernement Provisoire de la République Française.

Les principales aires urbaines de la France métropolitaine

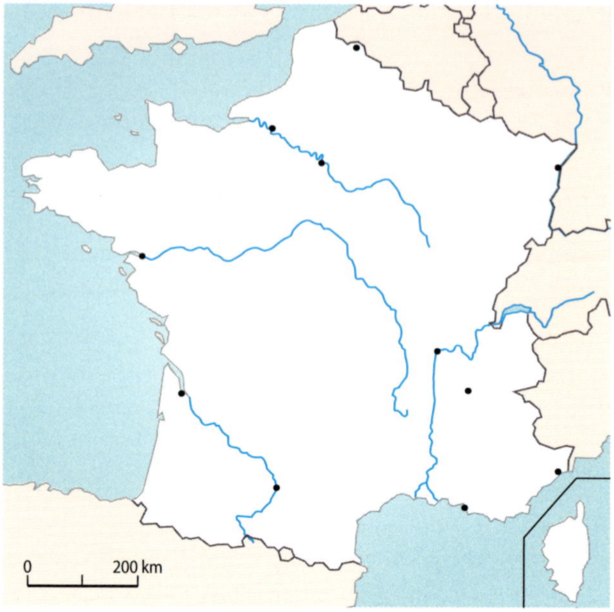

Exercice 3. Enseignement moral et civique (10 points)

Document 1 : **Affiche 2015 de la commune de Floirac (Gironde)**

Boulevard des Potes : Association de lutte contre les discriminations et d'éducation populaire

Source :
http://www.ville-floirac33.fr/Agenda/Democratie-participative/La-laicite-et-le-vivre-ensemble-debat

Document 2 : **Extraits de la Charte de laïcité à l'École (2013)**

Article 3 - La laïcité garantit la liberté de conscience à tous. Chacun est libre de croire ou de ne pas croire… / …

Article 4 - La laïcité permet l'exercice de la citoyenneté, en conciliant la liberté de chacun avec l'égalité et la fraternité de tous dans le souci de l'intérêt général.

Article 8 - La laïcité permet l'exercice de la liberté d'expression des élèves dans la limite du bon fonctionnement de l'École comme du respect des valeurs républicaines et du pluralisme des convictions.

Article 9 - La laïcité implique le rejet de toutes les violences et de toutes les discriminations, garantit l'égalité entre les filles et les garçons et repose sur une culture du respect et de la compréhension de l'autre.

Article 13 - Nul ne peut se prévaloir de son appartenance religieuse pour refuser de se conformer aux règles applicables dans l'École de la République.

Questions

1. Citez trois valeurs et deux symboles de la République française présents dans les documents.
2. Expliquez les phrases soulignées dans le document 2 pour montrer que la laïcité garantit les libertés à L'École.
3. Vous êtes chargé de présenter la laïcité à l'Ecole à un correspondant étranger en visite dans votre établissement en vous aidant des documents et de vos connaissances. En quelques lignes, comment lui expliquez-vous que la laïcité favorise le « vivre ensemble » à l'École ?

Partie I. 2. Français (2 heures)

Les candidats doivent composer, pour cette partie I. 2. « Français », sur une copie distincte.

A. Texte littéraire

John Johnson, dit le Boa, a été élu maire de Coca, ville imaginaire des États-Unis. Il a de grands projets pour sa ville. Quelques semaines après son élection, il fait un séjour à Dubaï. C'est son premier voyage hors du continent américain.

Ce qu'il voit entre l'aéroport et la ville provoque chez lui une sensation ambivalente d'euphorie[1] et d'écrasement.

Les grues d'abord lui éberluent[2] la tête : agglutinées par centaines, elles surpeuplent le ciel, leurs bras comme des sabres laser plus fluorescents que ceux des guerriers du Jedi, leur halo blafard auréolant la ville chantier d'une coupole de nuit blanche. Le Boa se tord le cou à les compter toutes, et l'homme en *dishdash*[3] blanche qui le coudoie sur la banquette, le voyant faire, lui signale qu'un tiers des grues existant à la surface du globe est réquisitionné en ces lieux : une sur trois répète-t-il, une sur trois est ici, chez nous. Sa toute petite bouche soulignée d'un trait de moustache articule très doucement nous construisons la cité du futur, une entreprise pharaonique. Le Boa ne dit plus rien. Il salive, émerveillé. La prolifération des tours le sidère, si nombreuses qu'on les croit multipliées par un oeil malade, si hautes qu'on se frotte les paupières, craignant d'halluciner, leurs fenêtres blanches comme des milliers de petits parallélogrammes aveuglants, comme des milliers de pastilles de Vichy effervescentes dans la nuit délavée ; ici on travaille vingt-quatre heures sur vingt-quatre, les ouvriers sont logés à l'extérieur de la ville, les rotations se font par navette – l'homme susurre chaque information, escortant l'étonnement de Boa avec délicatesse. Plus loin, il pointe d'un index cireux un édifice en construction, déjà haut d'une centaine d'étages, et précise : celle-ci sera haute de sept cents mètres. Le Boa hoche la tête, s'enquiert soudain des hauteurs de l'Empire State Building de New York, ou du Hancok Center de Chicago, questionne sur les tours de Shanghai, de Cape Town, de

Moscou, il est euphorique et médusé[4]. À Dubaï donc, le ciel est solide, massif : de la terre à bâtir. Le trajet est long dans la longue voiture, la mer tarde à venir, le Boa l'attend plate, inaffectée, lourde nappe noire comme le pétrole dont le pourtour s'effacerait dans la nuit, et il sursaute à la découvrir construite elle aussi, rendue solide, croûteuse, et apte à faire socle pour un archipel artificiel qui reproduirait un planisphère – la Grande-Bretagne y est à vendre trois millions de dollars – ou un complexe d'habitations de luxe en forme de palmier : elle aussi, donc, de la terre à bâtir.

Le Boa arrive à l'hôtel bouleversé, les joues rouges et les yeux exorbités, il peine à s'endormir, la nuit est trop claire, comme filtrée par une gaze[5] chaude, lui-même trop excité – le Burj Al-Arab est l'hôtel le plus haut du monde, une immense voile de verre et de Teflon gonflée face au golfe Persique qui est absolument noir à cette heure, et clos comme un coffre [...]. Au réveil, le Boa est convaincu d'avoir trouvé l'inspiration qui manquait à son mandat. C'est un espace maîtrisé qui s'offre à ses yeux, un espace, pense-t-il, où la maîtrise se combine à l'audace, et là est la marque de la puissance.

1. euphorie : sensation intense de bien-être, de joie, d'optimisme.
2. éberluer : étonner vivement, stupéfier.
3. *dishdash* : longue robe blanche, vêtement traditionnel.
4. médusé : qui manifeste un grand étonnement, de la stupeur.
5. gaze : tissu léger, utilisé en couture (gaze de soie ou de coton) ou en compresses et pansements (gaze de coton).

Maylis de Kerangal, *Naissance d'un pont*
(éditions Verticales, 2010 ; réédition Folio Gallimard, p. 52-53)

B. Image

Photographie - Fritz Mueller Visuals, « Dubaï », copyright Fritz Mueller, 2015.

Épreuve écrite

Questions (20 points)

Les réponses aux questions doivent être entièrement rédigées.

Sur le texte littéraire (document A)

1. Quelles sont les caractéristiques principales de la ville décrite dans le texte ? (2 points)
2. Étudiez précisément la progression des émotions et sensations ressenties par le personnage principal au fil de l'extrait. (3 points)
3. À quel temps les verbes sont-ils majoritairement conjugués dans le texte ? Comment comprenez-vous ce choix de l'auteur ? (2 points)
4. « Sa toute petite bouche soulignée d'un trait de moustache articule très doucement nous construisons la cité du futur, une entreprise pharaonique » : comment dans cette phrase les propos tenus par le personnage sont-ils rapportés? Est-ce une manière de faire habituelle ? À votre avis, pourquoi l'auteur procède-t-il ainsi ? (2,5 points)
5. « une entreprise pharaonique » : (1,5 point)
• Comment le mot souligné est-il construit ?
• Que signifie-t-il généralement ?
• Le contexte lui donne-t-il une valeur particulière ?
6. « Un espace, pense-t-il, où la maîtrise se combine à l'audace, et là est la marque de la puissance » :
• Expliquez le sens de cette phrase en vous aidant de ce qui la précède. (2 points)
• À votre avis, l'auteur partage-t-il ici la pensée du personnage ? (1 point)
7. Proposez un titre pour ce texte, puis expliquez vos intentions et ce qui justifie votre proposition. (2 points)

Sur le texte et l'image (documents A et B)

8. Quels sont les éléments qui rapprochent l'image et le texte ? (2 points)
9. Quelles impressions suscite en vous cette photographie ? Sont-elles comparables à celles produites par le texte ? Pourquoi ? (2 points)

Partie II – Français, rédaction et maîtrise de la langue (2 heures)

Partie II. 1. Dictée et réécriture (30 minutes, 10 points)

Les candidats doivent composer, pour cette partie II. 1. «Dictée et réécriture », sur une copie distincte.

Dictée (5 points)

On dictera le texte à haute voix à plusieurs reprises, dans une durée totale de 20 minutes.
On inscrira au tableau de manière lisible par l'ensemble des candidats :

au-delà
Aragon, *Aurélien*, 1944.

Les Parisiens n'ont jamais de leur ville le plaisir qu'en prennent les provinciaux. D'abord, pour eux, Paris se limite à la taille de leurs habitudes et de leurs curiosités. Un Parisien réduit sa ville à quelques quartiers, il ignore tout ce qui est au-delà qui cesse d'être Paris pour lui. Puis il n'y a pas ce sentiment presque continu de se perdre qui est un grand charme. Cette sécurité de ne connaître personne, de ne pouvoir être rencontré par hasard. Il lui arrive d'avoir cette sensation bizarre au contraire dans de toutes petites villes où il est de passage, et le seul à ne pas connaître tous les autres.

Aragon, *Aurélien*, éd. Gallimard, 1944.

Réécriture (5 points)

« Le Boa arrive à l'hôtel bouleversé, les joues rouges et les yeux exorbités, il peine à s'endormir, la nuit est trop claire, comme filtrée par une gaze chaude, lui-même trop excité ».

Réécrivez cette phrase en remplaçant « Le Boa » par « Ils » et en procédant à toutes les transformations nécessaires.

Partie II. 2. Travail d'écriture (1 heure 30, 20 points)

Les candidats doivent composer, pour cette partie II. 2. « Travail d'écriture », sur une copie distincte.

Vous traiterez **au choix** le sujet A ou B.

Sujet A

Selon vous, la vie au sein d'une ville moderne est-elle source de bonheur et d'épanouissement ?

Vous répondrez à cette question dans un développement argumenté en vous appuyant sur votre expérience, sur vos lectures, votre culture personnelle et les connaissances acquises dans l'ensemble des disciplines.

Votre rédaction sera d'une longueur minimale d'une soixantaine de lignes (300 mots environ).

Sujet B

Vous êtes un architecte et vous proposez au pays imaginaire d'Utopia la fondation d'une ville idéale. Ecrivez la lettre que vous adressez aux dirigeants d'Utopia pour expliquer votre vision de la ville, justifier vox choix et les inviter à retenir votre projet.

Votre rédaction sera d'une longueur minimale d'une soixantaine de lignes (300 mots environ).

Épreuve orale

L'épreuve orale : la soutenance de projet

Durée : 15 minutes, dont 5 minutes d'exposé.
Coefficient : 2.

Vous devez présenter aux examinateurs **l'un des projets menés au cours des EPI** (enseignements pratiques interdisciplinaires) du cycle 4, ou dans le cadre de l'un des **parcours éducatifs** (parcours avenir, citoyen, éducation artistique et culturelle).

L'épreuve est une **soutenance** : elle a pour objet d'évaluer votre capacité à **exposer votre démarche, les connaissances et les compétences** que vous avez acquises et, selon la nature de votre projet, des contenus plus spécifiques.

La soutenance se divise en deux temps :
- un **exposé** du projet que vous avez choisi au cours duquel vous présenterez votre démarche en mettant en valeur vos connaissances ;
- un **entretien** au cours duquel l'examinateur vous posera des questions sur votre projet.

L'épreuve est évaluée sur **100 points** (autant de point de chaque épreuve écrite) : 50 points pour la maîtrise de l'expression orale ; 50 points pour la maîtrise du sujet présenté.
L'évaluation, organisée dans l'établissement est orale.

Vous avez le choix entre :
- une **épreuve individuelle**, soit un exposé de 5 minutes et un entretien de 10 minutes avec un jury, composé d'au moins deux enseignants de toutes disciplines, qui peut éventuellement vous aider à mener à bien votre exposé ;
- une **épreuve collective**, soit dix minutes d'exposé au cours desquelles chacun des candidats intervient, puis quinze minutes de reprise avec l'ensemble des candidats (avec à charge pour le jury de veiller à ce que chaque candidat dispose du temps de parole suffisant pour justifier son projet).

Quelques conseils pour l'épreuve orale

Comme vous allez être jugé(e) sur la manière dont vous vous exprimez, voici quelques conseils.

L'échange

- Entraînez-vous devant un miroir à vous **exprimer clairement**, sans lire votre dossier.
- N'ayez pas peur d'exprimer vos sentiments, et n'hésitez pas à formuler votre avis à propos d'une œuvre pour partager votre point de vue.
- Utilisez un **vocabulaire précis et étendu** et sachez employer le lexique spécifique au contexte de votre projet.
- Apprenez à écouter les questions posées et à répondre à bon escient sans jamais utiliser de langage familier.
- Expliquez clairement votre démarche, votre raisonnement et sachez rendre compte de vos observations, de vos expériences, de vos hypothèses et de vos conclusions. Dans le cas d'une œuvre d'art, employez le vocabulaire simple mais adapté au domaine artistique.
- Éventuellement, **sachez vous autocorriger** et reformuler une idée pour mieux vous faire comprendre.

- Si vous choisissez un projet mené dans la thématique « Langues et cultures étrangères », n'hésitez pas à effectuer une partie de votre présentation dans la langue concernée (si toutefois celle-ci est enseignée dans votre collège).

La maîtrise du sujet

- Vous devez concevoir, créer, réaliser et mettre en œuvre un projet. Pour réussir, vous allez devoir raisonner et justifier votre démarche et/ou vos choix. Vous devez savoir porter un regard critique sur votre production, c'est-à-dire savoir mettre en évidence les points que vous jugez essentiels et montrer éventuellement les limites de votre projet.
- Il faudra synthétiser vos idées pour pouvoir construire un exposé de quelques minutes.
- Il faudra aussi **savoir argumenter**, c'est-à-dire trouver les éléments qui vous permettront d'aller plus loin dans votre recherche.
- Enfin, il faudra montrer que vous maîtrisez les outils numériques en présentant votre projet sous la forme d'une projection, d'un enregistrement, d'une réalisation numérique, par exemple.
- Soyez clair dans l'intitulé et le contenu de votre projet et notez bien l'enseignement pratique et la thématique interdisciplinaires concernés, ou le parcours éducatif concerné.

Vos responsables légaux transmettront votre projet au chef d'établissement de votre collège au moins dix jours ouvrés avant la date de l'épreuve orale. Sachez donc gérer votre temps pour n'être pas obligé(e) de travailler dans l'urgence votre épreuve orale !

L'attitude souhaitée

- Témoignez de curiosité et/ou d'une **créativité** artistique.
- Exprimez-vous clairement sans lire le brouillon et sachez écouter et prendre la parole à bon escient **sans utiliser le langage familier** (mots peu recherchés et argotiques).
- Si vous avez à lire des éléments particuliers (un poème, une citation ou autre), respectez toujours la **ponctuation** du texte et **articulez bien** de sorte que le jury se rende compte que vous avez compris et que vous cherchez à mettre en évidence un point particulier.
- **Investissez-vous dans la présentation des œuvres** en valorisez vos compétences et votre maîtrise des outils numériques.
- Si vous êtes désarçonné(e) par une question, ne paniquez pas et pensez qu'elle a probablement pour objectif de vous mettre sur une piste, ou de vous amener à développer une réponse.

Exemple pour le Parcours d'éducation artistique et culturelle

- **Situez l'œuvre dans le temps et dans l'espace** et présentez-la en fonction de **repères** artistiques (support, dimensions, mouvement artistique), historiques (titre, date, époque), géographiques (l'origine géographique de l'artiste) ou culturels (éléments caractéristiques d'une époque).
- Décrivez les **techniques de production**, maîtrisez les notions de base et le **vocabulaire** adéquat (forme, composition de l'œuvre, lumière, technique utilisée) et décrivez les **usages** de l'œuvre (usages privé, public, propagande).
- **Donnez du sens** à l'œuvre. Pour cela, **établissez des liens** avec d'autres œuvres de l'artiste ou celles d'autres artistes à partir de critères comme l'époque, les techniques utilisées, le genre, le sens esthétique.
- Appuyez votre jugement personnel sur une **argumentation construite**. Classez vos idées, établissez un plan (caractéristiques générales, description). Passez ensuite à l'interprétation en discernant des critères objectifs (le point de vue de l'artiste) et subjectifs (l'effet produit sur le spectateur ou sur vous-même).

Exemple commenté : l'affiche du film *Gandhi*

Étape n° 1 ➤ Exposé : identifier et situer l'œuvre

Le film est sorti le 23 mars 1982 (durée : 3 h 10 et réalisation : Richard Attenborough).
Ses principaux acteurs sont : Ben Kingsley (Gandhi), Edward Fox (Général Dyer), Martin Sheen (Vince Walker, le reporter du *New York Times*), John Mills (le vice-roi), Candice Bergen (Margaret Bourke-White), John Gielgud (Lord Irwin), Trevor Howard (juge Broomfield) et Ian Charleston (le révérend Charlie Andrews).
Il s'agit d'une production historique indo-britannique à gros budget : 22 000 000 $ avec un nombre important de figurants (300 000 dans la scène de l'assassinat de Gandhi).
Il a rencontré un énorme succès : huit oscars, le British Academy Film Award du meilleur film, trois Golden Globe.

Étape n° 2 ➤ Exposé : décrire l'affiche et en expliquer le sens

L'affiche rectangulaire est composée d'une photo et d'un message écrit. La photo, de format carré, est en couleurs sombres et chaudes. En son centre rayonne un espace lumineux. Un personnage chauve, portant des lunettes rondes et baissant la tête, vêtu simplement d'un vêtement de coton blanc, semble sortir de l'affiche. Il avance, les mains croisées, accompagné d'une foule d'hommes et de femmes, de jeunes et de vieux légèrement vêtus. Son nom, Gandhi, est écrit en capitales d'imprimerie blanches.
Le message écrit sur l'affiche est clair : il conviendra de le lire devant le jury.

Étape n° 3 ➤ Exposé : établir le lien entre l'art et l'histoire

Histoire, acteurs et lieux de tournage : Le film est imprégné d'une atmosphère historique. Attenborough choisit Ben Kingsley, un acteur anglo-indien (par son père) dont le nom est Krishna Bhanji, pour incarner Gandhi. Comme Gandhi, il est né dans l'État indien de Gujarat et il lui ressemble. La séquence de l'assassinat de Gandhi est filmée le 31 janvier 1981, soit le lendemain du 33e anniversaire de la mort de Gandhi à Birla House à New Delhi, à l'endroit même où eut lieu le meurtre.

« **Un événement mondial** » ? C'est vrai, puisque pendant la grande phase de la décolonisation (1947-1962), l'Inde est la première grande colonie à accéder à l'indépendance en 1947 (*cf.* le chapitre sur la décolonisation en histoire).

« Il a fallu un homme remarquable pour vaincre l'Empire britannique et libérer une nation de 350 millions d'habitants. Son but était la liberté pour l'Inde, sa stratégie la paix, son arme l'humanité. Son triomphe changea notre monde pour toujours. »
C'est vrai, car Gandhi, issu d'un milieu indien aisé, a fait de brillantes études à Londres (la métropole coloniale). Le film raconte sa carrière d'avocat en 1893 en Afrique du Sud, où il défend les droits de la minorité indienne. Quand il rentre aux Indes (autre colonie britannique) en 1915, il abandonne son métier d'avocat et mène une vie simple dans la communauté religieuse qu'il a fondée. Devenu le « mahatma » ou « grande âme », il encourage les Indiens à « filer et tisser » pour lutter contre l'exploitation coloniale. Désormais, il se vêt d'un pagne de coton blanc, comme sur l'affiche du film. Devenu président du parti du Congrès, il proteste contre la présence britannique et propose le boycott des produits anglais et la grève de l'impôt. Gandhi entame une grève de la faim pour convaincre ses compatriotes de cesser les violences et il est emprisonné. Il organise des marches, comme celle qui est représentée sur l'affiche. Celle du sel, en 1930, lui vaut d'être arrêté, mais les Britanniques pensent qu'il faut engager l'Inde dans la voie de l'indépendance et, en 1931, ils invitent Gandhi
à Londres pour en débattre autour d'une table ronde, mais les discussions tournent court. Pendant la Seconde Guerre mondiale, Gandhi lance le fameux « *Quit India* » aux Britanniques. Il est incarcéré et libéré en mai 1944, mais son mot d'ordre de désobéissance civile est suivi par les Indiens. À la fin de la guerre, Gandhi participe aux négociations d'indépendance et, en 1947, le vice-roi des Indes remet les pouvoirs au Premier ministre Nehru.

Une indépendance négociée dans la paix, mais avec des limites : L'ancien empire des Indes ne donne pas un nouvel État, comme l'aurait voulu Gandhi, mais deux : l'Union indienne, à majorité hindoue, et le Pakistan musulman, lui-même composé de deux territoires distants de 1 700 km. Il s'ensuit une guerre religieuse faisant 400 000 morts et déplaçant 20 millions de personnes. Gandhi fait une nouvelle grève de la faim pour convaincre hindous et musulmans de déposer les armes, mais il est assassiné par un fanatique hindou en 1948. Son assassinat occupe une place importante dans le film, puisqu'il en est la première et la dernière image.

Étape n° 4 ➤ Entretien avec le jury : conseils

- Réalisez vous-même une affiche pour le film.
- Comparez cette affiche avec une image populaire indienne sur Gandhi.
- Évoquez le film tourné en 2007 à Bollywood (les studios indiens), *Gandhi, mon père*.

Corrigés

Contrôle continu

Français

Fiche 1 ——— p. 7

1 Ils sont tous employés au sens figuré sauf : **1.** « passer la tête par la fenêtre » ; **2.** « se faire percer les oreilles » ; **3.** « prendre dans ses bras. » qui sont employés au sens propre.

2 **1.** On repère dans « déchausse » le préfixe « dé », qui marque l'éloignement, et le radical « chauss » (chaussure). On a dans « sablonneux » le radical « sable » auquel on a ajouté un suffixe pour obtenir un adjectif. Chausseur, chaussure, chausse-pied/sabler, ensabler, sableuse, ensablement, sable, sablier. **2.** La pêche : le fruit. J'ai la pêche ! (Je suis en forme.)

Fiche 2 ——— p. 8

1 **1.** Deux propositions indépendantes (juxtaposées). **2.** Une principale et une subordonnée relative. **3.** Une principale et une subordonnée interrogative indirecte. **4.** Une principale et une subordonnée conjonctive circonstancielle. **5.** Une principale et une subordonnée infinitive. **6.** Une principale et une subordonnée infinitive. **7.** Une principale et une subordonnée conjonctive.

2 **1.** Ses arguments étant irréfutables : parce que ses arguments sont irréfutables… **2.** Le soleil s'étant levé : après que le soleil se fut levé… Dans les phrases **3** et **4**, il n'y a pas de subordonnée participiale : dans une proposition subordonnée participiale, le verbe au participe a un sujet **différent de celui du verbe de la principale**.

3 **1.** conjonction de subordination. **2.** pronom relatif. **3.** conjonction de subordination. **4.** pronom relatif.

4 Les témoignages les plus saisissants… sont apportés **par les lettres de poilus./Ce sont les lettres de poilus** qui apportent les témoignages…

Fiche 3 ——— p. 10

1 **1.** Que… je tienne, je tinsse ; **2.** nous sachions, nous sussions ; **3.** il doive, il dût ; **4.** nous devions ; dussions ; **5.** vous teniez, vous tinssiez ; **6.** je puisse, je pusse ; **7.** vous offriez, vous offrissiez ; **8.** ils éteignent, ils éteignissent.

2 **1.** crainte. **2.** action non accomplie. **3.** condition. **4.** ordre.

3 **1.** Veniez. **2.** mente. **3.** fût / ait été. **4.** plaigne. **5.** ait pas dit. **6.** auras passé (indicatif futur antérieur : l'action est considérée comme accomplie).

4 Il paraît …. qui a … ait seul étranglé et pendu…

Fiche 4 ——— p. 12

1 **1.** réussirais. **2.** seraient partis. **3.** apprécierais. **4.** pourrais. **5.** aurions aidé. **6.** prendrait.

2 **1.** incertitude. **2.** potentiel. **3.** demande atténuée. **4.** potentiel.

3 Emma a cru qu'elle partirait en Italie avec Rodolphe quand celui-ci aurait réglé toutes ses affaires.

Fiche 5 ——— p. 13

1 **1. du** bois. **2. au** lycée. **3. des** voisins **4. aux** monts Dore.

2 **1.** tes édits. **2.** les : article défini (on sait de quelles lois on parle, elles sont universelles) / un : article indéfini (un mortel parmi d'autres, insignifiant).

Fiche 6 ——— p. 14

1 **1.** entrés. **2.** classé. **3.** prévenus. **4.** mis. **5.** regardés. **6.** venus. **7.** perdu. **8.** monté, laissés.

2 **1.** arrêtée. **2.** empressés. **3.** imaginés. **4.** trompées. **5.** égarés. **6.** laissé.

3 « … nous a dit que le directeur nous demandait. Nous sommes allés dans son bureau. Il nous a fait signer un certain nombre de pièces. Nous avons vu qu'il était habillé de noir avec un pantalon rayé. Il a pris le téléphone en main et il nous a interpellés… »

Fiche 7 ——— p. 16

1 **1.** viendront. **2.** parlerai. **3.** lirez. **4.** se lira. **5.** saura.

2 Quand Denis et Pierre entrèrent dans la classe, le professeur s'adressa à eux d'un air narquois : « Denis et Pierre, c'est vous qui expliquerez à vos camarades comment vous avez fait cet exercice, puisque vous êtes les seuls qui sachiez votre leçon ! » Évidemment, Denis et Pierre, qui n'avaient rien appris, ne surent pas résoudre une équation dont ils avaient laissé à leur cousin le soin d'éclaircir le mystère !

Fiche 8 ——— p. 17

1 **1.** toutes. **2.** tout. **3.** Tous. **4.** toutes.

2 **1.** mêmes, mêmes. **2.** mêmes. **3.** Même. **4.** mêmes.

3 « … levèrent la tête […]. Le bruissement du voile frôlant contre les pierres leur rappela leur pouvoir nouveau ; mais, dans l'excès de leur espérance, ils ne savaient plus maintenant ce qu'ils devaient faire. ».

Fiche 9 ——— p. 18

1 **1.** c'est. **2.** s'est, ses. **3.** C'est. **4.** sait. **5.** s'est. **6.** s'est, ses.

2 ses ; ses ; Ces ; Ces ; ses.

Fiche 10 ——— p. 19

1 **1.** pût. **2.** put. **3.** pu. **4.** pût.

2 **1.** cru ; a ; sur ; sûre ; Dès ; des. **2.** Quand ; à ; ou à ; là ; la.

Fiche 11 ——— p. 20

1 **1.** cette région. **2.** cette coutume. **3.** ces fauves/félins/animaux. **4.** fleurs.

2 **1.** La forêt est pour moi un endroit magique, j'adore m'y promener. C'est précisément là que l'on peut trouver l'inspiration, que l'on veuille écrire ou peindre. **2.** Bien qu'il ne crût pas à cette histoire, il la répéta à qui voulait l'entendre. Il y ajouta même un épisode pour apporter un peu de piment !

3 **1.** ce pauvre homme : le narrateur veut apitoyer le lecteur et insister sur son humanité, afin de souligner le scandale d'un traitement si inhumain. **2.** au malheureux ; à cette victime de la cruauté et de la cupidité.

Fiche 12 ——— p. 21

1 Les fumées pestilentielles/les odeurs suffocantes/le parfum de mort des obus à gaz se mêle à la puanteur des cadavres/au relent insupportable des cadavres.

2 **1.** La vue et l'ouïe (mélodie du vent). **2.** Le paysage est dessiné en hauteur (s'élevait) et en largeur (le long d'un ruisseau, une seule file).

Fiche 13 ——— p. 22

1 Par exemple : Un peu plus loin, au bout de la rue, se dresse un immeuble. Au troisième étage de cet immeuble, une fenêtre est ouverte. À cette fenêtre, un homme se penche en agitant les bras. Il semble désespéré…

Le propos d'une phrase doit devenir le thème de la suivante. Dans les descriptions, cela permet de donner le sentiment que l'on suit les mouvements d'une caméra. Ici, on a un effet de « zoom » : on se rapproche progressivement : d'un immeuble au bout de la rue, on focalise sur un homme.

2 On a d'abord un enchaînement linéaire : le propos de la phrase 1 (une grande fille magnifique) devient le thème de la phrase 2. Ce thème devient constant et est développé dans toutes les phrases suivantes. Le narrateur est obnubilé par cette fille ; elle est l'objet unique de son attention.

Fiche 14 — p. 23

1 **1.** <u>Alors qu'ils dormaient</u> : proposition subordonnée conjonctive, simultanéité. **2.** <u>En dormant</u> : gérondif, simultanéité. **3.** <u>Quand tu auras lu ce roman</u> : proposition subordonnée conjonctive, action antérieure. **4.** <u>avant ce soir</u> : groupe nominal prépositionnel, postériorité. **5.** <u>lundi</u> : nom, date. **6.** <u>le lundi</u> : groupe nominal, fréquence.

2 Il faut utiliser des indicateurs de temps qui nous renvoient en arrière, à une époque antérieure : quelques jours/semaines/mois/plus tôt ; l'année précédente ; quelque temps auparavant. Les verbes doivent être conjugués au plus-que-parfait, pour marquer l'antériorité (cf. « j'avais profité »). Par exemple : En effet, deux semaines auparavant, alors que je cambriolais (ici, imparfait de simultanéité : *en cambriolant*) un appartement, j'avais compris que son propriétaire était parti précipitamment et avait dû tout laisser, sans avoir le temps de ranger…

Fiche 15 — p. 24

1 **1.** Il prétend qu'il est le meilleur cuisinier. **2.** Ce chanteur qu'on dit « ténor »… **3.** Il y aurait… **4.** Il va peut-être s'acheter… **5.** Toi, le meilleur ?

2 **1.** roi de la finance ; vampire de la finance. **2.** magicien du verbe ; galvaniseur de foules ; celui qui parle pour embobiner ; moulin à paroles. **3.** étoile de la scène ; fabricant de faux-semblants. **4.** disciple d'Hippocrate ; charlatan **5.** roi des animaux ; carnivore sanguinaire. **6.** roi des astres ; boule de feu **7.** grande bleue ; flot tumultueux. **8.** illustres combattants ; meurtriers sanguinaires.

3 **1.** argument **2.** exemple **3.** argument **4.** exemple.

4 **1.** Apposition à « valeurs fondamentales ». L'intention du locuteur est de souligner la grandeur des valeurs fondamentales qui poussent à refuser de tuer. **2.** « Abolition » et « élimination » sont des noms, formés à partir des verbes « abolir » et « éliminer », auxquels on a ajouté un suffixe « tion » qui permet d'obtenir un nom. « Abolition » donne une image favorable d'une loi contre la peine de mort, tandis qu'« élimination » renvoie à des pratiques barbares et radicales. (On peut penser à l'Holocauste.)

Fiche 16 — p. 26

1 **1.** Il lui annonça brutalement qu'il la quittait. **2.** Elle lui promet qu'il pourra toujours lui faire confiance. **3.** Il ajouta qu'il avait dû prendre une route plus longue. **4.** Elle précisa qu'elle rentrerait à vingt-trois heures. **5.** Nous répondîmes que nous étions venues en avion.

2 **1.** Il s'agit du discours indirect libre : les verbes sont soumis à la concordance passé ; il y a des marques de ponctuation orales et on note l'absence de subordination. **2.** Antoinette grimaça en leur disant : « Ah ! comme j'ai ri de vous toute la soirée, et vous n'avez rien vu, naturellement… Je peux pleurer ou rire sous vos yeux, vous ne daignez rien voir… une enfant de quatorze ans, une gamine, c'est quelque chose de méprisable et de bas comme un chien… de quel droit m'envoyez-vous me coucher, me punissez-vous, m'injuriez-vous ? »

Mathématiques

Fiche 1 — p. 27

1 On peut construire l'organigramme suivant :

Variables

x est un nombre
y est un nombre
z est un nombre
m est un nombre

Début

Lire x
Lire y
Lire z

Traitement : m prend la valeur $\dfrac{x+y+z}{3}$

Sortie

Afficher m

Ou sous forme d'algorithme :

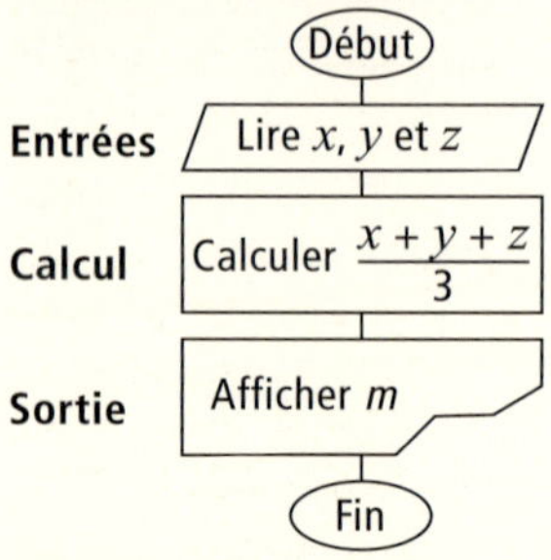

2 Le programme proposé permet de savoir si un triangle est rectangle. Phrase 1 : le triangle est rectangle – Phrase 2 : le triangle n'est pas rectangle.

3

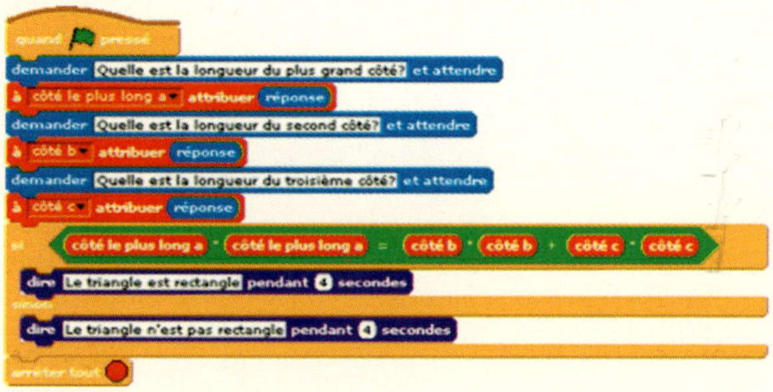

Fiche 2 — p. 28

1 **1.** On a 24 = 3 x 8 donc 24 est pair et divisible par 3. L'affirmation 1 est fausse. **2.** On a $12 = 4 \times 3$ et $12 = 1 \times 9 + 3$ donc 12 est divisible par 3 mais pas par 9. L'affirmation 2 est donc encore fausse. **3.** Soit n et n' deux multiples de 5. Il existe donc deux multiples p et p' tels que $n = 5p$ et $n' = 5p'$.
Donc $n + n' = 5p + 5p' = 5(p + p')$ donc l'affirmation 3 est vraie !

2 **1.** Le prédécesseur de n est $n - 1$ et son successeur est $n + 1$. **2.** La somme de 3 entiers consécutifs peut donc s'écrire $(n - 1) + n + (n + 1) = 3n$, donc la somme de 3 entiers consécutifs est bien un multiple de 3.

3 Si le nombre cherché est pair, c'est qu'il est divisible par 2. Comme il est également divisible par 3, 5 et 11, qui sont des nombres premiers comme 2, le nombre cherché est obligatoirement un multiple de $2 \times 3 \times 5 \times 11 = 330$. Or, on cherche un nombre compris entre 100 et 400. Seul 330 convient. C'était donc le nombre à retrouver !

Fiche 3 — p. 29

1 À l'aide de sa décomposition en produit de facteurs premiers, on détermine tous les diviseurs de 90.
On décompose le nombre 90.

90	2
45	3
15	3
5	5
1	

Donc $90 = 2 \times 3^2 \times 5$

Donc les diviseurs de 90 sont de la forme $2^n \times 3^p \times 5^q$ avec $0 \leq n \leq 1$, $0 \leq p \leq 2$ et $0 \leq q \leq 1$.

Il y a deux choix possibles pour n (0 ou 1), trois choix possibles pour p (0 ; 1 ou 2) et deux choix possible pour q (0 ou 1).
90 a donc $2 \times 3 \times 2 = 12$ diviseurs distincts : 1 ; 2 ; 3 ; 5 : 6 ; 9 ; 10 ; 15 ; 18 ; 30 ; 45 et 90.

2 On a 32 = 2^5 donc les diviseurs de 32 sont 1 ; 2 ; 4 ; 8 ; 16 et 32. On a 48 = $2^4 \times 3$ donc les diviseurs de 48 sont 1 ; 2 ; 3 ; 4 ; 6 ; 8 ; 12 ; 16 ; 24 et 48. Il en résulte que le PGCD (32 ; 48) = 16.

3 Pour démontrer qu'une affirmation est fausse, il suffit de trouver un contre-exemple. Il semble donc beaucoup plus simple (généralement) d'essayer de démontrer qu'une propriété est fausse ! Dans le cas présent, prenons par exemple les nombres 29 et 58. Ces deux nombres satisfont aux hypothèses de l'affirmation. En revanche, 29 et 58 admettent pour diviseurs communs : 1 et 29. Ils ne sont donc pas premiers entre eux et l'on peut en conclure que l'affirmation proposée est fausse !

Fiche 4 — p. 30

1 **1.** 15 et 21 sont divisibles par 3, donc A n'est pas une fraction irréductible. **2.** 17 et 35 sont premiers entre eux, donc B est une fraction irréductible. **3.** 121 et 33 sont divisibles par 11, donc C n'est pas une fraction irréductible. **4.** 26 et 39 sont divisibles par 13, donc D n'est pas une fraction irréductible.

2 **1.** 36 et 480 admettent pour plus grand diviseur commun 12, donc $A = \frac{36}{480} = \frac{3}{40}$. **2.** 17 et 51 admettent pour plus grand diviseur commun 17, donc $B = \frac{17}{51} = \frac{1}{3}$. **3.** 242 et 55 admettent pour plus grand diviseur commun 11, donc $C = \frac{242}{55} = \frac{22}{5}$. **4.** 26 et 39 admettent pour plus grand diviseur commun 13, donc $D = \frac{52}{39} = \frac{4}{3}$.

3 **1.** $A = \frac{13}{2} - \frac{4}{3} \times \frac{5}{2} = \frac{13}{2} - \frac{10}{3} = \frac{39}{6} - \frac{20}{6} = \frac{19}{6}$. Or, 19 et 6 sont des nombres premiers entre eux, donc la fraction obtenue est bien une fraction irréductible. **2.** $B = \frac{7 \times 10^{15} \times 8 \times 10^{-8}}{5 \times 10^{-4}} = \frac{7 \times 8}{5} \times \frac{10^{15} \times 10^{-8}}{10^{-4}} = 11{,}2 \times 10^{11} = 1{,}12 \times 10^{12}$.

Fiche 5 — p. 31

1 **1.** $3^5 \times 3^4 = 3^{5+4} = 3^9$.

2. $(-3)^4 \times (-3)^5 = (-3)^{4+5} = (-3)^9 = -3^9$.

3. $16 \times 2^4 = 2^4 \times 2^4 = 2^{4+4} = 2^8$.

4. $27 \times 3^6 = 3^{3+6} = 3^9$.

5. $\frac{125}{3\,125} = 5^{3-4} = 5^{-1}$.

6. $\frac{10^{-3} \times 10^5}{10^{-2}} = 10^{-3+5-(-2)} = 10^4$.

2 **1.** $(3x)^2 = 9x^2$; **2.** $(5x^2)^3 = 125x^6$; **3.** $\frac{(2x)^3}{8} = x^3$.

3 $A = 2{,}1 \times 10^{-4}$.

Fiche 6 — p. 32

1 **1.** $F(x) = 3x(1 + x) + 5x = 3x + 3x^2 + 5x = 3x^2 + 8x$.

2. $G(x) = (2x - 3)(7 - x) = 14x - 2x^2 - 21 + 3x = -2x^2 + 17x - 21$. **3.** $H(x) = (2x + 3)(x - 2) + 2(x + 3)(2 + 5x) = 2x^2 - 4x + 3x - 6 + 4x + 10x^2 + 12 + 30x = 12x^2 + 33x + 6$.

2

a	b	a^2	$2ab$	b^2	$(a + b)^2$
$2x$	5	$4x^2$	$20x$	25	$4x^2 + 20x + 25$
$3x$	5	$9x^2$	$30x$	25	$9x^2 + 30x + 25$
$4x$	7	$16x^2$	$56x$	49	$16x^2 + 56x + 49$

3 **1.** Programme A = 64 et Programme B = 49. **2.** Programme A = 169 et Programme B = 4.

Fiche 7 — p. 33

1 **1.** $F(x) = 5xy^2 + 4xz + 3x = x(5y^2 + 4z + 3)$.

2. $G(x) = 2x(2x - 3) - (2x - 3) = (2x - 3)(2x - 1)$.

3. $H(x) = (2x + 3)(x - 2) - 2(x - 2)(2 + 5x) = -(x - 2)(1 + 8x)$.

2 **1.** $4x^2 + 20x + 25 = (2x + 5)^2$; **2.** $49 - 42x + 9x^2 = (7 - 3x)^2$; **3.** $49x^2 - 81 = (7x - 9)(7x + 9)$.

3 **1.** On a $(a + b)(a - b) = a^2 - ab + ba - b^2 = a^2 - b^2$. **2.** $J(x) = [(7x - 3) + (3x + 5)] \times [(7x - 3) - (3x + 5)] = (10x + 2)(4x - 8)$.

Fiche 8 — p. 34

1 **1.** La solution de l'équation est 2. **2.** La solution de l'équation est $\frac{3}{11}$. **3.** La solution de l'équation est $\frac{29}{6}$.

2 **1.** L'équation admet deux solutions distinctes : $\frac{5}{3}$ et $\frac{5}{2}$.

2. L'équation admet deux solutions distinctes : $\frac{4}{5}$ et -4.

3. L'équation admet une solution double : $-\frac{7}{3}$.

3 On appelle $A(x) = (4x - 3)^2 - 9$.

1. On a $A\left(\frac{3}{4}\right) = -9$, donc $\frac{3}{4}$ n'est pas une solution de l'équation. On a $A(0) = 0$, donc 0 est une solution de l'équation.

2. Pour tout nombre x : $(4x - 3)^2 - 9 = (4x - 3 - 3)(4x - 3 + 3) = 4x(4x - 6)$.

3. Les solutions de l'équation $(4x - 3)^2 - 9 = 0$; les solutions de l'équation-produit $4x(4x - 6) = 0$.

Donc les solutions de l'équation sont : 0 et $\frac{3}{2}$.

Fiche 9 — p. 35

1 **1.** L'ensemble des solutions est représenté en rouge.

1. $x \leq \frac{3}{4}$

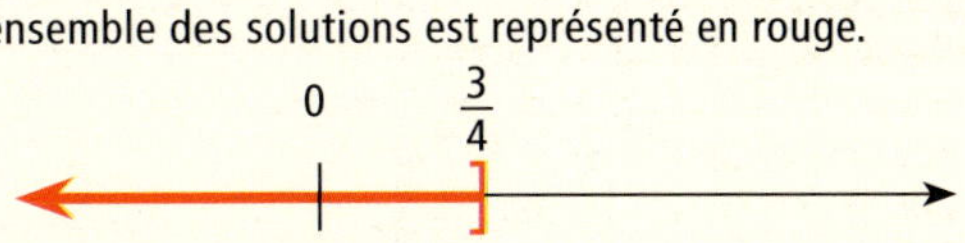

2. $x > -\frac{7}{2}$

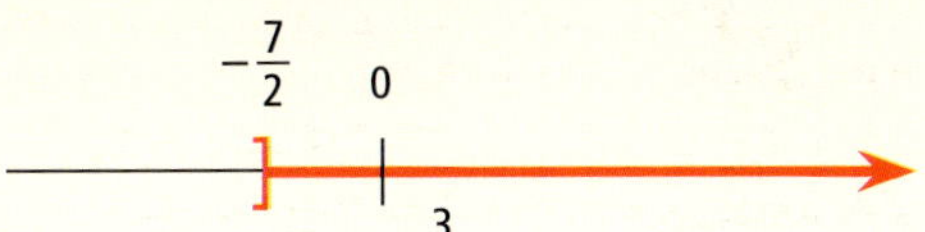

3. $-x \geq -\frac{3}{5}$

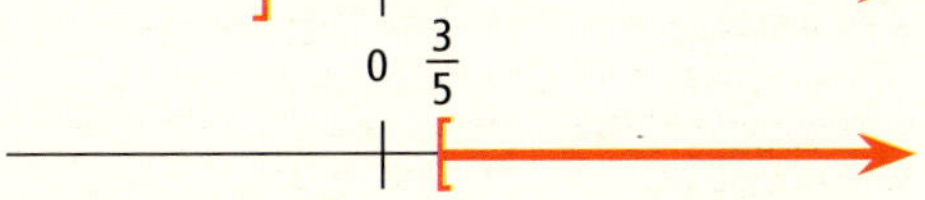

2 **1.** Les solutions de l'inéquation sont tous les nombres strictement supérieurs à $\frac{7}{3}$.

2. Les solutions de l'inéquation sont tous les nombres inférieurs ou égaux à $\frac{2}{7}$.

3. Les solutions de l'inéquation sont tous les nombres inférieurs ou égaux à $\frac{7}{2}$.

3 **1.** Pour $x = 60$, on a $2{,}5 \times 60 - 75 = 75$. Or $75 < 76$ donc 60 n'est pas une solution de l'inéquation.

2. $2{,}5x - 75 > 76$ donc $x > \frac{151}{2{,}5}$ donc $x > 60{,}4$. Les solutions de l'inéquation sont tous les nombres strictement supérieurs à 60,4. L'ensemble des solutions est représenté en rouge.

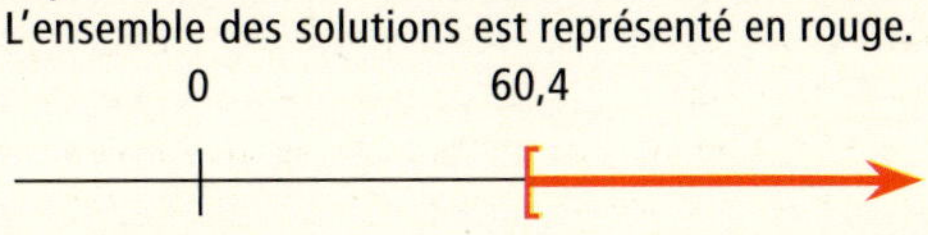

3. Soit x le nombre de glaces vendues pour faire un bénéfice minimum de 76 €. On a d'une part $x \leq 150$ et $2{,}5x - 75 > 76$. Le vendeur devra vendre entre 61 et 150 glaces pour que le bénéfice soit supérieur à 76 €.

Fiche 10 — p. 36

1 Il s'agit d'un calcul simple de moyenne. On appelle $\overline{x}$ la moyenne des 6 notes obtenues par Kim. On a :

$\overline{x} = \frac{10 + 15 + 17 + 19 + 13 + 20}{6} = \frac{94}{6} \approx 15{,}7$. La moyenne de Kim est de 15,7 sur 20.

2 **1.**

Nombre de tours effectués	310	320	330	340	350	360
Effectifs	4	4	5	7	3	2
Effectifs cumulés croissants	4	8	13	20	23	25

2. La médiane de cette série statistique correspond au nombre de tours effectués par la moitié des coureurs. L'effectif total représente l'ensemble de tous les coureurs : 25. Or, la médiane sépare la série en deux séries de même effectif : 25 : 2 = 12,5. Si l'on classait les coureurs, par ordre croissant, en fonction du nombre de tours parcourus, la médiane correspondrait à la moyenne du nombre de tours réalisés par le 12e et le 13e coureur. Comme ces deux coureurs ont tous les deux parcouru le même nombre de tours, la médiane est donc de 330 tours. Les coureurs les moins rapides ont réalisé 310 tours alors que les plus véloces en ont parcourus 360. L'étendue de la série statistique correspond à la différence entre ces deux valeurs : 360 – 310 = 50 tours.

3. La moyenne de cette série statistique correspond au nombre de tours moyen réalisés par un coureur. Il s'agit d'une moyenne pondérée. On appelle $\overline{x}$ cette moyenne. À l'aide du tableau ci-dessus, on a :

$$\overline{x} = \frac{4 \times 310 + 4 \times 320 + 5 \times 330 + 7 \times 340 + 3 \times 350 + 2 \times 360}{4 + 4 + 5 + 7 + 3 + 2}$$

$= \frac{8\,320}{25} \approx 333$. Un coureur aura parcouru, en moyenne, 333 tours.

Fiche 11 — p. 37

1 Dans le cas présent, on prend 4 points pour intervalle unitaire.

Notes	[0 ; 8[	[8 ; 12[	[12 ; 16[	[16 ; 20[	Total
Effectifs	6	10	7	4	27
IU	2	1	1	1	
R	3	8	5	4	

L'histogramme correspondant à cette série statistique est donc le suivant :

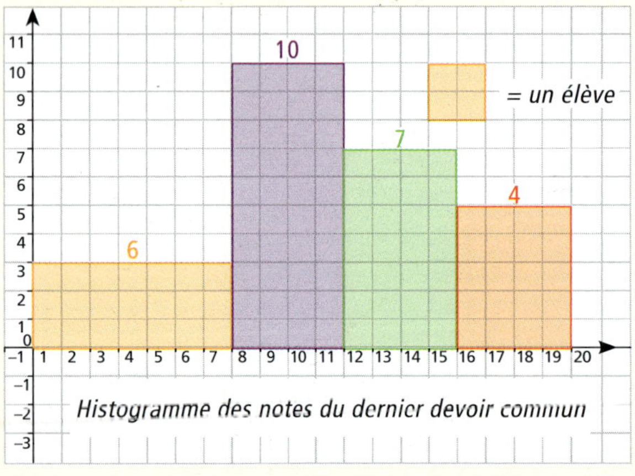

2 **1.**

	Films Animation	Comédies romantiques	Science-fiction	Films d'action	Total
Pourcentages	20 %	30 %	10 %	40 %	100 %
Angles	72 %	108 %	36 %	144 %	360 %

2.

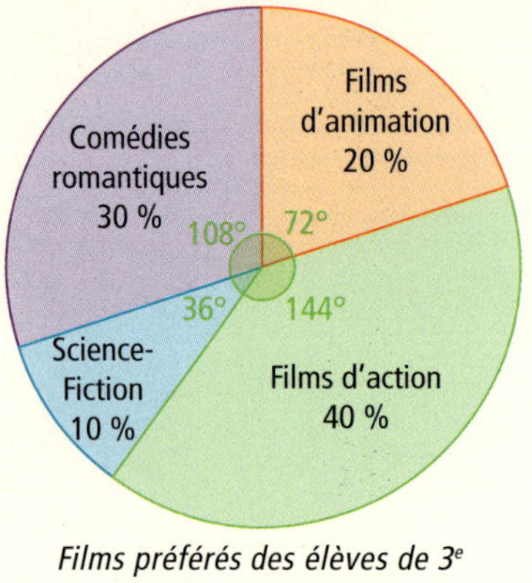

Films préférés des élèves de 3e

Fiche 12 — p. 38

1 L'expérience n'est pas aléatoire, car on peut identifier le fruit au toucher.

2 **1.** Un événement certain est un événement qui doit impérativement se réaliser, par exemple, l'événement « obtenir un nombre inférieur à 10 » se produira toujours. **2.** Un événement impossible est un événement qui ne peut pas se réaliser, par exemple, l'événement « obtenir un nombre pair supérieur à 8 » ne se produira jamais.

3 Il s'agit d'une situation d'équiprobabilité. **1.** La probabilité pour que la boule soit rouge est $\frac{10}{20} = \frac{1}{2}$. **2.** La probabilité pour que la boule soit noire ou jaune est $\frac{6+4}{20} = \frac{1}{2}$. **3.** La somme des deux probabilités trouvées aux deux questions précédentes est $\frac{1}{2} + \frac{1}{2} = 1$. Cela signifie que la probabilité de tirer une boule rouge, ou noire, ou jaune constitue un événement certain, donc de probabilité 1. C'était, en effet, parfaitement prévisible.

Fiche 13 — p. 39

1 En utilisant l'arbre précédent, la probabilité P ({Rouge, Orange}) = $\frac{3}{5} \times \frac{4}{9} = \frac{12}{45}$.

2 En utilisant l'arbre de l'exemple, l'événement qui a pour probabilité $\frac{8}{45}$ est « tirer une boule bleue suivie d'une boule orange ».

3 D'après cet arbre de probabilités, on peut affirmer que, si l'on choisit le hors-d'œuvre puis le plat principal au hasard, la probabilité de ne manger que du poisson sera de $\frac{4}{9}$.

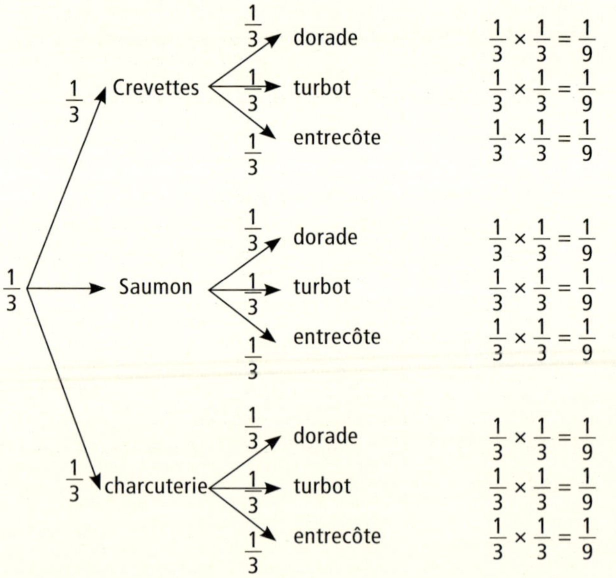

Fiche 14 — p. 40

1 La masse volumique de l'or est 19,3 g/cm³. La masse volumique est $\rho = \frac{M}{V}$ où M désigne une masse en g et V un volume en cm³. On considère le cube suivant :

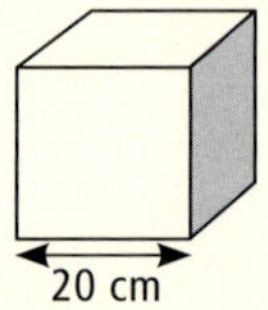

Le volume du cube d'or est 20^3 cm³ = 8 000 cm³. Donc la masse du cube de fer est $M = \rho \times V$. Donc M = 19,3 × 8 000 = 154 400 g = 15,44 kg.

Corrigés

2

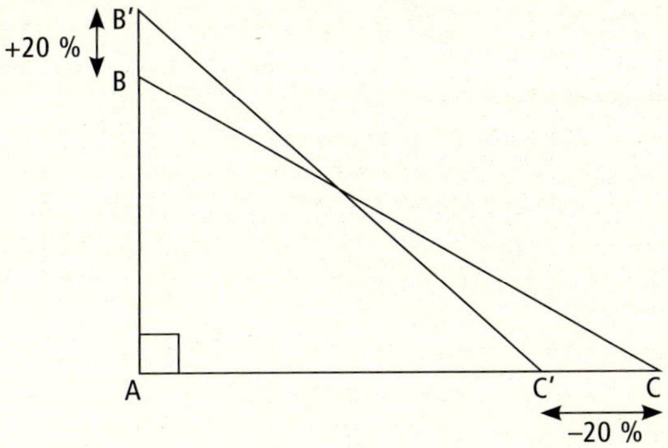

L'aire du triangle rectangle ABC est *Aire* (ABC) = $\frac{AB \times AC}{2}$. On construit B' tel que AB' = 1,2 × AB et C' tel que AC' = 0,8 × AC. Donc l'aire du triangle AB'C' est *Aire* (AB'C') = $\frac{AB' \times AC'}{2}$.

Donc *Aire* (AB'C') = $\frac{1{,}2 \times AB \times 0{,}8 \times AC}{2} = 0{,}96 \times \frac{AB \times AC}{2}$.

Donc *Aire* (AB'C) = 0,96 × *Aire* (ABC). L'aire du nouveau triangle rectangle (AB'C') est inférieure de 4 % à l'aire du triangle (ABC). Cali a donc parfaitement raison !

3 **1.** Le montant total de l'achat est de 1 575 €. Le tiers de ce montant est acquitté à la commande. Cela représente donc $\frac{1\,575}{3}$ = 525 euros. **2.** Il reste donc à payer : 1 575 – 525 = 1 050 euros. À la livraison, 25 % de ce montant est versé. Cela représente donc 25 % de 1 050 = $\frac{25 \times 1\,050}{100}$ = 262,50 euros.

3. Le solde s'élève donc à 1 050 – 262,50 = 787,50 euros.
Ce solde majoré de 12 % sera réglé à crédit en 4 mensualités équivalentes.
La majoration de 12 % s'applique sur les 787,50 euros restants (en fait cela représente le coût du crédit).
La nouvelle somme sera donc 787,50 × 1,12 = 882 euros.
Chaque mensualité (identique) sera donc de $\frac{882}{4}$ = 220,50 euros.

Fiche 15 p. 41

1 **1.** f est la fonction qui à un nombre x associe la somme de son carré et de son triple. Donc $f : x \mapsto x^2 + 3x$. **2.** g est la fonction qui à un nombre x associe la différence de son cube et de son carré. Donc $g : x \mapsto x^3 - x^2$

2

x	– 1	0	1	– 2 ou 2
$f(x)$	– 6	– 8	– 6	0

3 **1.** et **2.** Soit x un antécédent de 6 par f. x est solution de l'équation $f(x) = 6$ donc x est solution de l'équation $-3x + 8 = 6$ qui admet une unique solution $x = \frac{2}{3}$. Donc 6 admet un unique antécédent par f qui est $\frac{2}{3}$.

Fiche 16 p. 42

1 **1.** f est la fonction linéaire pour laquelle l'image de 5 est 8, donc $f : x \mapsto 1{,}6x$. **2.** g est la fonction linéaire pour laquelle l'antécédent de 3 est 4, donc $g : x \mapsto \frac{3}{4}x$.

2 **1** et **2**

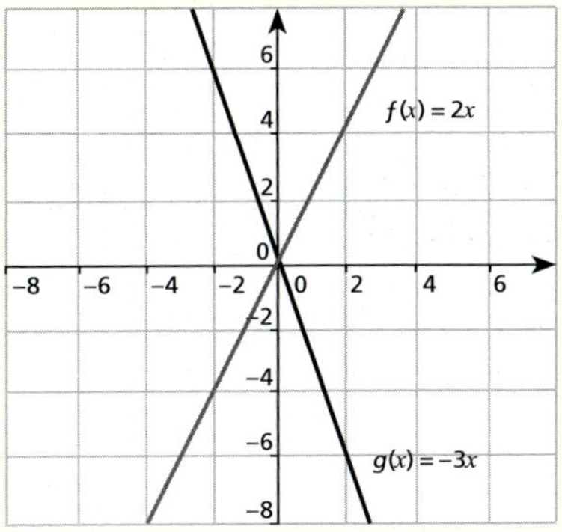

3 **1.** Les triangles ABC et EDC sont respectivement rectangles en A et en D. Il en résulte que $\left.\begin{matrix}(AB) \perp (AC)\\(ED) \perp (AC)\end{matrix}\right\}$.

Or si deux droites sont perpendiculaires à une même troisième, alors elles sont parallèles entre elles. Donc les droites (AB) et (ED) sont parallèles entre elles. On peut donc utiliser le théorème de Thalès appliqué aux triangles CDE et CAB. On a donc $\frac{CD}{CA} = \frac{CE}{CB} = \frac{ED}{AB}$ donc $\frac{DE}{6} = \frac{x}{9}$. Donc DE = $\frac{2}{9}x$. Donc $f(x) = \frac{2}{3}x$.

2. La fonction f est la fonction linéaire de coefficient $\frac{2}{3}$.

Fiche 17 p. 43

1 Déterminer la fonction affine $g : x \mapsto ax + b$ sachant que $g(1) = 5$ et $g(-3) = 2$ revient à trouver la valeur du couple $(a\,;\,b)$.

$$\begin{cases} g(1) = 5 \text{ donc } a + b = 5 \\ g(-3) = 2 \text{ donc } -3a + b = 2 \end{cases}$$

Il faut résoudre le système $\begin{cases} a + b = 5 \\ -3a + b = 2 \end{cases}$

L'unique couple solution est $\left(\frac{3}{4}\,;\,\frac{17}{4}\right)$.

La fonction cherchée est $g : x \mapsto \frac{3}{4}x + \frac{17}{4}$.

2 **1. 2.** et **3.**

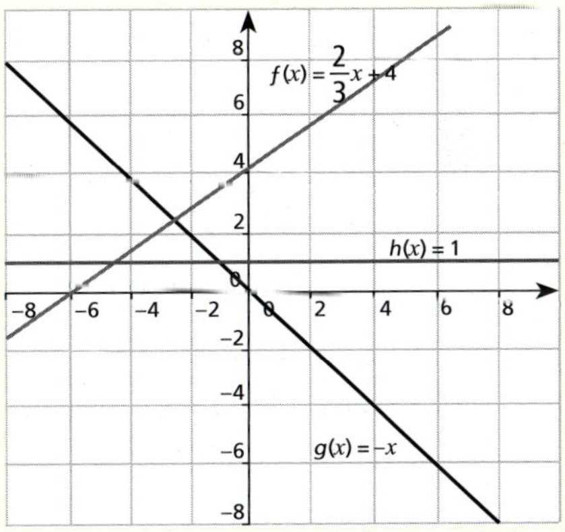

3 **1.**

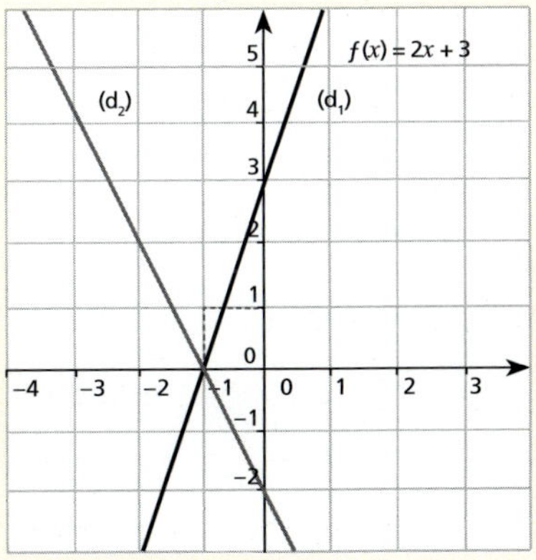

Corrigés

2. a. L'équation $2x + 3 = -3x - 2$ admet pour unique solution $x = -1$. **b.** Cette solution correspond à l'abscisse du point d'intersection des droites (d_1) et (d_2).

Fiche 18 p. 44

1 De $\dfrac{AM}{AB} = \dfrac{AN}{AC} = \dfrac{MN}{BC}$, on déduit que $MN = \dfrac{AM \times BC}{AB} = 9{,}8$ cm.

2 Dans la configuration proposée, les triangles ABC et AMN de sommet commun A sont tels que :

- $M \in (AB)$, $N \in (AC)$
- De plus, $\left.\begin{array}{l}\dfrac{AM}{AB} = \dfrac{9}{21}\ \dfrac{48}{112}\\[2mm] \dfrac{AN}{AC} = \dfrac{11}{16}\ \dfrac{77}{112}\end{array}\right\}$ donc $\dfrac{AM}{AB} \neq \dfrac{AN}{AC}$.

Dans ces conditions, le théorème de Thalès (dans sa version contraposée) permet d'affirmer que les droites (MN) et (BC) ne sont pas parallèles.

3 Dans la configuration, les droites (MN) et (BC) sont parallèles. Les triangles ABC et AMN de sommet commun A sont tels que :

- $M \in (AB)$, $N \in (AC)$
- Les droites (MN) et (BC) sont parallèles.

Dans ces conditions le théorème de Thalès permet d'écrire $\dfrac{AM}{AB} = \dfrac{AN}{AC}$ (1).
Or les points M et N appartiennent respectivement aux segments [AB] et [AC]. Donc $AB = AM + MB$ et $AC = AN + NC$.

La relation (1) s'écrit désormais $\dfrac{AM}{AB + MB} = \dfrac{AN}{AN + NC}$.

Par passage à l'inverse, on obtient $\dfrac{AM + MB}{AM} = \dfrac{AN + NC}{AN}$.

Donc, $1 + \dfrac{MB}{AM} = 1 + \dfrac{NC}{AN}$ donc $\dfrac{MB}{AM} = \dfrac{NC}{AN}$.

Finalement, on obtient la relation cherchée : $\dfrac{AM}{MB} = \dfrac{AN}{NC}$

(Il s'agit d'une variante du théorème de Thalès).

Fiche 19 p. 45

1 Les droites (BM) et (CN) sont sécantes en A. Les triangles ABC et AMN de sommet commun A sont tels que $M \in (AB)$ et $N \in (AC)$. Les points B, A, M et C, A, N sont alignés dans le même ordre. De plus on a :

$\left.\begin{array}{l}\dfrac{AB}{AM} = \dfrac{5}{15}\ \dfrac{1}{3}\\[2mm] \dfrac{AC}{AN} = \dfrac{7}{21}\ \dfrac{1}{3}\end{array}\right\}$ donc $\dfrac{AB}{AM} = \dfrac{AC}{AN}$.

Dans ces conditions, la réciproque du théorème de Thalès permet d'affirmer que les droites (MN) et (BC) sont effectivement parallèles.

2 Dans la configuration précédente, on vient de prouver que les droites (MN) et (BC) sont effectivement parallèles. Or le triangle ABC est rectangle en C, donc les droites (BC) et (BM) sont perpendiculaires. D'après le cours, si deux droites sont parallèles, toute perpendiculaire à l'une est perpendiculaire à l'autre. On en déduit que la droite (BM) et la droite (MN) sont perpendiculaires et qu'en conséquence, le triangle AMN est rectangle en M.

3

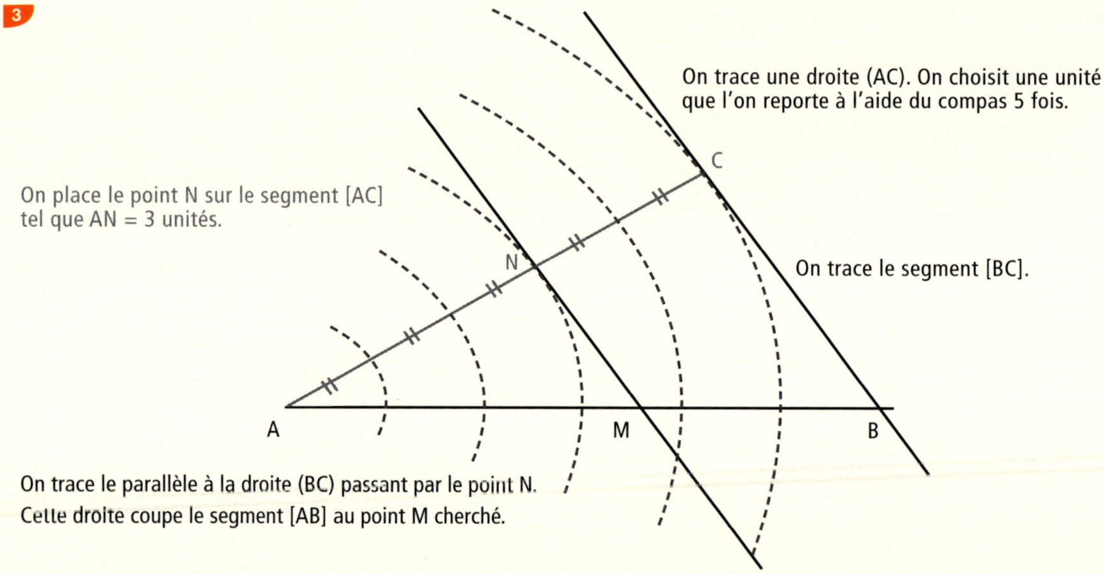

Dans la configuration ci-dessus, les droites (MN) et (BC) sont parallèles. Les triangles ABC et AMN de sommet commun A sont tels que :

$M \in (AB)$, $N \in (AC)$.
Les droites (MN) et (BC) sont parallèles.

Dans ces conditions le théorème de Thalès permet d'écrire : $\dfrac{AM}{AB} = \dfrac{AN}{AC}$.
On a AN = 3 unités et AC = 5 unités. Donc $AM = \dfrac{3}{5}AB$.

Fiche 20 p. 46

1 x désigne la mesure, en degrés, de l'un des angles aigus d'un triangle rectangle.
On sait que $\cos^2(x) + \sin^2(x) = 1$ donc $\cos^2(x) = 1 - \sin^2(x)$. Or $\sin^2(x) = \dfrac{4}{5}$ donc $\cos^2(x) = 1 - \left(\dfrac{4}{5}\right)^2 = \left(\dfrac{3}{5}\right)^2$, puisque l'angle x est aigu, $\cos(x) = \dfrac{3}{5}$.

De plus, $\tan(x) = \dfrac{\sin(x)}{\cos(x)}$, donc $\tan(x) = \dfrac{4}{5} \times \dfrac{5}{3} = \dfrac{4}{3}$.

2 Le triangle ABC est rectangle en A, on peut y appliquer les formules de trigonométrie. En particulier, $\cos(\widehat{ABC}) = \dfrac{AB}{BC}$ donc $\cos(\widehat{ABC}) = \dfrac{4}{6} = \dfrac{2}{3}$ donc $\widehat{ABC} = \cos^{-1}\left(\dfrac{2}{3}\right) \approx 48°$.

3 Le triangle ABC est rectangle en C, donc on peut y appliquer le théorème de Pythagore. On a ainsi $AB = \sqrt{34}$ cm. Les angles $\widehat{ABC}$ et $\widehat{CDE}$ sont deux angles alternes internes compris entre les droites (AB) et (DE). Or ces deux droites étant parallèles, les angles alternes internes sont égaux. Donc $\widehat{ABC} = \widehat{CDE}$. Dans les triangles ABC et CDE, rectangles respectivement en C et E, on peut appliquer les formules de trigonométrie. On a $\cos(\widehat{ABC}) = \dfrac{3}{\sqrt{34}}$ et $\cos(\widehat{CDE}) = \dfrac{6}{x}$.

Or $\widehat{ABC} = \widehat{CDE}$.

Donc $\dfrac{3}{\sqrt{34}} = \dfrac{6}{x}$ donc $x = \dfrac{6 \times \sqrt{34}}{3} = 2\sqrt{34}$.

La longueur exacte du segment [DC] est $DC = 2\sqrt{34}$ cm.

Fiche 21 p. 47

1 Le rayon de la section est 4 cm.

2 Le volume de la boule est de 4,5 π L ≈ 14,1 L.

3 **1.** L'intersection de la boule avec un plan passant par son centre s'appelle **un grand disque**. Ce grand disque a pour rayon le rayon de la boule. La circonférence de ce grand disque de rayon R est : $2 \times \pi \times R$. Donc la circonférence correspond à la longueur de l'Équateur, soit environ 40 024 km.

2. La longueur d'un arc de cercle et son angle associé sont des grandeurs proportionnelles. On remplit le tableau de proportionnalité ci-dessous.

Angle de l'arc	360°	$mes(\widehat{BOA}) = mes(\widehat{GOA}) - mes(\widehat{GOB}) = 42° - 9° = 33°$
Longueur de l'arc	40 024	Longueur de l'arc $= \widehat{AB} = x$

Donc, puisque le tableau est un tableau de proportionnalité, on a $\dfrac{40\,024}{360} = \dfrac{x}{33}$.

Donc la mesure de l'arc $\widehat{AB}$ est $33 \times \dfrac{40\,024}{360} \approx 3\,669$ km.

Fiche 22 p. 48

1 La translation conserve la perpendicularité et les longueurs. Donc l'image du triangle ABC rectangle en C est le triangle BB'C' rectangle en C'.

2 La translation conserve les angles et les longueurs. Donc l'image du carré ABCD est un carré CB'C'D' de même aire que le carré ABCD c'est-à-dire 25 cm².

3 **1.** L'image de L par la translation qui à R associe N est H. **2.** L'image de J par la translation qui transforme C en O est R. **3.** L'image du carré BCHI par la translation qui à A associe M est le carré NOTS.

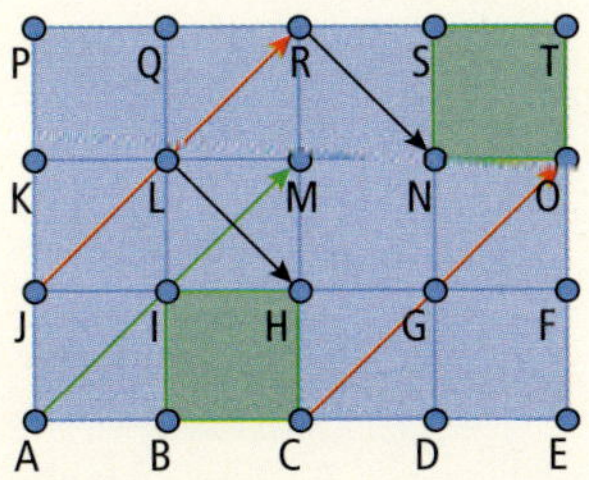

Fiche 23 p. 49

1 On appelle O le centre de la rotation. Puisque A' est l'image de A dans la rotation de centre O cela signifie que OA' = OA. Donc on peut simplement affirmer que le point O est équidistant de A et de A', ce qui équivaut à dire que O appartient à la médiatrice du segment [AA']. Avec les données de l'énoncé, il est impossible de situer précisément ce point.

2 La rotation transforme un rectangle en un rectangle de même aire. Donc $Aire_{A'B'C'D'} = Aire_{ABCD} = 6 \times 4 = 24$ cm².

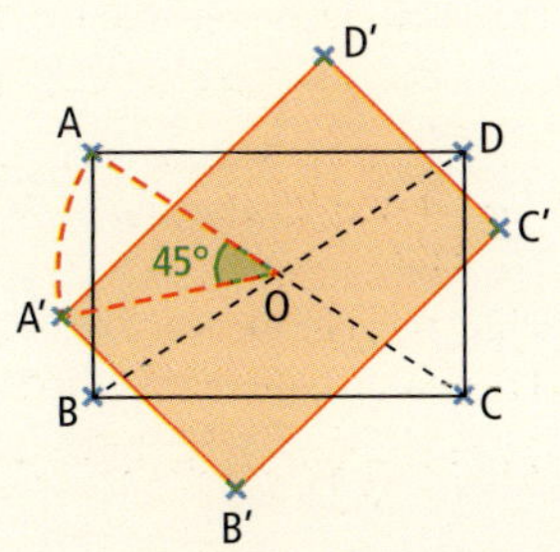

3 **1.** et **2.**

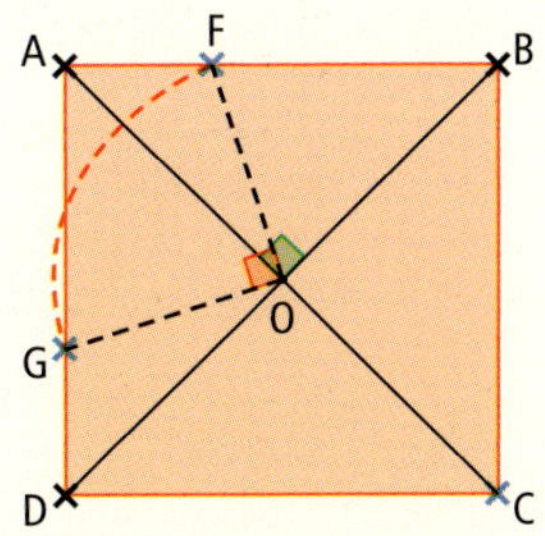

3. Soit R la rotation de centre O, d'angle 90° dans le sens direct. Comme les diagonales du carré se coupent perpendiculairement en leur milieu et ont la même longueur, on a : OB = OA = OC et $\widehat{BOA} = \widehat{AOD} = 90°$. Donc R(B) = A et R(A) = D. De plus, la rotation conserve les longueurs donc R ([BA]) = [AD]. Le point F ∈ [AB], donc les points B, F et G sont alignés dans cet ordre. Or, la rotation conserve l'alignement des points, donc les points R(B), R(F) et R(A) sont également alignés. Donc le point G ∈ [AD]. De plus R(B) = A et R(F) = G donc R([BF]) = [AG] avec BF = AG.

Fiche 24 p. 50

1 Le rapport de l'homothétie est $\dfrac{2}{3} < 1$, donc il s'agit d'une réduction.

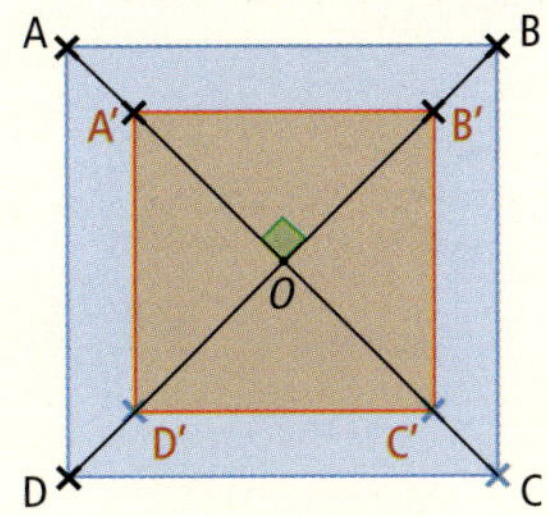

2 Le rapport de l'homothétie est $\dfrac{5}{2} > 1$, donc il s'agit d'un agrandissement. Lors d'un agrandissement de rapport $\dfrac{5}{2}$, les aires sont multipliées par $\left(\dfrac{5}{2}\right)^2$. Or d'après la réciproque du théorème de Pythagore, le triangle ABC est rectangle en A donc son aire vaut : $Aire_{ABC} = \dfrac{3 \times 4}{2} = 6$ cm². Donc $Aire_{A'B'C'} = \left(\dfrac{5}{2}\right)^2 \times Aire_{ABC} = \dfrac{25}{4} \times 6 = 37{,}5$ cm².

3 Les triangles ABC et ABD sont rectangles en A et en D donc $\widehat{BAC} = \widehat{BDA} = 90°$.
De plus, $\widehat{ABC} = \widehat{ABD}$. Or la somme des angles d'un triangle vaut 180°, ce qui permet de conclure que $\widehat{BAD} = \widehat{BCA}$. Ainsi, les triangles ABC et ABD ont des angles égaux, ils sont donc semblables.

Histoire-Géographie Enseignement moral et civique

Fiche 1 p. 51

1 **1.** Les Arméniens vivent au nord-est de l'Empire ottoman, un allié des puissances centrales (l'Allemagne et l'Autriche-Hongrie). **2.** La Russie fait partie de l'Entente : elle est l'alliée de la France et du Royaume-Uni et, en 1915, de l'Italie. Les Arméniens qui soutiennent un « pays ennemi » sont donc martyrisés et violentés par les autorités turques. **3.** Les Arméniens sont déportés vers le sud de l'Empire, placés dans des camps de concentration et massacrés, par exemple à Van, Adana, Alep. **4.** Le génocide est l'extermination programmée d'un peuple pour une raison politique, ethnique et religieuse. Il est la manifestation d'une violence de masse car toutes les personnes sont touchées : les enfants, les femmes, les hommes, les jeunes et les moins jeunes. Ce premier génocide du XXe siècle provoque la mort d'environ un million de personnes.

2 Depuis la fin de 1914, les soldats des deux camps s'enterrent dans les tranchées, où ils vivent dans la boue et le froid, au milieu des rats, avec la peur de mourir omniprésente. Les lance-flammes, les gaz, les nouvelles armes accroissent la violence des combats et la terreur des soldats. Par exemple, en 1916, la bataille de Verdun est, l'une des batailles les plus meurtrières de la Première Guerre mondiale. Le mot d'ordre allemand est de « saigner à blanc l'armée française » et celui de l'armée française est de « résister coûte que coûte ». Le bilan est catastrophique. Près de 700 000 victimes (morts et blessés) pour quelques kilomètres carrés remportés.

3 La Première Guerre mondiale transforme démographiquement les sociétés dans la mesure où près de 10 millions d'hommes jeunes disparaissent tandis que d'autres sont mutilés. Il s'ensuit un déficit des naissances caractéristique de l'après-guerre. Les régions situées le long du front sont détruites et le déficit de population active est important. Les femmes, qui ont remplacé les hommes partis au combat, s'émancipent. Tous espèrent que la Grande guerre sera *la der des der* ! Les États sont déstabilisés. En pleine guerre, la vague révolutionnaire secoue la Russie, fait chuter l'empire et amène au pouvoir Lénine qui installe le premier régime communiste de l'histoire. En Hongrie comme en Allemagne, la vague révolutionnaire secoue le pays. En Hongrie, le mouvement est écrasé et en Allemagne, l'Empire de Guillaume II tombe et la république de Weimar est proclamée. Dans les démocraties comme la France, les partis de droite s'affirment contre le bolchevisme et remportent les élections de 1919. Au congrès de Tours de 1920, la SFIO éclate en deux partis (SFIO et Parti communiste) et le mouvement ouvrier est affaibli. Sur le plan territorial, les traités de paix transforment la carte de l'Europe. De nouveaux États, tels que la Pologne, la Tchécoslovaquie, l'Autriche, la Hongrie, la Yougoslavie, la Turquie, la Lituanie, la Lettonie et l'Estonie remplacent les quatre empires disparus mais les problèmes liés aux minorités ne sont pas pour autant réglés. C'est donc une Europe sur le déclin qui sort de la Première Guerre mondiale.

Fiche 2 p. 52

1

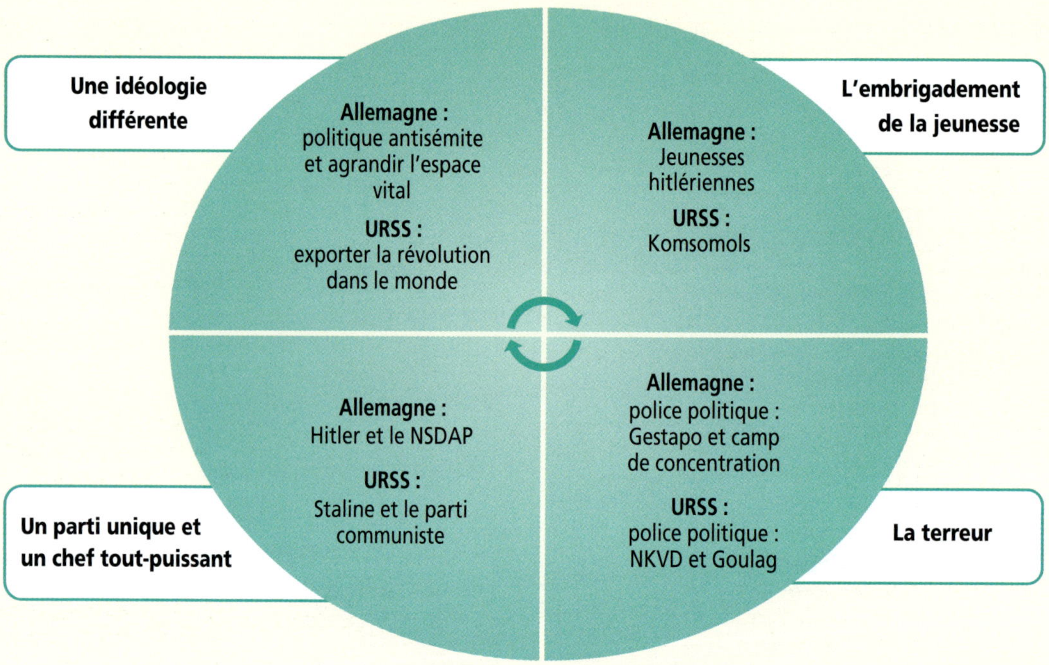

2 Après la révolution conduite par Lénine et les bolcheviks dans la nuit du 24 au 25 octobre 1917, naît le système totalitaire soviétique. Lénine applique le programme (paix immédiate, confiscation des grandes propriétés foncières et contrôle des usines par les ouvriers) pour mettre en place la dictature du prolétariat et satisfaire aux attentes de ceux qui l'ont porté au pouvoir. Il anéantit les capitalistes et les riches qui sont pour lui les oppresseurs du peuple. Il transforme le parti bolchevik en parti communiste unique et crée l'URSS, ou Union des Républiques socialistes soviétiques. Après 1924, son successeur, Staline, le secrétaire général du parti communiste depuis 1922, se débarrasse habilement de ses opposants, notamment de Trotsky, et devient un véritable dictateur qui concentre entre ses mains tous les pouvoirs. Placé au-dessus de tous, Staline fait l'objet d'un culte de la personnalité qui rend son autorité indiscutable. Il embrigade la jeunesse dans le but de lui inculquer la fidélité au régime et au chef. Il utilise la presse (un seul journal, *La Pravda*), le cinéma, les parades qu'il fait organiser régulièrement sur la Place Rouge à Moscou, comme des outils de propagande au service du régime communiste. Il supprime les libertés, dont la liberté d'expression, et censure l'information. Les élections ne sont plus libres car il faut voter pour le candidat unique du parti communiste. Il impose sa politique par la force, comme par exemple avec la collectivisation des terres en 1929. Il fait surveiller la population par sa police politique, le NKVD et, dans les années 1930, il met en place la « grande terreur ». De grands procès, appelés « grandes purges », dirigés contre les opposants, vrais ou supposés, au régime (paysans riches ou koulaks ayant refusé la collectivisation des terres, anciens compagnons de Lénine) sont organisés à Moscou entre 1936 et 1938. Rapidement, tout individu jugé dangereux par le pouvoir et par Staline est déporté dans des camps de travail gérés par le Goulag. Les détenus, servant de main d'œuvre gratuite, mettent en valeur des régions froides d'URSS.

Fiche 3 p. 53

1

L'auteur de l'affiche et sa date	La CGT, 1936
La mesure sociale présentée et le procédé graphique utilisé	La semaine de 40 heures représentée par un soleil rouge brillant au-dessus d'une usine noire
La catégorie sociale concernée et le procédé graphique utilisé	L'ouvrier souriant, vêtu de son bleu de travail et occupant la moitié de l'affiche
L'impression générale suggérée	Le bonheur de l'ouvrier qui va travailler à l'usine (son sourire) etde sa famille (le signe de la main)
Le nom du gouvernement évoqué	Front populaire
L'opinion de l'affiche pour ce gouvernement	Pour

2 La durée du travail hebdomadaire limitée à 40 heures permettra de créer des emplois, ce qui libérera le monde ouvrier de la misère et du chômage. Avec un salaire plus élevé, l'ouvrier disposera d'un meilleur pouvoir d'achat et dégagera du temps pour s'occuper de sa famille. Au final, la situation économique du pays s'améliorera, la crise disparaîtra, l'ouvrier retrouvera la confiance dans le gouvernement en place et son sourire. Il ne sera plus tenté de rejoindre les ligues d'extrême-droite antirépublicaines.

3 La crise économique mondiale atteint la France en 1931. Sa production industrielle diminue et le chômage progresse fortement. Le nombre des chômeurs oscille en 500 000 et 1 000 000 en 1935. La situation de la France est difficile. Les gouvernements successifs ne parviennent pas à résoudre la crise et l'influence des ligues d'extrême droite met à mal la démocratie parlementaire. Le 6 février 1934, les ligues manifestent devant la chambre des députés. À l'intérieur, les députés votent la confiance à Daladier, le nouveau président du Conseil, qui a promis de dissoudre les ligues. Dehors, la manifestation dégénère en émeute et fait 15 morts et 1 500 blessés. Daladier démissionne. La politique ne se fait plus à l'Assemblée nationale, mais dans la rue. Inquiets de cette poussée du fascisme, les syndicats et les partis de gauche (SFIO, parti radical et parti communiste) appellent à la grève générale le 12 février 1934. Ils manifestent encore ensemble le 14 juillet 1935 et décident de se présenter unis aux élections législatives de 1936. Cette alliance électorale porte le nom de Front populaire et son programme « Pour le pain, pour la paix, pour la liberté » propose des mesures contre la crise économique, la misère, la défense de la paix et des libertés de chacun et de la démocratie. Le Front populaire remporte une écrasante victoire en mai 1936 et Léon Blum devient le président du Conseil. Le mouvement ouvrier organise alors de grandes grèves, avec occupation d'usines dans une ambiance de kermesse, pour soutenir le gouvernement et faire pression sur le patronat. La mobilisation populaire permet l'adoption de significatives avancées sociales. Les accords Matignon de juin 1936, signés sous la présidence de Léon Blum, avec la participation des syndicats ouvriers et du patronat, mettent fin aux grèves, accordent une hausse des salaires et reconnaissent pour le monde ouvrier, des droits économiques comme la liberté d'opinion avec le droit d'appartenir à un syndicat professionnel et la mise en place de contrats collectifs de travail. D'autres lois complètent ces accords, notamment celles instituant quinze jours de congés payés et celle réduisant le temps de travail hebdomadaire à 40 heures au lieu de 48 heures. Parallèlement, les billets de train réduits, la création d'auberges de jeunesse, l'ouverture de théâtres, de bibliothèques et d'infrastructures sportives prennent en charge le temps libre, permettent aux Français de partir en vacances et améliorent leur quotidien. Malheureusement, l'ensemble de ces mesures ne résoudra pas la crise économique et n'empêchera pas la démission de Léon Blum, affaibli par les critiques de l'extrême droite (Léon Blum est juif), l'opposition du patronat (contre les congés payés et l'augmentation des salaires), les difficultés économiques (reprise de l'inflation) et les tensions liées à la guerre d'Espagne (les communistes auraient voulu une intervention de la France alors que les radicaux et les socialistes prônent la non-intervention). Il n'en demeure pas moins que les avancées sociales du Front populaire sont à la base du système social français.

Fiche 4 — p. 54

1 **1.** Un serment est la promesse solennelle d'une personne qui s'engage à bien remplir les devoirs liés à sa fonction ; le serment est prêté devant les officiers supérieurs, par des soldats japonais, avant une bataille. **2.** Jusqu'au bout, de toutes nos forces ; nous anéantirons les chars ennemis ; nous exterminerons les rangs ennemis ; nous abattrons l'ennemi ; ne pas mourir avant d'avoir tué dix ennemis, nous poursuivrons jusqu'au dernier, nous harcèlerons l'ennemi. **3.** Le soldat japonais est nationaliste : il doit combattre l'ennemi jusqu'à en mourir, il ne doit pas reculer ou céder du terrain. Il doit mourir les armes à la main plutôt que de capituler. C'est à cause de l'état d'esprit des soldats japonais qu'à la fin de la guerre, le président Truman décide de lancer la bombe atomique à Hiroshima le 6 août 1945. Il faudra qu'une seconde bombe soit lancée sur Nagasaki le 9 août pour que le Japon, battu, capitule en septembre 1945. **4.** La volonté d'anéantissement de l'ennemi existe dans l'Allemagne nazie. Elle s'exprime par le pillage de l'Europe et la soumission, à l'Allemagne nazie, des populations occupées, par la déportation des résistants vers les camps de concentration et par le génocide du peuple juif, appelé Shoah. Les bombardements des villes menés, de jour comme de nuit, par les Alliés et les puissances de l'Axe, la décision du président américain Truman d'utiliser la bombe atomique sur le Japon, pour en finir avec une guerre qui s'enlise, témoignent de la volonté d'anéantissement de l'ennemi. Bien que les motivations des Alliés et de l'Axe aient été différentes, les résultats pour les civils ont été les mêmes, à savoir des destructions massives et des pertes nombreuses. La Deuxième Guerre mondiale est responsable de la mort de 50 millions de personnes dont une majorité de civils.

2 Depuis son arrivée au pouvoir, Hitler met en œuvre l'idéologie antisémite qu'il a exposée dans *Mein Kampf*, publié en 1925. En 1935, il fait adopter les lois de Nuremberg antisémites et discriminatoires et en 1938, lors de la Nuit de Cristal, il fait organiser des violences contre les Juifs. Dès 1940, les Juifs sont parqués dans des ghettos (quartiers qui leur sont réservés) dans les villes d'Europe où ils meurent de faim et de maladies. Celui de Varsovie compte 500 000 personnes et en 1945, 200. Après l'invasion de l'URSS en 1941, les *Einsatzgruppen* (unités de tuerie commandées par les SS) sont chargés de les assassiner dans des fusillades ou dans des camions qui étaient en fait des unités de gazage mobile. La Conférence de Wannsee en 1942 est l'aboutissement de ces théories. « La solution finale de la question juive » est décidée. Méthodiquement et systématiquement, les Juifs et les Tsiganes d'Europe sont déportés par trains entiers, entassés dans des wagons à bestiaux vers les centres d'assassinat (exemples : Auschwitz-Birkenau, Treblinka, Mathausen). À leur arrivée, les femmes, les enfants et les personnes plus âgées sont triés, déshabillés et tondus car les nazis récupèrent leurs vêtements, leurs lunettes, leurs cheveux, leur or et leurs bijoux. Ces déportés sont ensuite sauvagement poussés vers de fausses salles de douche (chambre à gaz) où ils trouvent la mort, asphyxiés dans d'horribles souffrances avant d'être brûlés dans les fours crématoires. Parmi les déportés qui ont échappé au tri, certains servent de cobayes pour des expériences médicales monstrueuses. Les autres sont condamnés à une mort lente en travaillant dans les camps ou dans les usines allemandes. Le bilan du génocide est lourd. Environ 5 millions de Juifs et 200 000 Tsiganes sont exterminés dans cette entreprise que les nazis voulaient garder secrète (décret « Nacht und Nebel » ou « Nuit et Brouillard »).

Fiche 5 — p. 55

1 **1.** Ce sont les Comités féminins, c'est-à-dire des femmes résistantes. **2.** Depuis le 10 juillet 1940, la majorité des parlementaires a voté les pleins pouvoirs à Pétain. La IIIe République n'est plus. La France est gouvernée par le régime de Vichy, marqué par la personnalité de Pétain et dont la devise est « Travail, Famille, Patrie ». **3.** La majeure partie du tract est occupée par un soldat au regard déterminé et fier d'être Français (les trois couleurs du drapeau dans le coin gauche), prisonnier dans un camp en Allemagne (les fils de fer barbelés). Les slogans, « Pensez à nous » et « Femmes ! luttez », formulés à l'impératif, illustrent ses pensées. Les phrases écrites en capitales d'imprimerie expliquent le contexte de l'époque et les phrases écrites en écriture liée indiquent les actions à mener. **4.** Les appels représentent les objectifs de la Résistance, à savoir la lutte contre l'occupant allemand (les Boches) et les traîtres de Vichy (Pétain, Laval) rassemblés sous le terme de « tyrans ». « Pensez à nous » : les Français prisonniers de guerre restent en Allemagne malgré l'armistice signé par la France le 22 juin 1940.

Cela est contraire au droit international mais le régime de Vichy ne s'en soucie pas. « Femmes ! luttez » et « Sabotez » : ne pouvant supporter la présence de l'occupant sur le sol français et le régime de Vichy qui collabore officiellement avec l'Allemagne nazie, depuis octobre 1940, sur le plan politique, administratif, idéologique et économique, les femmes, celles des prisonniers et d'autres, se sont engagées dans la Résistance. Au nom des valeurs de liberté, d'égalité et de fraternité, elles sabotent les voies ferrées, elles cherchent des renseignements, elles rendent à l'occupant la vie plus difficile et elles refusent le STO ou Service du travail obligatoire institué par Vichy.

2 Le résistant est une personne qui refuse l'armistice du 22 juin 1940, l'occupation du territoire, le régime de Vichy avec la politique de collaboration que le maréchal Pétain met en place avec l'Allemagne nazie. Le résistant, conforté par l'appel à la résistance lancé par le général de Gaulle depuis Londres, le 18 juin 1940, est persuadé que le combat n'est pas perdu, et que seule compte la volonté profonde de renverser un régime niant les valeurs républicaines de liberté, d'égalité et de fraternité. C'est la raison pour laquelle, clandestinement, des mouvements de résistance naissent partout sur le territoire pour organiser le renseignement, des opérations de sabotage contre l'occupant et aider les victimes de la collaboration. Le résistant, dans un second temps, veut aussi préparer l'avenir. C'est la raison pour laquelle le CNR, créé par Jean Moulin en 1943, regroupant des personnes aux sensibilités variées, des représentants des mouvements de résistance, des partis politiques, et des syndicats, met au point un programme désireux de donner des droits nouveaux aux citoyens et citoyennes et de restaurer un État capable de mener le redressement de la France et de la République au lendemain de la Libération.

Fiche 6 — p. 56

1 **1.** Il s'agit des unes du quotidien national *Le Figaro*, un journal favorable à la droite et au général de Gaulle. **2.** L'une est datée du 17 septembre 1959 et la seconde du 19 mars 1962. Le conflit ayant commencé en novembre 1954, les journaux relatent des évènements du milieu et de la fin du conflit. **3.** L'armée française est engagée derrière un discours qui se place dans un premier temps sur « le maintien de l'ordre » et « la pacification » dans ce département français. Le gouvernement parle des « évènements » d'Algérie, mais n'emploie pas le terme de guerre. La situation militaire est assez difficile, car les Algériens, derrière le FLN ou Front de libération nationale, utilisent une technique de guérilla (attentats, embuscades) à laquelle l'armée française classique est mal préparée. Il s'ensuit des exactions dans les deux camps (celui de l'armée française, et celui des « Rebelles » ou Algériens nationalistes). **4.** « L'Algérie, c'est la France, et la France ne reconnaîtra pas chez elle d'autre autorité que la sienne », c'est ce qu'affirme François Mitterrand, le ministre de l'Intérieur français en novembre 1954. L'Algérie étant un département français dépendant non pas du ministre des Colonies, mais du ministre de l'Intérieur, la France entend conserver intact le statut de l'Algérie et s'oppose à sa volonté d'indépendance. Devenu président de la Ve République en 1958, le général de Gaulle dit dans un premier temps que l'Algérie est française, puis en 1959, il propose l'autodétermination aux Algériens, et enfin, il s'achemine vers le processus d'indépendance concrétisé par les accords d'Évian signés en mars 1962, ceci malgré l'hostilité d'une partie des Européens d'Algérie ainsi que l'armée et la création de l'OAS, ou Organisation de l'armée secrète qui multiplie des actions terroristes contre le FLN.

2 En 1958, l'insurrection du 13 mai provoque le rappel au pouvoir du général de Gaulle par le président de la IVe République, Coty. Le général de Gaulle accepte à condition que soit menée une réforme constitutionnelle. Il forme un nouveau gouvernement et exerce la fonction de président du Conseil et de ministre de la Défense nationale. Avec l'adoption de la Constitution de 1958 naît la Ve République, qui existe encore aujourd'hui.

3 En Algérie, l'opposition est nette entre la minorité d'Européens riches et la majorité de musulmans pauvres. En 1945, les premiers incidents se produisent quand la manifestation des nationalistes algériens à Constantine et à Sétif est violemment réprimée. Mais c'est en 1954 que la guerre commence véritablement. À cette date, la France vient de perdre l'Indochine, le contexte international est favorable à l'émancipation des peuples, l'Égyptien Nasser assure son soutien à l'Algérie et la conférence de Bandung de 1955 encourage les colonies à devenir indépendantes. Le 1er novembre 1954, le mouvement nationaliste FLN proclame son intention d'en terminer avec le système colonial et déclenche sur tout le territoire une vague d'attentats visant les intérêts français. La France ne parle pas de « guerre », mais des « évènements d'Algérie », et ne veut pas entendre parler d'indépendance pour l'Algérie. La situation se complique en mai 1958 après une insurrection à Alger. Le général de Gaulle est alors rappelé par le président de la IVe République pour diriger le gouvernement. Devenu président de la Ve République, le général de Gaulle dit dans un premier temps que l'Algérie est française, puis en 1959, propose l'autodétermination aux Algériens. Mais une partie des Européens d'Algérie et de l'armée y est hostile et crée l'OAS, ou Organisation de l'armée secrète, qui multiplie des actions terroristes contre le FLN. En 1961, des généraux tentent un putsch à Alger, mais l'armée ne les suit pas. En mars 1962, les accords d'Évian reconnaissant l'indépendance de l'Algérie sont signés, mais les attentats de l'OAS provoquent l'expulsion des Français d'Algérie en juillet 1962. Près d'un million de pieds noirs et un peu plus de 40 000 harkis reviennent s'installer en France. Dès lors, l'Algérie indépendante, affaiblie démographiquement et économiquement, choisit la voie socialiste pour se reconstruire.

Fiche 7 — p. 57

1 La guerre froide est la période allant de 1947 à 1991. Elle est marquée par des tensions politiques et idéologiques entre les deux « grands » ou « blocs » (États-Unis et URSS) sans que cela ne dégénère en un conflit armé direct. Le plan Marshall, proposé par les États-Unis, accepté par les pays de l'Europe occidentale mais refusé par Staline, marque le début de la guerre froide. La chute du communisme et l'éclatement de l'URSS marquent la fin de la guerre froide.

2 Le bloc occidental ou bloc de l'Ouest est dirigé par les États-Unis. Le bloc soviétique ou bloc de l'Est est dirigé par l'URSS.

3 **1.** Le président des États-Unis, John Kennedy, prononce son discours le 23 juin 1963 à Berlin-Ouest. Il s'adresse aux Berlinois de l'Ouest. **2.** Le discours de John Kennedy est prononcé en période de guerre froide. Depuis 1949, deux États allemands existent : à l'Ouest, la République fédérale d'Allemagne (RFA) et à l'Est, la République démocratique allemande (RDA). La ville de Berlin est également constituée de deux parties : Berlin-Ouest qui appartient à la RFA et Berlin-Est qui est la capitale de la RDA. Depuis 1961, le Mur sépare Berlin-Est de Berlin-Ouest. **3.** John Kennedy prononce en allemand *Ich bin ein Berliner* pour évoquer le monde de la liberté, qu'il oppose au communisme. **4.** Le fait que John Kennedy soit venu en visite officielle en RFA et qu'il ait choisi de prononcer son discours, ponctué de phrases en allemand, au pied du Mur, à Berlin-Ouest, est un signe très fort. Il veut montrer aux yeux du monde de cette époque, c'est-à-dire au bloc occidental et au bloc communiste, sa détermination, sa foi en la liberté et en la démocratie ainsi que sa solidarité avec les Berlinois de l'Ouest. Le discours de Kennedy est révélateur de la guerre idéologique que mènent les deux blocs au temps de la guerre froide. Mais, malgré ce discours, les deux Allemagne et les deux Berlin vivront séparés jusqu'à la chute du Mur en 1989.

4 En 1947, les États-Unis proposent le plan Marshall, que l'URSS refuse, et le monde se partage idéologiquement en deux blocs, l'Ouest (États-Unis) et l'Est (l'URSS). En Corée, la guerre

(1950-1953) oppose la partie Nord communiste à la partie Sud proaméricaine. Après le blocus de Berlin et le pont aérien des Occidentaux, la République fédérale d'Allemagne (Ouest) et la République démocratique allemande (Est) sont créées en 1949. Berlin-ouest, ville de RFA, est située au cœur de la RDA. Avec « l'équilibre de la terreur », les deux crises (Mur de Berlin en 1961, fusées de Cuba en 1962) ne débouchent pas sur un conflit direct mais, notamment la seconde, fait planer le risque d'une troisième guerre mondiale. L'ébranlement des régimes communistes, en Pologne et en Hongrie, entraîne l'ouverture du Mur en novembre 1989, la réunification de l'Allemagne, l'effondrement de l'URSS en 1991 et la fin de la guerre froide, qui permet aux États-Unis de devenir l'hyperpuissance.

Fiche 8 p. 58

1 **1.** Le Conseil national de la Résistance, créé par Jean Moulin en 1943, rassemble les mouvements de résistance, les partis politiques et les syndicats, et reconnaît le général de Gaulle comme son chef.

2.

	Programme du Conseil national de la Résistance	Réformes initiées par le GPRF et poursuivies par la IVe République
Mesures politiques	Établir le GPRF, rétablir la démocratie et les libertés fondamentales ; rétablir le suffrage universel	L'abrogation des lois de Vichy, considérées comme nulles et non avenues ; les femmes obtiennent le droit de vote en 1944 et les élections sont organisées ; les commissaires de la République assurent le fonctionnement de l'administration et amènent devant la justice les collaborateurs ; la Constitution de 1946 réaffirme les droits de l'homme et la démocratie
Mesures économiques	Retour à la nation des grands moyens de production	Nationalisations dans le secteur de l'énergie (charbonnages de France, EDF-GDF), les transports, les banques
Mesures sociales	Droit au travail, aux loisirs et à la sécurité sociale	Rétablissement des lois du Front populaire en 1945, création de la sécurité sociale en 1945, basée sur le principe de la solidarité intergénérationnelle

2 À la Libération, les hommes issus de la Résistance considèrent l'État français de Vichy comme une parenthèse et affirment leur volonté de refonder et rénover la République. De 1944 à 1946, le gouvernement provisoire de la République française, dirigé par le général de Gaulle et inspiré par le programme du Conseil national de la Résistance, procède à des réformes politiques comme le vote et l'éligibilité des femmes en 1944, des réformes économiques telles les nationalisations de l'énergie (Charbonnages de France, EDF-GDF), des transports (Renault, Air France), des banques, et des réformes sociales (création de la Sécurité sociale en 1945). Ces réformes, complétant celles du Front populaire, élargissent la démocratie dans un sens social. Avec le retour à la vie démocratique, les citoyennes et citoyens votent majoritairement OUI au référendum du 21 octobre 1945 qui prévoit la création d'une nouvelle constitution et donc d'une nouvelle république. Pourtant des divergences existent, quant à cette future constitution, entre le PC, la SFIO, le MRP. Le général de Gaulle, qui n'est pas écouté quand il réclame un pouvoir exécutif fort, décide de se retirer pour laisser la place aux partis politiques qui préfèrent le régime parlementaire. Cela n'empêche pas l'écriture de la Constitution de 1946 qui est finalement adoptée par référendum en octobre 1946 et qui institue la IVe République. Son préambule réaffirme son attachement à la Déclaration des droits de l'homme et du citoyen de 1789, son respect pour les valeurs républicaines de liberté, d'égalité et de fraternité, et pour les principes d'une République démocratique et sociale et d'un Etat-providence.

Fiche 9 p. 59

1 **1.** Le quotidien est paru le 11 mai 1981 et son gros titre signale l'élection de François Mitterrand à la présidence de la République. **2.** Une photo de François Mitterrand illustre le gros titre et occupe le quart de la surface de la une. Trois informations importantes sont données par les intertitres : François Mitterrand est le « premier socialiste élu à l'Elysée au suffrage universel », sa victoire est « indiscutable » et les pourcentages indiqués le prouvent (il est élu avec 52,06 % des suffrages exprimés). Enfin, Paris est en « joie » et en « folie », ce qui sous-entend une grande joie populaire. **3.** Elle informe d'un évènement marquant, une rupture dans le fonctionnement des institutions de la Ve République. Jusqu'à présent, tous les présidents de la Ve République, Charles de Gaulle, Georges Pompidou, Valéry Giscard d'Estaing provenaient de la tendance politique de droite. Le 10 mai 1981, un président socialiste, donc provenant de la tendance politique de gauche, accède à la magistrature suprême. La une témoigne de ce moment historique appelé l'alternance. **4.** C'est le changement de majorité après une élection présidentielle ou à l'Assemblée nationale, après des élections législatives.

2 De 1958 à aujourd'hui, la Constitution de 1958, qui organise la vie politique de la France, fonctionne quelles que soient les tendances politiques des représentants des citoyens issus du suffrage universel. Le président de la République veille au respect de la Constitution, nomme le Premier ministre et préside le Conseil des ministres. Le Premier ministre dirige l'action du gouvernement et conduit la politique de la nation. De 1958 à 1981, la Ve République fonctionne dans la continuité puisque le président de la République et le Premier ministre sont de droite donc de même tendance politique. En 1981, l'élection de François Mitterrand, un président de gauche, marquant la première alternance de la Ve République, témoigne de la durabilité des institutions. Le président de la République peut dissoudre l'Assemblée nationale. C'est ce que fait François Mitterrand, qui a besoin d'une majorité présidentielle de gauche à l'Assemblée nationale, pour mettre en place la politique pour laquelle il a été élu. Comme le mandat présidentiel et le mandat législatif ne sont pas de la même durée, il y a forcément, lors d'un septennat, des élections législatives. Aux élections législatives de 1986, une majorité de droite l'emporte alors que le président de la République est de gauche. Il s'ensuit une première cohabitation, que la Constitution permet puisque le Président préside le Conseil des ministres tandis que le Premier ministre dirige l'action du gouvernement et conduit la politique de la nation. Le cas de figure inverse se produit sous la présidence de Jacques Chirac, un président de la République de droite, qui à l'issue d'élections législatives donnant une majorité de gauche à l'Assemblée nationale, choisit un Premier ministre de gauche. Si les périodes des trois cohabitations semblent être un partage du pouvoir entre la droite et la gauche au niveau de l'exécutif, elles limitent cependant l'action du président de la République. C'est la raison pour laquelle un aménagement constitutionnel est réalisé en 2000 suite au référendum proposé au peuple français d'abaisser la durée du mandat présidentiel à 5 ans.

Fiche 10 p. 60

1 **1.** Il s'agit du MLF, le Mouvement de libération des femmes, un mouvement féministe cofondé en octobre 1968 par Antoinette Fouque et Monique Wittig. **2.** Le thème de la manifestation est une revendication féminine : la pratique de la contraception et de l'avortement libre et gratuit. Trois mots, illustrés par un dessin, résument la condition de la femme à la fin des années 1970.

Les « marmots » : la femme, enceinte de son cinquième enfant, s'occupe de l'éducation des quatre autres, d'âge différent et dont le dernier marche encore à quatre pattes. « Omo » : à la maison, la femme fait le ménage et la lessive. « Boulot » : la femme exerce aussi une activité professionnelle. La femme de la fin des années 1970 refuse cette condition. Elle veut pouvoir s'émanciper. **3.** La manifestation a lieu en 1979, une période au cours de laquelle les mouvements féministes actifs font avancer les droits des femmes. En 1967, la libéralisation de la contraception est acquise avec la loi Neuwirth. En 1975, l'interruption volontaire de grossesse ou IVG est acquise avec la loi Veil (du nom de Simone Veil, ministre de la Santé). Cependant, si l'IVG est légalisée, elle n'est pas gratuite. C'est pour qu'elle le devienne que le MLF organise la manifestation. Mais il faudra attendre 1982 pour que la Sécurité sociale la prenne en charge partiellement et 2013 pour qu'elle le soit en totalité.

2 En 1965, la femme a le droit d'exercer une activité professionnelle sans l'autorisation de son mari et peut gérer ses biens propres. En 1972, la loi sur l'égalité professionnelle « à travail égal, salaire égal » est votée et en 1983, une loi interdit toute discrimination professionnelle en raison du sexe. Leur mise en application n'est pas parfaite puisqu'encore aujourd'hui, il existe des inégalités de salaire entre les hommes et les femmes et certains postes ne leur sont pas accessibles.

3 Les Trente Glorieuses, qui sont une période de forte croissance au cours de laquelle le mode de vie des femmes et des hommes se transforme, constituent une rupture par rapport à la période de restrictions et de destructions liée à la Deuxième Guerre mondiale. Si les années 1950 sont celles de la reconstruction du pays et sont marquées par le baby-boom, les années 1960 sont celles de la modernisation et de l'accès du plus grand nombre à la société de consommation. Les ménages s'équipent en produits électro-ménagers, qui changent la vie quotidienne des femmes : n'étant plus obligées de consacrer l'essentiel de leur temps aux tâches ménagères, elles peuvent accéder à une vie professionnelle. Le supermarché et la voiture permettent un nouveau mode de consommation et stimulent le tourisme de masse. Le législateur suit l'évolution de la société en octroyant une troisième puis une quatrième semaine de congés payés respectivement en 1956 et en 1969. Comme la période est au plein emploi, le recours à l'immigration est nécessaire. L'immigration méditerranéenne se développe et les immigrés, essentiellement des hommes dans un premier temps, travaillent dans l'agriculture (Italiens, Espagnols, Portugais), dans l'industrie et le bâtiment (Africains du Nord) ainsi que dans la restauration (Italiens). Progressivement, le nombre des femmes immigrées augmente car les familles s'installent en France. À la fin des années 1960, la jeunesse prend conscience qu'elle est devenue un groupe social, mais qu'elle n'a pas de droits politiques avant l'âge de la majorité, fixé à 21 ans. La crise sociale de 1968 (révolte étudiante et grèves ouvrières) ébranle le pouvoir du général de Gaulle, qui décide de démissionner en 1969 après le non au référendum qu'il a proposé aux Françaises et Français. C'est la raison pour laquelle, sous les présidences de Georges Pompidou et de Valéry Giscard d'Estaing, des réformes sont menées pour adapter la législation à l'évolution de la société. En 1974, la droite abaisse la majorité à 18 ans, légalise l'avortement en 1975 et créée le collège unique en 1976. Les années 1970 sont également marquées par une crise économique mondiale (chocs pétroliers de 1973 et 1979) qui oblige à de nouveaux choix en matière d'énergie et provoque inflation et chômage : en 1981, la France compte 2 millions de chômeurs. La gauche entreprend de grandes réformes comme les nationalisations en 1982, l'abolition de la peine de mort, le vote des premières lois de décentralisation en 1981-1982, le relèvement du SMIC et l'institution de la cinquième semaine de congés payés, mais le chômage continue d'augmenter. Durant les cohabitations, Premiers ministres de gauche et de droite se succèdent au pouvoir, mais ne parviennent pas à sortir la France de la crise. Malgré une nouvelle forme d'exercice de la citoyenneté illustrée par la création des Restos du cœur de Coluche en 1985, malgré le RMI voté en 1988, les démunis sont de plus en plus nombreux, la Sécurité sociale connaît des déficits et les régimes de retraites, du fait du vieillissement de la population, sont menacés. Les signes de crispation de la société se multiplient car les manifestations professionnelles (les infirmières, les sidérurgistes) sont plus nombreuses et la xénophobie se développe, comme en témoigne le débat sur le *Code de la nationalité* en 1987.

Fiche 11 p. 61

1 1973 est le premier élargissement car la CEE (qui deviendra l'UE en 1992) passe de six à neuf États. L'année 2013 est actuellement, la date du dernier élargissement. 1992 est un approfondissement de la construction européenne car le traité de Maastricht prévoit la mise en place de la citoyenneté européenne, de la monnaie unique et de la politique de sécurité commune.

2 **1. 1957** : l'Europe des 6 : France, RFA, Italie, Belgique, Pays-Bas, Luxembourg – **1973** : l'Europe des 9 : Royaume-Uni, Irlande, Danemark – **1981** : l'Europe des 10 : Grèce – **1986** : l'Europe des 12 : Espagne, Portugal – **1995** : l'Europe des 15 : Suède, Finlande, Autriche – **2004** : l'Europe des 25 : Lituanie, Lettonie, Estonie, Pologne, République tchèque, Slovaquie, Hongrie, Slovénie, Malte, Chypre – **2007** : l'Europe des 27 : Bulgarie, Roumanie – **2013** : l'Europe des 28 : Croatie. **2.** Les États entrés dans l'UE lors des derniers élargissements sont des États de l'ancien bloc de l'Est (des ex-démocraties populaires ou d'ex-républiques d'URSS). Ces États, plus pauvres, sont en situation de rattrapage économique.

> ***BON À SAVOIR***
>
> États candidats = ayant entamé les négociations d'adhésion : Turquie
>
> États candidats n'ayant pas entamé les négociations d'adhésion : Serbie, Macédoine
>
> États dont l'UE a reconnu la vocation à devenir membre : Bosnie, Montenegro, Kosovo, Albanie
>
> États ayant refusé l'adhésion à l'UE : Suisse, Norvège

Fiche 12 p. 62

1 C'est l'ensemble composé de la ville-centre et de la banlieue, constituant le pôle urbain et la couronne périurbaine.

2

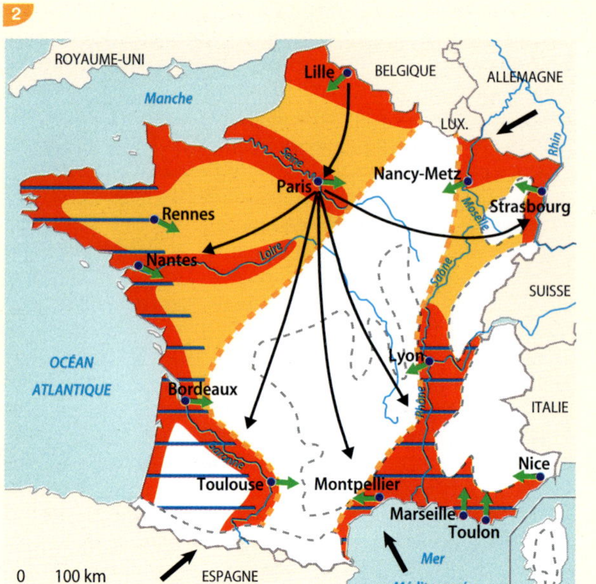

Une **inégale** répartition de la population		**1.** Espaces **les plus densément peuplés**
		2. Espaces aux densités **moyennes** correspondant aux **espaces ruraux**
		3. « La diagonale du vide » ou espaces **très faiblement peuplés**
Les dynamiques spatiales	•	**4. Les grandes aires urbaines françaises attractives**
		5. L'étalement urbain ou périurbanisation
	→	**6.** Les migrations internes de population.
	→	**7.** Les flux migratoires **en provenance des pays étrangers et des DROM**

Fiche 13 — p. 63

1 **1.** Au départ, au XIXe siècle, Lyon est réputée pour le travail de la soie, une industrie textile de luxe implantée dans le centre historique de la ville, à la Croix-Rousse. Au cours du XXe siècle, les activités industrielles, dont les raffineries de pétrole et les industries chimiques, se développent dans le « couloir de la chimie » au sud (St-Fons, Vénissieux, Feyzin), et à l'est de l'agglomération lyonnaise. C'est un espace productif industriel. **2.** La ville profite d'un axe de circulation naturel (la vallée du Rhône, avec le port fluvial) doublé d'axes de communication rapides et variés (la ligne à grande vitesse Paris-Lyon-Marseille, l'autoroute A6 et l'autoroute A7 reliant Paris à Marseille, les autoroutes A43 et A42 se dirigeant vers Mulhouse, la Suisse et l'Italie). **3.** Lyon s'intègre à l'économie régionale, européenne et mondiale parce qu'elle est une plateforme multimodale avec son réseau de communication varié (aéroport international, fleuve canalisé, rail, autoroutes), dense et rapide. Elle cherche à rester dans la compétitivité mondiale puisqu'elle s'est dotée, avec le concours de l'État, de pôles de compétitivité mettant en relation des universités et des entreprises. C'est le cas d'Axelera, qui construit une filière industrielle et scientifique associant la chimie et l'environnement, ou encore de Lyonbiopôle, qui s'occupe des maladies infectieuses, à la fois dans la prévention, le diagnostic et le traitement. **4.** Les implantations à risques sont surtout présentes au sud de l'agglomération lyonnaise (le « couloir de la chimie ») et ce sont des risques technologiques liés à la présence des industries chimiques. **5.** Les deux facteurs aggravant les risques sont d'une part, la présence des autoroutes et des lignes à grande vitesse au trafic dense traversant le « couloir de la chimie » et d'autre part, la présence d'habitations puisque les installations industrielles se sont implantées dans l'agglomération lyonnaise, qui s'est étendue avec la croissance démographique. Les risques sont gérés par les entreprises elles-mêmes, qui doivent mettre au point des plans de secours en cas d'accident, mais aussi par les pouvoirs publics, qui doivent éditer des brochures contenant les bons gestes à adopter en cas d'accident et les distribuer aux habitants vivant dans ces espaces.

2 L'urbanisation transforme les espaces productifs. L'exemple de l'agglomération lyonnaise est, à cet égard, révélateur. L'espace productif, axé sur l'industrie textile et l'industrie chimique, s'est adapté à la croissance urbaine puisque ses entreprises, d'abord localisées dans le pôle urbain, se sont ensuite implantées dans la couronne périurbaine de Lyon. Comme l'espace est dynamique, il incite encore plus à la périurbanisation puisqu'il attire toujours plus de population. Il en va de même pour l'agglomération lilloise. Ces deux espaces productifs ont également profité de leur position privilégiée au cœur d'un réseau de communication complet et rapide ainsi que de l'ouverture possible sur leurs voisins européens. Tout espace productif développé à proximité d'une métropole au rayonnement régional ou national, voire international, offrant des services de qualité, et doté d'un réseau de transport complet et rapide (LGV, autoroutes, aéroports, voies navigables et canaux) peut continuer à se développer et à se transformer. Si le cadre de vie est agréable, c'est un atout supplémentaire pour attirer des parcs scientifiques et des entreprises de technologie de pointe, non attachées à la présence sur place de matières premières et d'un bassin de main d'œuvre et capables de satisfaire aux exigences de la main d'œuvre diplômée et aisée. C'est le cas des espaces productifs situés dans le croissant périphérique de la France allant du littoral atlantique au littoral méditerranéen en passant par le sud-ouest, qui connaissent un réel essor. Quant aux espaces productifs situés dans les régions transfrontalières et/ou les zones industrialo-portuaires qui bénéficient d'atouts comme le dynamisme commercial et la proximité des marchés étrangers, ils peuvent se développer, se transformer pour s'adapter à la mondialisation. Les espaces productifs, qu'ils soient à dominante industrielle, à dominante agricole ou de services, évoluent en se transformant si les facteurs de localisation (accessibilité, capacité à attirer les populations et main d'œuvre qualifiée) et les acteurs inventent des stratégies de développement (l'agriculture biologique ou l'agriculture raisonnée, développement du tourisme, production d'énergies renouvelables) permettant l'intégration aux circuits commerciaux à l'échelle locale, régionale, nationale, européenne et mondiale.

Fiche 14 — p. 64

1 **1.** Les espaces représentés sont les espaces les moins densément peuplés (les quatre couleurs les plus foncées), qui ont moins de 30 habitants/km². Ils se situent au sud-est du pays et dans la « diagonale du vide » s'étirant des Ardennes aux Pyrénées en passant par le Massif central. Ils correspondent aux régions de montagne (Massif Central, Pyrénées, Alpes), aux plateaux bourguignons et à des espaces de culture comme la Champagne et à la Corse. **2.** Ils profitent des dispositifs d'action publique visant à protéger l'environnement et à gérer les biens de nature. Classés parcs nationaux ou parcs naturels régionaux, ils bénéficient du développement du tourisme, de la valorisation des activités artisanales ou agropastorales et ils sont gérés de manière durable. D'autres espaces de faible densité sont aussi privilégiés pour la production d'énergies renouvelables puisque des champs éoliens y sont implantés. **3.** Il est possible de trouver en France des espaces connaissant une faible natalité, une mortalité forte et un solde migratoire négatif, mais ils ne sont pas majoritaires parmi les espaces de faible densité. Aujourd'hui, il y a des dynamiques démographiques dans les espaces de faible densité parce qu'ils sont d'une certaine manière jugés attractifs. Des nouveaux habitants s'y installent parce qu'ils veulent profiter de la disponibilité en espace, de la tranquillité et du rapport privilégié avec la nature. Ils espèrent y vivre mieux et pensent y trouver une pratique durable de l'agriculture à l'opposé de l'agriculture productiviste du Bassin parisien et une production d'énergie propre éloignée des pratiques industrielles traditionnelles et plus polluantes situées à proximité des villes. Évidemment, dans les espaces de faible densité, il existe un surcoût de fonctionnement car les infrastructures de transport y sont moins développées que dans les territoires liés à la ville. L'économie numérique peut, dans cette perspective, être considérée comme un moyen d'ouverture vers le reste du territoire. Il existe un avenir pour les territoires de faible densité car ils deviennent un enjeu. Des activités nouvelles peuvent s'y développer, mais elles devront respecter les attentes des populations installées sur place depuis longtemps et satisfaire celles des populations nouvellement installées.

Fiche 15 p. 65

1

Objectifs : faire entrer Metz dans le XXIe siècle et faire de Metz une ville sociale, écologique renouant avec le développement économique

Étapes :
Le TGV en 2007
Le Centre Pompidou-Metz ouvert en 2010
La Cité des Congrès, le centre commercial Musée et un parc immobilier à l'horizon 2017

Nature de l'aménagement : la rénovation d'un vieux quartier de la ville marqué par des friches industrielles et situé à proximité de la gare accueillant le TGV depuis 2007

Acteurs :
l'État et les collectivités territoriales, la Chambre de commerce et d'industrie de la Moselle
Les acteurs privés : des entreprises privées

Retombées : développement économique à l'échelle locale tirant profit de sa position d'espace transfrontalier, rayonnement de la ville à l'échelle régionale, nationale (car accessible par le TGV et l'autoroute), internationale et surtout européenne (tourisme, dont le tourisme d'affaires)

Fiche 16 p. 66

1 **1.** L'archipel de Mayotte est enclavé car il est situé dans l'océan Indien, le canal du Mozambique, entre Madagascar et les côtes africaines du Mozambique. Mayotte est un petit archipel exigu et émietté constitué de deux éléments principaux, Grande Terre mesurant 40 km du nord au sud et 20 km d'est en ouest et Petite terre mesurant 6 km du nord au sud mais située à 2,5 km de Grande Terre. Il n'y a pas de route nationale faisant le tour de Grande Terre et de Petite Terre. Mamoudzou, la capitale économique de Mayotte, est sur le territoire de Grande Terre, mais l'aéroport international de Dzaoudzi-Pamandzi est situé sur le territoire de Petite Terre. Les personnes arrivant à l'aéroport de Mayotte sont obligées de prendre la liaison maritime par barge pour rejoindre la capitale économique de l'archipel. **2.** Elle présente des faiblesses. L'avion est le moyen de transport privilégié puisque 8 000 km séparent Mayotte de la France. Pourtant, il n'existe pas de ligne directe Dzaoudzi-Pamandzi/Paris ou Marseille. Les dix destinations desservies par l'aéroport ne sont que des lignes régionales. Pour rejoindre la France, il faut faire escale et/ou changer d'appareil à Madagascar, à la Réunion, un DROM français, ou au Kenya, en Afrique.

2 L'accessibilité joue un rôle déterminant dans le développement touristique d'un lieu : en effet, les touristes recherchent un lieu facile d'accès. Cela suppose d'une part, que soient mises en place des lignes directes entre la France et /ou l'Europe et Mayotte et que, d'autre part, les installations de l'aéroport international soient performantes pour être capables d'absorber le flux grandissant de touristes arrivant ou repartant dans de gros avions. S'il faut aménager de nouvelles pistes, quels types d'espace faudra-t-il choisir ? N'y aura-t-il pas un impact écologique sur le lagon ? Mayotte est aussi un territoire présentant un retard de développement, même si elle constitue un îlot de richesse dans son environnement régional. Mayotte doit faire face à l'arrivée de migrants dont l'espoir réside en l'acquisition de la nationalité française et en de meilleures conditions économiques et sociales. Dans cette perspective, l'installation d'hôtels de luxe n'est pas forcément la priorité de l'île. Peut-être serait-il possible d'envisager un développement touristique axé sur les deux DROM français que sont Mayotte et la Réunion ? Dans cette perspective, la desserte aérienne est assurée puisque des lignes régulières relient Mayotte à la Réunion et que depuis la Réunion, une ligne directe existe avec la France.

Fiche 17 p. 67

1 **1.** Deux pays et un groupe de pays sont représentés. Le cow-boy symbolise les États-Unis, le paysan avec son chapeau de paille, la Chine, et la dame brandissant un drapeau bleu en miettes, l'UE. Il s'agit des trois grands pôles de puissance mondiaux. **2.** Le cow boy américain est assez vieux. Bras et jambes croisés, il paraît sûr de lui mais il se fait toiser par le corpulent Chinois à l'air dédaigneux. Entre eux, la toute petite dame vêtue de bleu tente de se faire une place. Le message du dessin est simple : les États-Unis sont une « vieille » puissance mondiale, la Chine est un État émergent grimpant en puissance et l'UE n'est qu'un groupe d'États ayant du mal à se faire reconnaître sur la scène internationale. **3.** Les trois espaces sont représentés avec des tailles inégales car les États-Unis, toujours première puissance mondiale, sont talonnés par la Chine qui voudrait bien l'être. L'UE, représentée sous la forme d'une toute petite dame, n'est pas un État fédéral mais une construction d'États dont la puissance n'est pas équivalente à celle des deux autres espaces représentés. **4.** L'influence économique et l'influence culturelle fortes pour l'UE ne sont pas représentées. Si tel avait été le cas, l'UE aurait occupé une place aussi grande que celle des États-Unis et de la Chine. **5.** Les États-Unis et la Chine, des géants économiques et politiques, l'Union européenne, un géant économique mais un nain politique.

2 Elle occupe la première place pour le commerce mondial. Son influence technologique grâce à ses industries de pointe notamment (le TGV, l'aéronautique) est forte et elle est bien placée pour ses investissements directs à l'étranger. Sur le plan culturel, son influence est grande de par l'importance de son tourisme, la qualité de sa littérature et de sa musique.

3 Avec son demi-milliard d'habitants au niveau de vie élevé, l'UE est l'une des trois aires majeures de puissance mondiales aux côtés de l'Amérique du Nord et de l'Asie orientale. Elle est la première puissance économique (commerciale, industrielle et agricole) devant les États-Unis et la Chine, et assure le quart du PIB mondial. Avec l'euro, elle est une puissance financière, un espace attractif par ses places boursières de Londres, Paris et Francfort, et le premier pôle d'émission et d'accueil des IDE (investissements directs étrangers). Sur le plan culturel, c'est en Europe que sont nées la démocratie et la république. Depuis le début de la construction européenne, l'UE est un pôle de paix, de démocratie et de développement. L'UE est aussi la première destination touristique du monde et un espace attractif pour des migrants qui espèrent s'y installer et y trouver une vie meilleure. Mais la question de l'immigration divise les Européens et la définition d'une nouvelle politique européenne pour l'asile reste toujours d'actualité. Sur le plan géopolitique, l'Union européenne, contrairement aux États-Unis, n'est pas un État fédéral et a du mal à définir les contours de son unité politique. Au niveau international, il existe un président du Conseil européen et un haut représentant aux affaires étrangères et à la sécurité commune, mais l'influence de l'UE reste faible sur le plan diplomatique. L'harmonisation à 28 états demeure difficile du fait des disparités et des divergences existant entre les États membres, qui ne s'expriment pas d'une seule voix. Sur le plan militaire, l'influence est très limitée, puisqu'elle est dépendante des États-Unis et de l'OTAN et ne dispose pas véritablement d'une armée commune.

Fiche 18 — p. 68

1 **1.** La francophonie est l'ensemble des personnes parlant le français. La Francophonie est l'organisation internationale dont l'objectif est de développer les relations entre les pays francophones. **2.** Le luxe, la gastronomie, le cinéma français sont des exemples de l'influence culturelle de la France dans le monde.

2

Quelle est la place de la France dans le monde ?

Présence territoriale
- DROM et COM
- ZEE
- Français vivant à l'étranger

Influence économique
- FTN françaises
- investissements directs à l'étranger (IDE)

Influence géopolitique
- Membre permanent au Conseil de sécurité
- Membre de l'OTAN
- Membre fondateur de l'UE
- Puissance et présence militaire
- Aide au développement

Influence culturelle
- Francophonie
- Pays des droits de l'homme
- Histoire, arts, gastronomie, patrimoine
- Lycées français à l'étranger

Fiche 19 — p. 69

1

Fonctions du président de la République : **chef de l'État, chef des armées, de la diplomatie, garant de l'indépendance de la France et du respect des traités**

Consulte par **référendum**

Peut dissoudre

Premier ministre
Gouvernement
Rôle : **exécution et initiative des lois**

Conseil constitutionnel : **garant de la constitutionnalité des lois**

Peut censurer

Assemblée nationale composée de **577 députés**

Sénat composé de **343 sénateurs**

Les citoyens sont **les électeurs et électrices de nationalité française âgés de plus de 18 ans,** en vertu **de la souveraineté** du peuple garantie par la Constitution.

2 Le président de la République nomme le Premier ministre et le gouvernement, il peut dissoudre l'Assemblée nationale. Il veille au respect de la Constitution et assure le fonctionnement des pouvoirs publics et la continuité de l'État. Il est le garant de l'indépendance nationale, de l'intégrité du territoire et du respect des traités. Tout cela laisse supposer que le régime est présidentiel. Pourtant, le président de la République, s'il nomme le Premier ministre, est obligé de suivre la proposition de ce dernier pour nommer le gouvernement. Le président de la République doit tenir compte de l'Assemblée nationale car il doit choisir son Premier ministre dans la majorité de celle-ci, issue du suffrage universel et exprimant la volonté populaire. Quant au gouvernement, il est responsable devant l'Assemblée nationale, qui peut voter une motion de censure à son encontre. Dans ce cas, le Premier ministre doit présenter sa démission et le président de la République doit procéder à la nomination d'un nouveau Premier ministre. La Constitution de 1958 institue donc un régime équilibré, à la fois présidentiel et parlementaire. Elle est démocratique car elle sépare les pouvoirs. Le pouvoir exécutif est partagé entre le président de la République et le gouvernement, le pouvoir législatif l'est entre l'Assemblée nationale et le Sénat, même si le gouvernement peut proposer des lois. Enfin, l'élection du président de la République au suffrage universel, lui confère une légitimité et le rend indépendant du Parlement.

Fiche 20 — p. 70

1 **1.** C'est Marianne, l'effigie de la République, qui porte le bonnet phrygien. **2.** Suite à un accident, elle est hospitalisée et sous perfusion. Elle marche avec un déambulateur. **3.** Les trois pochettes, marquées d'un signe religieux, représentent de gauche à droite la religion chrétienne (la croix), la religion musulmane (le croissant) et la religion juive (l'étoile de David). Le déambulateur représente l'Assemblée nationale ou la Chambre des députés surmontée du drapeau de la République. Le terme de « laïcité », noté sur la frise, rappelle que la laïcité est un principe républicain inscrit dans la Constitution de 1958. La République française est un État laïc depuis le vote de la loi sur la séparation des Églises et de l'État en 1905. **4.** Lors des attentats contre *Charlie Hebdo* et contre le supermarché kasher de Vincennes, les terroristes, symboliquement, s'en sont pris aux valeurs et aux principes de la République (Marianne, marche avec un déambulateur), notamment celui de laïcité (terme écrit sur l'Assemblée nationale), qui permet le « vivre-ensemble » et l'égalité quelle que soit l'origine ou la religion de la personne (les pochettes de perfusion sont de même taille et qui, ensemble, soignent Marianne).

2 La laïcité fait partie de l'histoire de la République. Elle est d'abord portée par l'école, avec la loi Ferry de 1882 établissant la laïcité des enseignements, puis elle s'étend à l'État avec la loi de 1905, votée sous la IIIe République, instituant la séparation des Églises et de l'État. Aujourd'hui, l'article 1er de la Constitution de 1958 rappelle que la France est une République indivisible, laïque, démocratique et sociale qui assure l'égalité devant la loi de tous les citoyens sans distinction d'origine, de race ou de religion et qui respecte toutes les croyances. Grâce à ces textes officiels, les citoyens en France peuvent cohabiter, qu'ils aient des convictions religieuses différentes ou qu'ils n'en aient pas. La laïcité crée donc le sentiment d'une appartenance commune à la République. C'est la raison pour laquelle la laïcité garantit, à chacun, en pleine égalité, la liberté de conscience et le respect des croyances de l'autre. Elle est le ciment indispensable au « vivre-ensemble ». Elle est une chance et un outil de paix sociale car elle permet l'ouverture vers les autres, l'acceptation de tous, toujours dans le respect de la loi.

Anglais

Fiche 1 — p. 71

1 **1.** How many **2.** What **3.** Where **4.** When.

2 **1.** Nike **2.** front, reverse.

Fiche 2 — p. 72

1 **1.** bilan **2.** action en cours **3.** habitude.

2 **1.** Depuis qu'ils observent le ciel. **2.** Déterminer si Mars peut abriter une forme de vie.

Fiche 3 — p. 73

1 **1.** Vrai **2.** Faux **3.** Vrai.

2 **1.** b. ; **2.** c. ; **3.** a.

Fiche 4 — p. 74

1 **1.** b. ; **2.** a.

2 happened, fought, left, attended, volunteered, won.

3 Once he had started.

Fiche 5 — p. 75

1 **1.** c ; **2.** a ; **3.** c ; **4.** b ; **5.** a.

2 **1.** a ; **2.** b ; **3.** b.

3 received, composed, released.

4 **1.** oui ; **2.** non ; **3.** non ; **4.** non ; **5.** oui.

Fiche 6 — p. 76

1 **1.** 10, 755 ; **2.** ten thousand seven hundred and fifty-five ; **3.** 24 unknown casualties/anonymous graves.

2 **1.** many **2.** many.

3 Il est demandé au lecteur de contacter la rédaction s'il a tout document ou témoignage concernant une connaissance ou une personne de sa famille qui serait enterrée à Lijssenthoek.

Fiche 7 — p. 77

1 **1.** non : Macs are cheaper than... **2.** oui.

2 **1.** must **2.** may, might **3.** can't.

3 La cible de la publicité d'Apple, ce sont ceux qui ne savent pas faire démarrer leur ordinateur, mais cela n'entame pas la fierté des fans !

Fiche 8 — p. 78

1 **1.** for her first solo ; **2.** on her Diamond Jubilee ; **3.** gave her.

2 has, possessif.

3 Couverture (médiatique).

4 Se débarasser de.

Fiche 9 — p. 79

1 **1.** informel **2.** informel **3.** formel

2 **1.** as soon as possible **2.** for the attention of.

3 the brightest, the best, the most sensitive, most cunning.

Fiche 10 — p. 80

1 **1.** c ; **2.** d ; **3.** b ; **4.** a.

2 **1.** a ; **2.** c.

Physique – Chimie

Fiche 1 — p. 81

1 **1.** base **2.** base **3.** acide **4.** neutre **5.** base **6.** base.

2 Les piles sont composées de métaux comme le cadmium ou le mercure. Ces métaux sont toxiques et polluants. Il ne faut donc pas les jeter dans la nature ni même dans les poubelles.

Fiche 2 — p. 82

1 Andromède se trouve à 9 461 milliards × 2,55 millions. $9\,461.10^9 \times 2{,}55.10^6 = 2\,4126.10^{15}$ km environ.

2 $t = \frac{d}{c}$; $t = \frac{150\,000\,000}{300\,000} = 500$ secondes

La lumière met donc un peu plus de 8 minutes pour nous parvenir.

3 La phrase ne convient pas. Il faut retenir « Me voici tout mouillé, j'ai suivi un nuage ».

4 Pour 60 millions de kilomètres : $\frac{60\,000\,000}{300\,000} = 200$ secondes ➜ 3 min 20 s. Pour 400 millions de kilomètres : $\frac{400\,000\,000}{300\,000} =$ 1 333 secondes ➜ 22 min 13 s.

5 Lorsqu'une météorite rentre dans l'atmosphère, le frottement avec l'air est tel que la matière chauffe jusqu'à s'enflammer. C'est la lumière de la combustion que l'on voit et qui forme une étoile filante.

Fiche 3 — p. 83

1 **1.** Mouvement circulaire. **2.** Mouvement circulaire. **3.** Mouvement circulaire.

2 116 km en deux heures ➜ $\frac{116}{2} = 58$. La vitesse moyenne est de 58 km/h.

$d = v.t$

$$100 = \frac{254{,}958 \times 1\,000}{3\,600}.t$$

$t \approx 1{,}412$s

4 **1.** Le mouvement est uniformément accéléré lors des phases 1 et 3 (la vitesse augmente). Il est uniforme dans les phases 2 et 4 (la vitesse est constante) et freiné en 5 (la vitesse diminue). **2.** On suppose que la phase 1 dure 1 s et que la vitesse atteinte soit de 1 m/s, l'accélération est de 1 m/s². La phase 3 a alors une durée de 1,5 s pour une même variation de vitesse. Son accélération est alors de 0,67 m/s². La deuxième accélération est donc plus faible que la première.

Fiche 4 — p. 84

1 $D = vt = 50\,000 \times 1 / 3\,600 = 13{,}9$ m environ.

2 12 m.

3 Distance d'arrêt = 12 + 13,9 = 25,9 soit 26 m environ.

4 Sprinter : 3 750 joules ; voiture : 296 875 joules ; balle de fusil : 1 600 joules.

5 La distance parcourue est donnée par la relation $d = vt$. Une vitesse de 50 km/h correspond à 13,9 m/s. La distance est donc de 13,9 m. On peut considérer que toutes les distances inférieures à 14 m entre deux véhicules ne respectent pas les distances de sécurité.

Fiche 5 — p. 85

1

Masse en kg	Poids en N
12	120
0,5	5
150	1 500
32,5	325
164,7	1 647

2 **1.** Poids de la caisse = mg = 55 x 10 = 550 N. **2.** La réaction est de 550 N.

3 **1.** La constante g est égale à 9,81 N/kg. **2.** Le solide en équilibre est soumis à deux actions. Ces deux actions sont égales et opposées. La valeur de la tension du ressort est égale au poids du solide. $P = m.g.P = 9{,}81 \times 0{,}1 = 0{,}981$ N. La tension du ressort est de 0,981 N.

Fiche 6 p. 86

1 La tension aux bornes de la pile est 1,5 + 2,5 = 4 V.

2 L'intensité totale est 0,2 + 0,35 + 0,29 = 0,84 A.

3 Tous les appareils dans une installation domestique sont branchés en dérivation. Ils fonctionnent généralement sous 230 V, tension disponible aux bornes des prises. Il serait impossible de faire fonctionner ces appareils en série car ils devraient tous fonctionner en même temps, être traversés par la même intensité, et la tension totale devrait être alors de plusieurs milliers de volts !

Fiche 7 p. 87

1 **1.** Danger. **2.** Sans danger. **3.** Sans danger. **4.** Danger.

2 **1.** Vrai. **2.** Faux. **3.** Faux. **4.** Faux **5.** Faux.

3 La lumière se propage à la vitesse de 300 000 km/s. La lumière reçue des étoiles aujourd'hui a été émise, il y a 1 000 ans pour la 1re fois et 10 000 ans pour la seconde. L'étoile étant plus éloignée de la Terre, cela permet d'observer des phénomènes qui se sont produits il y a plus longtemps c'est-à-dire plus tôt par rapport au « début » de l'Univers.

SVT

Fiche 1 p. 88

1 Réponse 3. En limitant la déforestation, l'être humain préserve les milieux de vie de nombreuses espèces animales et végétales.

2 La pêche industrielle est une pêche intensive qui prélève les espèces plus vite qu'elles ne se reproduisent. Non sélective, elle prélève de nombreuses espèces et contribue à la destruction des écosystèmes marins.

3 **1.** La pratique mise en cause est la surpêche. **2.** Les limites biologiques de sécurité représentent les quotas de pêche compatibles avec le maintien de la biodiversité marine. **3.** Définition de quotas de pêche – définition de périodes de pêche en fonction des espèces (préserver les périodes de reproduction) – définition de tailles minimales de capture.

Fiche 2 p. 89

1 **1.** Faux, elles sont produites à partir de sources illimitées (eau, vent, soleil…). **2.** Vrai. **3.** Vrai.

2 Une énergie propre ne produit pas de polluant. Les biocarburants, par exemple, dégagent du CO_2, compensé en partie seulement par le CO_2 utilisé pendant la croissance des plantes cultivées pour le fabriquer.

3 **1.** La consommation des énergies fossiles (charbon, gaz naturel, pétrole) diminue. **2.** La consommation des énergies renouvelables (biomasse, géothermie, éolienne, hydraulique) augmente. **3.** La consommation d'énergies éolienne et hydraulique a le plus augmenté entre 1973 et 2010.

Fiche 3 p. 90

1 **1.** Faux, il y a des caractères qui sont influencés par l'environnement. **2.** Vrai. **3.** Faux, sur une paire donnée, les allèles peuvent être identiques ou différents. **4.** Faux, pour un gène donné, une cellule peut posséder un ou deux allèles.

2 **1.** b. **2.** b. **3.** b.

3 **1.** Ce document est un caryotype. **2.** Il a été obtenu à partir d'un noyau cellulaire. **3.** La cellule utilisée pour réaliser le caryotype provenait d'un individu de sexe féminin (présence de 2 chromosomes sexuels X). **4.** Chaque espèce contient, dans ses cellules un nombre de chromosomes précis qui la caractérise. Le caryotype étudié présente 24 paires de chromosomes alors qu'un caryotype humain normal n'en compte que 23. L'individu n'appartient pas à l'espèce humaine (il s'agit d'un chimpanzé).

Fiche 4 p. 91

1 **1.** Vrai. **2.** Vrai. **3.** Faux, il intervient à deux reprises : lors de la répartition des chromosomes dans les gamètes et lors de la fécondation. **4.** Faux, l'un vient du père, l'autre de la mère.

2 **1.** Les parents doivent porter les allèles Rh+ et Rh-. Ils sont tous les deux Rh+ car l'allèle Rh- ne s'exprime pas. Spermatozoïdes : Rh+ ou Rh- ; Ovules : Rh+ ou Rh- **2.** Cellule œuf : Rh+/Rh+ ou Rh+/Rh- ou Rh-/Rh-. La dernière cellule œuf est celle d'un individu Rhésus négatif.

Fiche 5 p. 92

1 **1.** Faux, il y a eu des modifications brutales lors des crises biologiques. **2.** Vrai. **3.** Vrai. **4.** Vrai.

2 **1.** Chaque crise biologique est repérée par une phase descendante de la courbe : -440 Ma ; -365 Ma ; -250 Ma ; -200 Ma ; -65 Ma **2.** Chaque crise a déclenché une diminution du nombre des groupes d'êtres vivants présents sur la Terre. **3.** Chaque crise est suivie de l'apparition de nouvelles espèces, ce qui entraîne une augmentation de la biodiversité.

Fiche 6 p. 93

1 **1.** Communication entre deux neurones. **2.** Quand le message nerveux arrive au niveau de la synapse entre le neurone 1 et le neurone 2, il provoque la libération d'une substance chimique dans l'espace qui sépare les deux neurones. Le messager chimique agit sur le neurone 2 qui crée à son tour un nouveau message nerveux.

2 **Expérience 1 :** la stimulation du nerf plongé dans le curare entraîne la contraction du muscle. Le curare n'empêche pas la propagation du message nerveux. **Expérience 2 :** le muscle placé dans le bain de curare ne se contracte pas lorsque le nerf est stimulé. Le curare semble empêcher le message nerveux d'induire la contraction du muscle. **Expérience 3 :** le muscle plongé dans le curare se contracte lorsqu'il est directement stimulé. Le curare n'agit pas au niveau du muscle.

Conclusion : Le curare agit en empêchant le fonctionnement de la synapse neuromusculaire. Le message chimique n'est pas libéré : le muscle ne peut pas se contracter.

Fiche 7 p. 94

1 **1.** Faux, certains sont même utilisés dans l'industrie agroalimentaire. **2.** Faux, la contamination correspond à la pénétration du micro-organisme dans le corps. **3.** Vrai. **4.** Faux, ce sont bien des globules blancs, mais leur action n'est pas spécifique.

2 **1.** Les micro-organismes sont unicellulaires et leur taille est voisine du micromètre. **2.** L'infection virale est le résultat de la multiplication des virus à l'intérieur des cellules hôtes alors que l'infection bactérienne est le résultat de la multiplication des bactéries dans l'organisme sans invasion des cellules. **3.** **I**nfection **S**exuellement **T**ransmissible. **4.** **Rapide :** les phagocytes, transportés dans le sang dont le débit augmente, sont capables d'arriver rapidement sur le lieu de l'infection. **Locale :** les phagocytes agissent directement sur les micro-organismes, au niveau du lieu de la contamination. **Non spécifique :** les phagocytes détruisent tout élément étranger ayant franchi une barrière naturelle.

3 **1.** Les cellules sont des phagocytes (leucocytes intervenant dans le premier temps de la réponse immunitaire). **2.** Rougeur et chaleur : augmentation du débit sanguin et dilatation des capillaires. Gonflement : fuite de plasma dans les tissus au moment de la sortie des phagocytes. Douleur : irritation des terminaisons nerveuses. **3.** Première étape : ingestion de l'élément étranger ; deuxième étape : digestion de l'élément étranger par les enzymes digestives du phagocyte ; troisième étape : élimination des déchets hors du phagocyte.

Fiche 8 — p. 95

1 **1.** Le prélèvement contenait les bactéries responsables de l'infection. **2.** Les pastilles numérotées contiennent chacune un antibiotique différent. **3.** Cette analyse détermine l'antibiotique le plus efficace sur les bactéries. Le médecin prescrira l'antibiotique 2 car c'est lui qui permet d'avoir la plus grande zone d'inhibition de développement des bactéries.

2 **1.** Les antigènes diminuent à partir du moment où les anticorps sont présents dans le sang. Les anticorps se fixent sur les antigènes, les neutralisent. Les complexes antigènes-anticorps sont détruits par les phagocytes. **2.** L'individu est séropositif à partir du moment où ses anticorps sont présents dans son sang, ici au bout de 3 jours.

Technologie

Fiche 1 — p. 96

1 **1.** Faux ; **2.** Faux ; **3.** Faux ; **4.** Vrai.

2

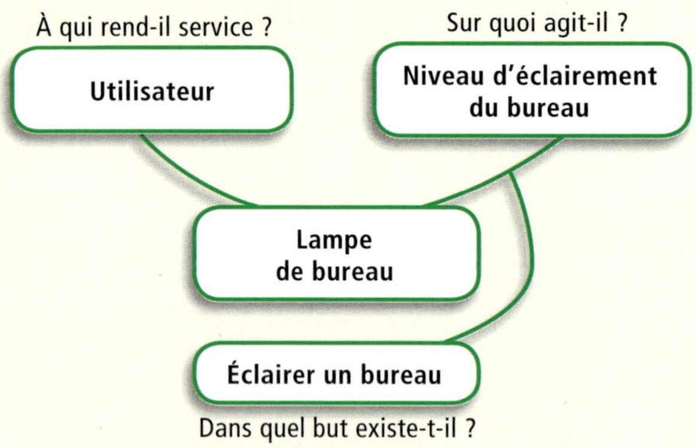

3

Fonctions	Critères	Niveaux
Ne pas éblouir	Lumière dans les yeux	Angles rayons lumineux 30° par rapport à la verticale
Alimenter	Tension de voltage, puissance électrique	230 Volts 40 W

Fiche 2 — p. 97

1

	Capteur	Actionneur
Moteur électrique		X
Thermomètre	X	
Ampoule		X
Télécommande	X	
Cellule photoélectrique	X	
Thermostat	X	
Radiateur		X

2 **1.** Radiateur. **2.** Température désirée dans la pièce et température actuelle dans la pièce **3.** Thermostat et thermomètre. **4.** Allumer ou éteindre. **5.** L'énergie est stockée dans une cuve.

3

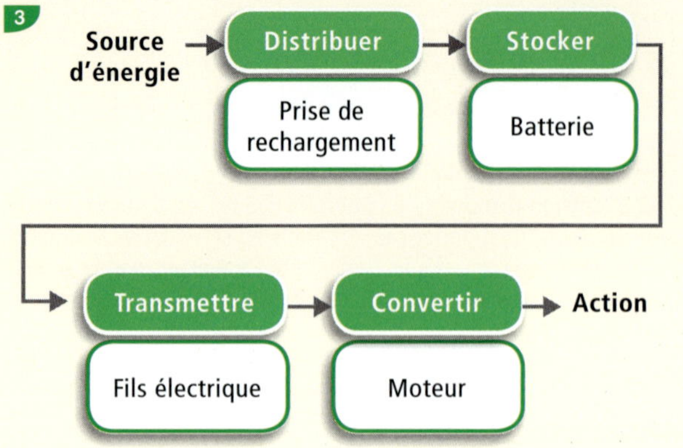

Fiche 3 — p. 98

1 **1.** La masse volumique et le coût. **2.** La masse volumique. **3.** La température de fusion. **4.** La forte corrosion. **5.** La masse volumique plus faible et plus dur.

2 Aluminium, PVC, Acier, titane.

Fiche 4 — p. 99

1

FICHIERS	EXTENSIONS
Images	.Bmp ; .Jpg
textes	.doc ; .Odt
tableurs	.xls
diaporamas	.PPtx
musiques	.Mp3
vidéos	.Mp4 ; .Mpeg
C.A.O	.Skp

2 **1.** L'imprimante. **2.** Le logiciel de gestion de classe (ex. ProNote). **3.** La messagerie.

3 **1.** Réponse **b**. Les trois autres ne sont pas des fichiers images. **2.** Jpeg (c'est un format d'image compressée).

Fiche 5 — p. 100

1 OpenOffice, PowerPoint, Keynote…

2 Visioconférence, messagerie

3 Cela permet d'échanger rapidement les informations sans se déplacer.

4 **1.** Pinces, scratch, double-face… **2.** Google Sketchup

Fiche 6 — p. 101

1 Une fenêtre à triple vitrage, un chauffe-eau solaire, un récupérateur d'eau de pluie.

2 **1.** On trouve maintenant des appareils moins lourds, moins bruyants, plus performants, moins chers avec sac papier jetable. **2.** Exemples d'amélioration : aspirateurs sans fils (rechargeable), sans sac.

Fiche 7 — p. 102

1.

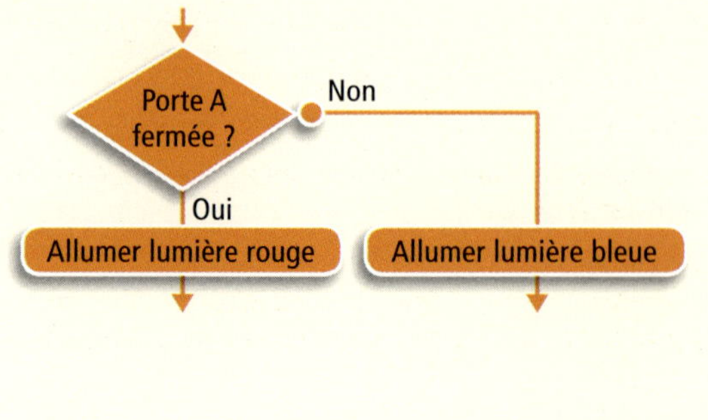

Corrigés

2.

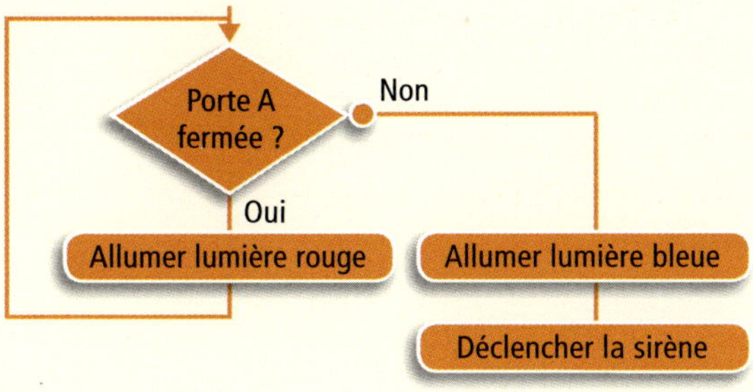

3.

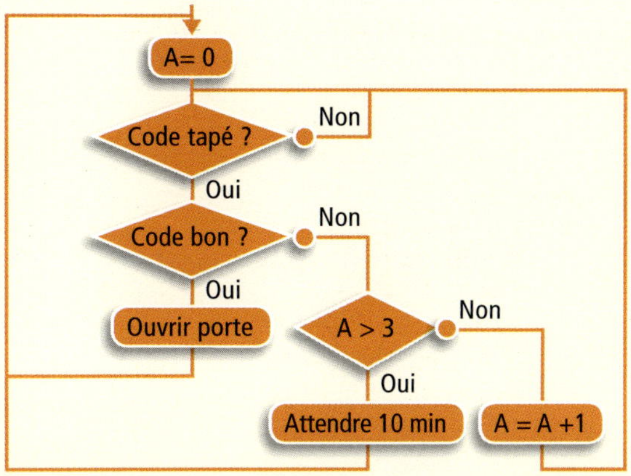

Fiche 8 — p. 103

1 Qui ? Classe de 3e A – Quoi ? Une affiche – Où ? Au collège – Quand ? 3 juin– Comment ? Imprimé – Combien ? Selon le prix à l'unité le devis ne doit pas dépasser 100 € – Pourquoi ? Journée portes ouvertes.

2 **1.** Recherches, charte graphique, maquette, demandes de devis, choix de l'imprimeur, impression.

2.

Étape du projet	Semaine 1					Semaine 2				
Jours	J1	J2	J3	J4	J5	J6	J7	J8	J9	J10
Recherches	■	■	■							
Charte	■									
Maquette				■	■					
Devis	■	■	■	■	■	■	■			
Choix								■		
Imprimeur									■	

3. 4 à 9 jours sont nécessaires pour réaliser ce projet.

Épreuve écrite

Sujet du Brevet 1 — p. 104

Mathématiques, Physique-Chimie, Sciences de la vie et de la Terre, Technologie

Mathématiques

Exercice 1

1. Le volume V total des glaces continentales est :
$V = 29 \times 10^6 + 2{,}5 \times 10^6 + 0{,}2 \times 10^6$ km^3.

Or 1 km^3 = 10^{12} dm^3

Donc $V = 3{,}17 \times 10^{19}$ L.

2. Il s'agit de calculer la surface S d'une sphère de rayon 6 370 km. On a $S = 4\pi \times 6\,370^2 \approx 509\,904\,354$ km^2.

3. La superficie occupée par les mers et les océans représente 70 % de la surface S. Donc cela représente une surface dont la valeur est $S' = 356\,933\,054$ km^2.

4. Si toutes les glaces fondaient, le niveau des mers monterait de la hauteur $H = \frac{31\,700\,000}{356\,933\,054} \approx 0{,}089 \approx 89$ m. En réalité des calculs plus spécifiques qui prennent davantage de paramètres en considération fournissent des estimations plus fines de l'ordre de 76 à 78 m.

Exercice 2

1. Il est possible que plusieurs familles n'aient utilisé aucune énergie renouvelable mais il faudra le calculer pour l'affirmer avec certitude.

2. Voici le diagramme de Venn complété :

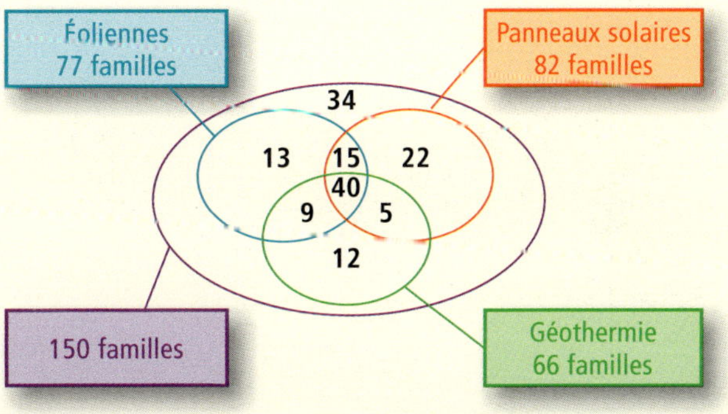

3. D'après ce diagramme, on peut affirmer que 55 familles ont des panneaux solaires et des éoliennes.

4. Si l'on choisit une famille au hasard dans le village, la probabilité que cette famille dispose des trois énergies renouvelables est de $\frac{40}{150} = \frac{4}{15}$.

5. Si l'on choisit une famille, au hasard, parmi les familles qui disposent de panneaux solaires, la probabilité que cette famille ait aussi une éolienne est de $\frac{15}{82}$.

Exercice 3

1. On obtient le schéma suivant :

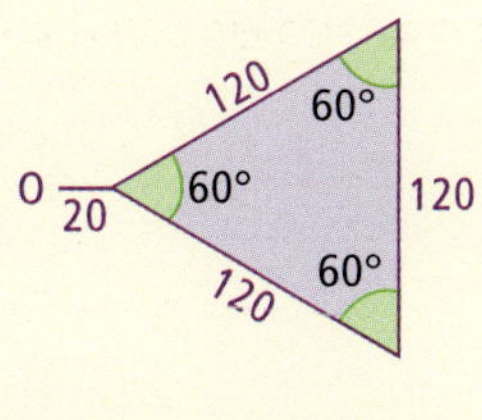

2. On obtient tout le dessin en effectuant quatre rotations successives de centre O et de rayon 90° dans le sens direct (inverse des aiguilles d'une montre). Voici le programme complet qui permet de réaliser la figure.

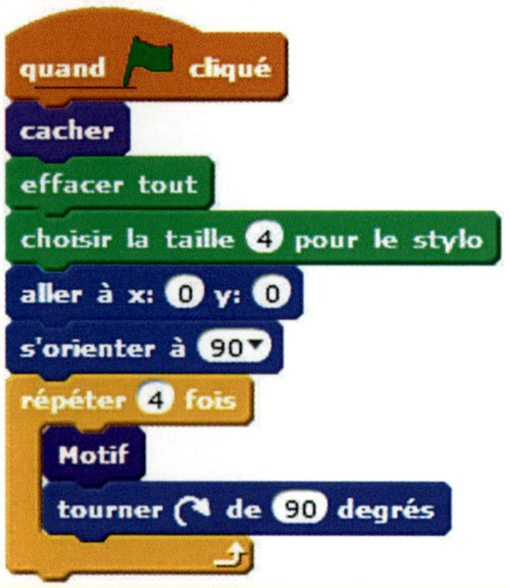

Exercice 4

1. On sait que l'angle formé entre deux pales consécutives d'une éolienne est identique. Il en résulte que si l'éolienne comporte 3 pales, l'angle entre deux pales successives sera de $\frac{360}{3} = 120°$.

2. Si l'éolienne comporte 6 pales alors l'angle entre deux pales successives sera de $\frac{360}{6} = 60°$.

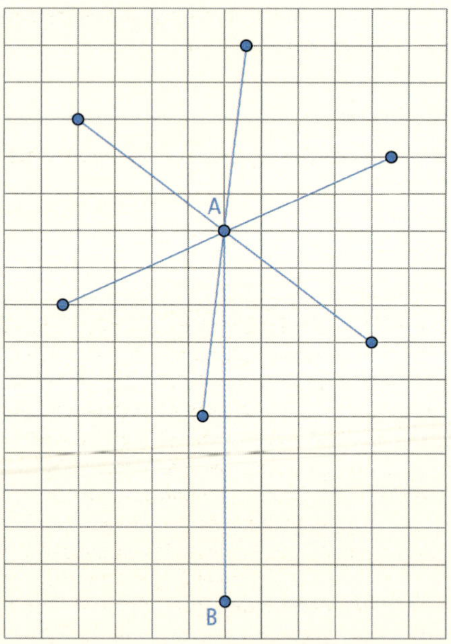

3. On trace la parallèle à la droite (BC) passant par D.

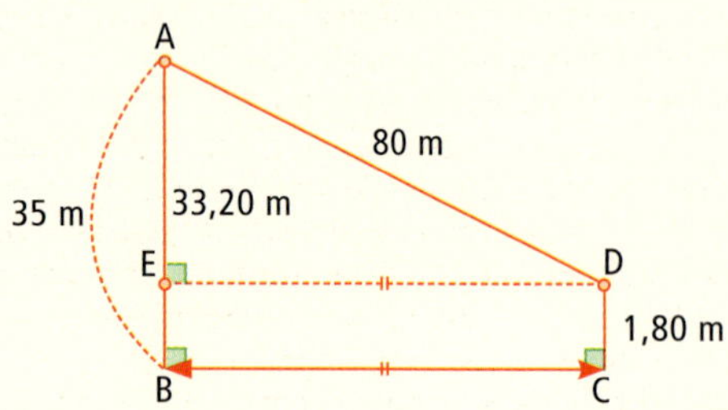

Elle coupe le segment [AB] en E. Le mat étant supposé perpendiculaire au sol, les droites (BC) et (DE) parallèles sont toutes les deux perpendiculaires à la droite (AB). Donc le triangle AED est rectangle en E et on peut y appliquer le théorème de Pythagore.

Ainsi $AD^2 = AE^2 + ED^2$

Donc $ED^2 = AD^2 + AE^2$

Donc $ED^2 = 80^2 - 3,2^2 = 5\,297,76$

Donc $ED = \sqrt{5\,297,76}$

Donc $ED \approx 73$ m

Exercice 5

1. On obtient $10\ °C = \frac{10 \times 9 + 160}{5} = 50\ °F$ et

$20\ °C = \frac{20 \times 9 + 160}{5} = 68\ °F$.

Si les degrés Celsius étaient proportionnels aux degrés Fahrenheit, alors 20 °C devraient correspondre à 100 °F et non à 68 °F. Les deux grandeurs ne sont pas proportionnelles.

2. Pour convertir 32 °F en degrés Celsius, il faut effectuer le programme « à l'envers ». On obtient ainsi :

$32\ °F = \frac{32 \times 5 - 160}{9} = 0\ °C$.

3. La fonction $f : x \to \frac{9x + 160}{5}$. On peut aussi écrire :

$f(x) = \frac{9}{5}x + 32 = 1,8x+32$.

4. $g : x \to \frac{5x - 160}{9}$. On peut aussi écrire $f(x) = \frac{5}{9}x - \frac{160}{9}$.

5.

x	−10	−5	0	5	10	15	20
$f(x)$	14	23	32	41	50	59	68

6. et **7.** Représentation graphique de la fonction f.

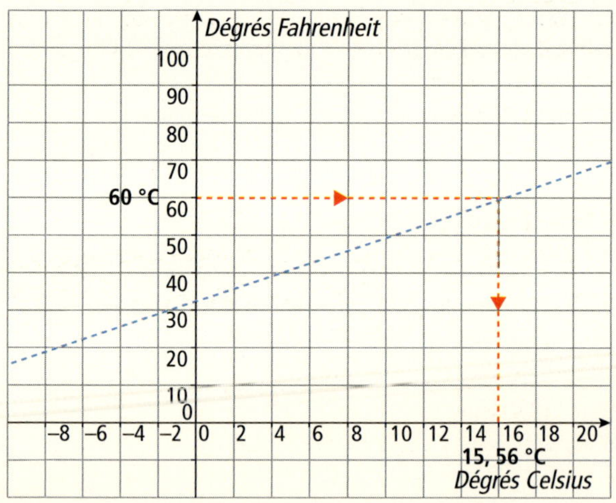

Exercice 6

1.

Moscou																
15	16	17	18	19	20	21	22	23	24	25	26	27	28	29	30	31
3	3,5	4,5	−0,5	−3	−2,5	−0,5	0	1	0,5	3	5,5	7,5	10	9,5	7,5	9,5

Paris																
15	16	17	18	19	20	21	22	23	24	25	26	27	28	29	30	31
13	8	13	11,5	7,5	7	10,5	13,5	11	11	15	15	14	15,5	15	1,5	7,5

2. a. À Moscou l'étendue est $E = 10 - (-2,5) = 12,5$ °C ; À Paris, l'étendue est $E' = 15,5 - 7 = 8,5$ °C. **b.** À Moscou, la température moyenne est $\overline{T} \approx 3,8$ °C. À Paris, la température moyenne est $\overline{T'} \approx 14,9$ °C.

c.

Moscou																
–3	–2,5	–0,5	–0,5	0	0,5	1	3	3	3,5	4,5	5,5	7,5	7,5	9,5	9,5	10

Paris																
7	7,5	7,5	8	10,5	10,5	11	11	11,5	13	13	13,5	14	15	15	15	15,5

d. À Moscou, la température médiane est $T_m = 3$ °C. À Paris, la température médiane est $T'_m = 11,5$ °C.

3. a. La température moyenne et la température médiane indiquent toutes les deux qu'il fait plus chaud à Paris qu'à Moscou. **b.** La comparaison des étendues permet de dire que les écarts de température sont plus faibles à Paris plutôt qu'à Moscou.

Physique-Chimie

1. Le charbon, le gaz et le pétrole sont des énergies fossiles. Leur combustion produit du dioxyde de carbone qui favorise l'effet de serre. **2. a.** Les éoliennes tournent grâce au vent. Elles n'utilisent pas d'énergie fossile. Il n'y a donc pas de dégagement de dioxyde de carbone. **b.** Énergie mécanique – énergie électrique – énergie thermique. **3.** L'énergie cinétique s'exprime par la relation $E = \frac{1}{2}mv^2$ dans laquelle m est la masse en kilogramme et v la vitesse en mètre par seconde.

$$E = \frac{1}{2}mv^2$$
$$E = \frac{1}{2} \times 1\,000 \times \left(\frac{90 \times 1\,000}{3\,600}\right)^2$$
$$E = 312\,500 \text{ J}$$

4. En augmentant la tension électrique, on diminue l'intensité du courant électrique pour une même puissance. Les pertes dépendent de l'intensité du courant. En diminuant l'intensité, on diminue les pertes.

5. $R_1 = 1\,000\ \Omega$
$R_2 = 50\ \Omega$
$R_3 = 15\,000\ \Omega$
$R_4 = 3 \times 10^4\ \Omega$

a. La loi d'Ohm s'exprime par $U = R.I$. **b.** Pour calculer I, on transforme cette relation $I = \frac{U}{R}$. Avec les valeurs citées, on obtient :
$I_1 = 0,23$ A
$I_2 = 4,6$ A
$I_3 \approx 0,0153$ A
$I_4 = 7,7 \times 10^{-3}$ A soit 7,7 mA

Sciences de la vie et de la Terre

Exercice 1

1. Les activités humaines liées à l'industrie, à l'agriculture, au transport mais également à la consommation des ménages entraînent une production croissante de CO_2 qui est passée de 290 ua* en 1870 à 360 ua en 2000. (*ua = unité arbitraire). L'augmentation des émissions de CO_2 renforce le phénomène naturel d'effet de serre en amplifiant les rayonnements infrarouges vers la Terre, ce qui a pour conséquence l'augmentation progressive des températures.

2. Activités humaines → Émission de CO_2 → Effet de serre → Réchauffement climatique

Exercice 2

1. Hydraulique : mouvement de l'eau – Nucléaire : radioactivité de l'uranium – Solaire : rayonnements du soleil – Éolien : force du vent – Géothermie : chaleur du sous-sol.

2. Énergies fossiles et énergies renouvelables

	Avantages	Inconvénients
Énergies fossiles	Transportables	Épuisables Émission importante de CO_2 et autres GES Extractions polluantes
Énergies renouvelables	Inépuisables Non polluantes	Dépendantes de la météo (pour solaire et éolienne) Gestion des déchets radioactifs Installations coûteuses

Technologie

1.

Fonctions	Critères	Niveaux
Une journée sans recharge	Autonomie	Autonomie
Rechargement rapide	Temps	6 h max
Puissance suffisante	Vitesse	110 Km/h
Volume de chargement	Taille du coffre	100 L

2.
Batterie → Stocker
Prise → Connecter
Moteur → Propulser

3. Le véhicule qui semble le mieux correspondre au souhait de la famille est la voiture 1 : la Zoé. **4.** L'autonomie. **5.** Les deux solutions à envisager pour recharger la voiture seraient les éoliennes et les panneaux solaires.

Sujet du Brevet 2 p. 113

Histoire-Géographie et Français

Histoire

Exercice 1

1. Hitler, chef du NSDAP, se fait passer pour « le sauveur » qui promet « du travail et du pain » aux 6 millions de chômeurs affamés victimes de la Grande Dépression venue des États-Unis. **2.** La foule est massée et assiste, en communiant avec l'évènement. Les monuments et magasins de Bonn sont pavoisés de croix gammées, les emblèmes nazis. Les jeunes (filles et garçons) défilent, en uniforme, en saluant à l'hitlérienne et en chantant des chants allemands. Cela prouve qu'ils sont déjà embrigadés dans des organisations de jeunesse (les Jeunesses hitlériennes) qui leur dispensent une éducation nazifiée et militaire. Hitler fait fi du droit international puisqu'il ne respecte pas le traité de Versailles : celui-ci interdit le réarmement de l'Allemagne et ouvertement Hitler réarme l'Allemagne. (deux éléments parmi ceux-ci). **3.** Le langage familier témoigne du mépris qu'éprouve Hitler envers les bolcheviks ou communistes et les Juifs dits de « race inférieure ». **4.** C'est la menace d'une guerre : Hitler considère, depuis les années 1920, que le traité de Versailles est « un chiffon de papier » humiliant, injuste et qu'il faut déchirer. Ouvertement, il réarme son pays alors que le traité de Versailles le lui interdit. C'est dangereux pour la France qui a une frontière commune avec l'Allemagne mais qui pense que la Rhénanie démilitarisée lui offre la garantie de la paix. **5.** L'Allemagne nazie est un État totalitaire car le NSDAP est le parti unique depuis juillet 1933. Hitler, appelé le « Führer », fait l'objet d'un culte du chef. La liberté d'expression des citoyens n'existe plus, les élections sont truquées et la terreur est utilisée. La population est embrigadée par la propagande et les enfants, dès l'âge de 6 ans, subissent une éducation nazifiée dans le cadre des organisations de jeunesse, « les Jeunesses hitlériennes ». Les communistes et de manière générale, les démocrates, sont considérés comme des ennemis du régime. Ils sont arrêtés par la Gestapo, la police politique, et déportés dans des camps de concentration : le premier s'est ouvert à Dachau, en octobre 1933. Hitler est convaincu de la supériorité de la race aryenne et de l'infériorité des Juifs et des Tsiganes. C'est la raison pour laquelle les Juifs sont l'objet de mesures vexatoires et discriminatoires (lois de Nuremberg de 1935), sont humiliés, persécutés, et pendant la Deuxième Guerre mondiale, sont éliminés par les Einsatzgruppen ou exterminés dans les centres d'assassinat ou camps de la mort. Hitler veut agrandir « l'espace vital » de l'Allemagne et déchirer le traité de Versailles signé en 1919. Dès son arrivée au pouvoir, il applique ses théories. Il recherche des alliés, l'Italie de Mussolini et le Japon, et noue des alliances. Méthodiquement, il passe outre les interdictions du traité de Versailles sans susciter de réactions hostiles des démocraties. Il réarme l'Allemagne, rétablit le service militaire et mène une série de coups de force qui aboutissent au déclenchement de la Deuxième Guerre mondiale le 1er septembre 1939.

Géographie

Exercice 2

1. En participant aux projets LGV transfrontaliers, la France cherche à intégrer son espace national dans l'UE (Europe du nord, Europe méditerranéenne et Europe orientale) tout en promouvant un transport plus respectueux de l'environnement et en diminuant le transport routier accidentogène. La LGV Lyon-Turin est un maillon de la ligne européenne reliant Lisbonne à Budapest c'est-à-dire l'Europe méditerranéenne à l'Europe orientale. Cet axe Est-Ouest permettra à terme, grâce au nœud de Lyon, la mise en relation de la mégalopole européenne avec les régions méridionales. Cela renforce la position de carrefour de la France et met en évidence le fait que l'Union européenne devient, bel et bien, un territoire de référence de la France. La France a donc intérêt, dans sa politique d'aménagement du territoire, de valoriser le concept d'isthme européen entre l'Europe du Nord et du Sud, mais elle doit aussi veiller à ne pas devenir « l'extrémité » de l'Europe. C'est la raison pour laquelle elle cherche aussi à renforcer l'axe hispano-franco-italien pour lequel elle occupe, là aussi, une position stratégique.

2.

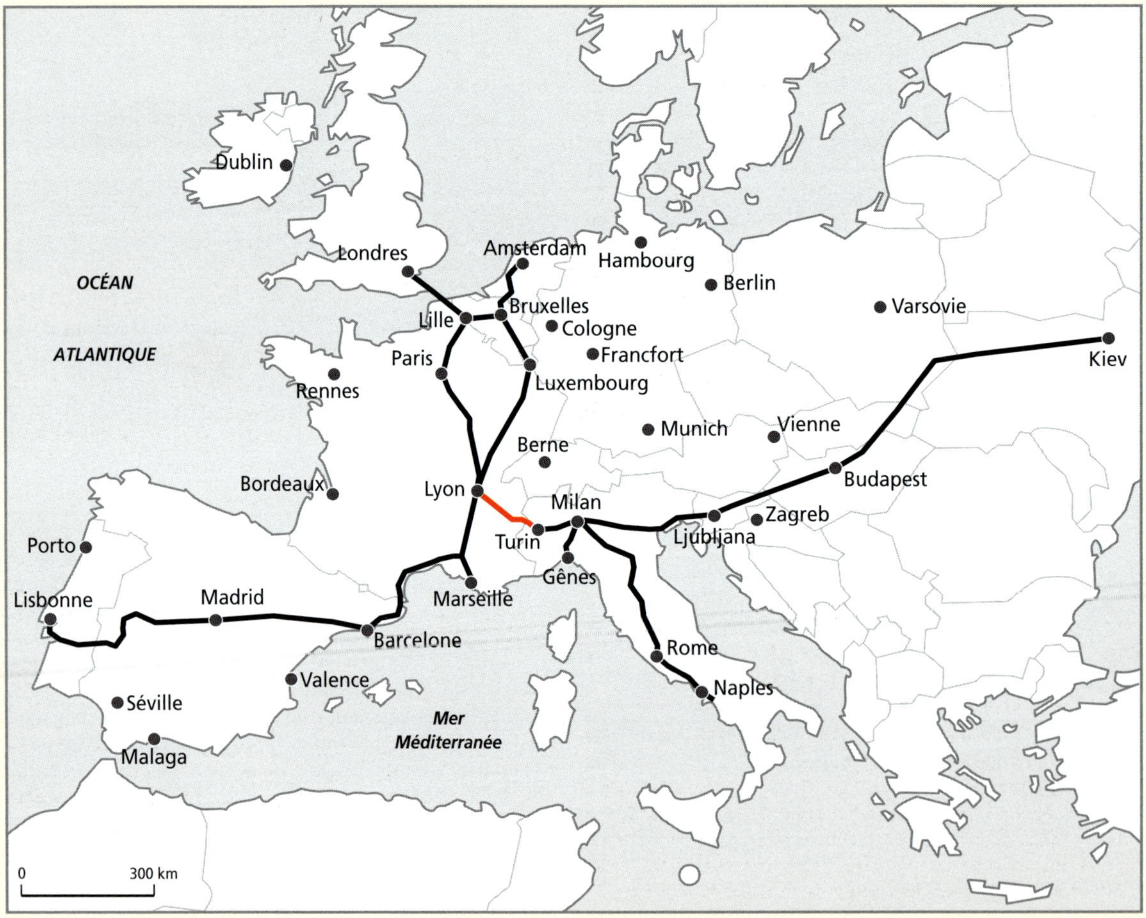

Enseignement moral et civique

Exercice 3

1. Dans une mairie, le président du bureau de vote, peut-être le maire, est entouré de deux assesseurs qui contrôlent les listes électorales. Des électeurs hommes, un ouvrier (la casquette), un bourgeois (le chapeau haut-de-forme), un employé (la sacoche sous le bras), un paysan (le canotier) se présentent pour voter. Il n'y a pas de femme électrice. En 1944, la femme obtient le droit de vote et devient électrice et éligible comme les hommes ; l'urne est transparente et n'est plus en bois ; il y a pas des isoloirs depuis 1913 ; c'est l'électeur qui dépose lui-même son bulletin de vote dans l'urne et non plus le président du bureau de vote. **2.** Les formes d'engagement traditionnelles : accomplir son devoir civique à l'échelle locale, nationale et européenne, adhérer à un parti, à une association, à un syndicat. Une forme nouvelle d'engagement : la mobilisation via les réseaux sociaux. **3.** Le citoyen peut décider de s'engager en adhérent à un parti politique dont le but est de gouverner à l'échelon local, régional, national et européen. Dans les partis, les militants peuvent participer aux réunions du parti, s'engager lors des campagnes électorales en distribuant des tracts ou en collant des affiches ou devenir les élus des citoyens. Le nombre des partis politiques augmente avec l'apparition de nouvelles sensibilités et le pluralisme politique est nécessaire au bon fonctionnement d'un régime démocratique à condition que le citoyen remplisse son devoir civique en votant au niveau de sa commune (élections municipales), de son département (élections départementales), de sa région (élections régionales), de l'État (élections législatives et présidentielle) et de l'UE (élections européennes). Si le citoyen s'abstient, le système démocratique se fragilise car les représentants élus ne représentent qu'une faible part des électeurs. Le citoyen peut aussi s'engager dans des associations à caractère humanitaire, à vocation économique, culturelles ou de loisirs, locales (lutte contre une LGV ou un aéroport), ou à vocation plus large (protection de l'environnement). Les associations peuvent faire pression et alerter les politiques sur certains sujets et faire avancer des décisions. Les associations concourent à la vie et au débat démocratique. Dans le cadre de son travail, le citoyen peut défendre ses droits par l'action syndicale. Les syndicats sont reconnus par la loi de 1884 et adhérer à un syndicat est un droit du citoyen affirmé par la Constitution. Les syndicats défendent les droits et les intérêts des travailleurs par la négociation, la manifestation et la grève. Ils sont amenés à discuter avec l'État pour fixer les conventions collectives dans les entreprises. Ils gèrent des organismes sociaux comme la Sécurité sociale. Ils peuvent participer à l'élaboration des lois sociales. Ils présentent des candidats aux élections professionnelles que les salariés, syndiqués ou non, choisissent pour qu'ils deviennent conseiller prud'homal, délégué du personnel ou membre du comité d'entreprise. Aujourd'hui, les réseaux sociaux sont devenus des relais de l'engagement des citoyens. Les outils numériques permettent en un temps record de toucher un nombre important de personnes, pour les mobiliser, signer des pétitions, organiser des manifestations. Que ce soit dans le domaine politique, économique, social ou culturel, les citoyens jouissent de droits leur permettant d'exercer pleinement leur citoyenneté.

Français

Questions

1. Le poème raconte l'histoire d'un pauvre homme qui n'a même pas de quoi acheter à manger, en proie aux tentations des vitrines. Un jour, il craque et tue un homme pour quelques pièces, de quoi payer un café et des tartines ! **2.** On comprend à la fin l'horreur du souvenir évoqué par le bruit de l'œuf cassé, celui d'un meurtre. **3.** Le sujet logique est l'impersonnel « il » (sujet réel : le bruit...). On a ainsi une phrase emphatique qui met en relief « le petit bruit de l'œuf dur... » qui pourrait sembler apparemment si anodin... **4.** Cette répétition des premiers vers du poème renvoie à l'image d'un cercle : l'homme est pris dans un engrenage, emprisonné dans la fatalité de sa pauvreté. **5.** Familier. Niveau courant : il se moque de sa tête. **6.** D'une façon générale, la simplicité du vocabulaire et de la syntaxe. Les activités, les lieux évoqués (repas, commerce, bistro...) **7.** Mort de faim et à force d'apercevoir de la nourriture à laquelle il ne peut toucher, l'homme est pris d'un vertige ; sans vraiment s'en rendre compte, il tue un passant pour lui voler de quoi manger. La perte de la raison se traduit par des groupes nominaux juxtaposés, sans verbe (seul « l'homme titube » est syntaxiquement correct.) **8.** La répétition de « café-crème » accentue l'impression de délire, et la brutalité de l'événement est exprimée par la paronomase : de « café-crème », on passe soudain à « café-crime ». **9.** Le poète a voulu prendre la défense des pauvres, et montrer qu'ils en sont parfois réduits au pire sans en être vraiment responsables. Il a évoqué aussi l'hypocrisie et l'injustice de la société, qui frise le ridicule (sardines protégées par des « flics ») et fait preuve d'indifférence. **10.** Le début du poème et l'affiche jouent sur un paradoxe : la description du bruit d'un œuf dur que l'on casse comme quelque chose de terrible (c'est ensuite seulement que l'on comprend qu'il est terrible pour celui qui a faim mais n'a pas les moyens de payer). Sur l'affiche, on s'attendrait à voir réclamer de l'eau pour boire (présence d'un gobelet), mais c'est en fait pour manger. Il faut alors comprendre « de l'eau pour irriguer les cultures ». Dans les deux cas, c'est le problème de la faim, du manque de ressources qui est évoqué. **11.** Le poème et l'affiche évoquent le problème de la faim, et d'une façon plus générale, de la précarité des plus démunis. Le poème évoque le cas d'un homme pauvre, probablement que nous appellerions « SDF » aujourd'hui, tandis que l'affiche mentionne un fléau qui frappe des peuples entiers.

Ils visent tous deux à susciter de la compassion, à nous faire prendre conscience du problème et réagir.

Réécriture

ils imaginent une autre tête
une tête de veau par exemple
avec une sauce de vinaigre
ou une tête de n'importe quoi qui se mange
et ils remuent doucement la mâchoire
doucement
et ils grincent des dents doucement
car le monde se paie leur tête
et ils ne peuvent rien contre ce monde
et ils comptent sur leurs doigts un deux trois
un deux trois

cela fait trois jours qu'ils n'ont pas mangé

Rédaction

Sujet 1

Il est nécessaire d'assurer une transition avec le texte de départ. Par exemple, « Une fois certain de faire correctement les mouvements, Salomon décida de se jeter à l'eau pour de bon. Il partit donc en direction de la plage. Arrivé au bord de l'eau, etc. ». Il faut par ailleurs respecter le portrait de Salomon, tenir compte de son caractère. Il faut également poursuivre sur le même ton comique.

Sujet 2

Il faut commencer par introduire la réflexion, ce peut être un constat, par exemple sur la popularité des grands sportifs, l'importance des événements sportifs. Ce constat vous amènera ensuite à donner votre avis. Dans le développement, vous allez ensuite argumenter pour donner votre avis. Pour chaque argument que vous donnez, construisez un paragraphe et, si possible, illustrez-le d'un exemple. Utilisez des connecteurs logiques (en particulier cause, conséquence, concession) pour appuyer votre raisonnement. Quelques arguments possibles en faveur du sport : idéal pour apprendre à vivre en société : donne l'esprit d'équipe ; permet de développer son corps de façon harmonieuse ; aide à mener une vie équilibrée, à être en bonne santé ; aide à garder la ligne ; permet de sortir selon les sports, d'être en contact avec la nature... Quelques réserves à apporter : les jeunes qui consacrent tout leur temps au sport négligent leurs études et gâchent leur avenir professionnel ; l'excès de sport peut être mauvais pour la santé ; c'est un univers dominé par l'argent... Récapitulez votre raisonnement dans la conclusion ; précisez ce que vous décidez de faire pour votre part.

Édition : Olivia Germande assistée de Lucile Réveillon ; **conception graphique intérieure :** Muriel Ouziane ; **conception graphique couverture :** Marie-Astrid Bailly-Maître ; **cartographie :** Marie-Christine Liennard, Valérie Goncalves, Christel Parolini ; **mise en pages :** Nord Compo.

Crédits photographiques :

p. 53 : © CIRIP ; p. 55 : affiche « Pensez à nous » © Coll. Musée de la résistance nationale de Champigny-sur-Marne ; p. 56 : © *Le Figaro* ; p. 59 : © *Ouest France* ; p. 60 : © Richard Frieman-Phelps/Gamma rapho ; p. 67 : *Libre Belgique* ; p. 70 : © Plantu ; p. 83 et 86 : © Fotolia ; p. 115 : © Photo Josse/Leemage ; p. 117 : © Action contre la faim ; p. 120 : © Fotolia ; p. 135 : © Prod DB/Golderest Films International

Crédits textes :

p. 116 : © Jacques Prévert, « La grasse matinée » in *Histoires* © Éditions Gallimard ; p. 118 : Albert Camus, *Le Premier Homme* © Éditions Gallimard

www.magnard.fr

Achevé d'imprimer en octobre 2016
par «La Tipografica Varese Srl» en Italie
N° éditeur : 2016-1947
Dépôt légal : juin 2016

Certifié PEFC
Ce produit est issu de forêts gérées durablement et de sources contrôlées
PEFC
PEFC/18-31-264
www.pefc-france.org

IMPRIM'VERT
Votre imprimeur agit pour l'environnement